코드 너머,
회사보다 오래 남을 개발자

지은이 7인의 데브렐

소프트웨어 개발자가 코드 너머에서도 성장할 수 있도록 돕기 위해 7명의 데브렐 전문가가 모였습니다. 각자의 자리에서 소프트 스킬의 가치를 발견하고 공유하며, 함께 더 멀리, 더 오래가는 성장을 꿈꾸고 있습니다. 우리는 기술과 사람이 만나는 교차점을 연결하고 AI 시대에도 변하지 않는 성장의 본질에 대해 끊임없이 고민합니다.

코드 너머, 회사보다 오래 남을 개발자

소프트 스킬 · 개발문화 · 퍼스널 브랜딩으로 확보하는 결정적 경쟁력

초판 1쇄 발행 2025년 6월 30일

지은이 김상기, 배문교, 이동현, 이상아, 이수형, 차지현, 황성재 / **펴낸이** 전태호
펴낸곳 한빛미디어(주) / **주소** 서울시 서대문구 연희로2길 62 한빛미디어(주) IT출판2부
전화 02-325-5544 / **팩스** 02-336-7124
등록 1999년 6월 24일 제25100-2017-000058호 / **ISBN** 979-11-6921-403-2 93000

책임편집 홍성신 / **기획 · 편집** 김수민
디자인 표지 최연희 내지 박정우 / **전산편집** 다인
영업마케팅 송경석, 김형진, 장경환, 조유미, 한종진, 이행은, 김선아, 고광일, 성화정, 김한솔 / **제작** 박성우, 김정우

이 책에 대한 의견이나 오탈자 및 잘못된 내용은 출판사 홈페이지나 아래 이메일로 알려주십시오.
파본은 구매처에서 교환하실 수 있습니다. 책값은 뒤표지에 표시되어 있습니다.
한빛미디어 홈페이지 www.hanbit.co.kr / **이메일** ask@hanbit.co.kr

Published by HANBIT Media, Inc. Printed in Korea
Copyright © 2025 김상기, 배문교, 이동현, 이상아, 이수형, 차지현, 황성재 & HANBIT Media, Inc.
이 책의 저작권은 김상기, 배문교, 이동현, 이상아, 이수형, 차지현, 황성재와 한빛미디어(주)에 있습니다.
저작권법에 의해 보호를 받는 저작물이므로 무단 복제 및 무단 전재를 금합니다.

지금 하지 않으면 할 수 없는 일이 있습니다.
책으로 펴내고 싶은 아이디어나 원고를 메일(writer@hanbit.co.kr)로 보내주세요.
한빛미디어(주)는 여러분의 소중한 경험과 지식을 기다리고 있습니다.

추천사

기술을 잘 다루는 것만으로는 성장의 임계점을 넘기기 어렵습니다. 진정한 성과나 임팩트는 문제 해결, 협업, 의사소통, 설득, 질문처럼 겉으로 보이지 않는 능력에서 갈립니다.

15년 가까이 일하며, 모두가 인정하는 '일 잘하는 동료'들을 많이 만나왔습니다. 그들이 다른 이들과 달랐던 점은 기술적인 능력보다 사람들과 함께 일의 흐름을 만들고 결과를 끌어내는 힘에 있었습니다. 우리가 흔히 '소프트 스킬'이라고 부르는 역량이죠. 물론 그렇다고 기술을 소홀히 하자는 뜻은 아닙니다. 개발자에게 기술 역량은 기본이니까요.

문제는 소프트 스킬입니다. 익숙하지 않으니까, 범위가 너무 넓으니까, 그래서 종종 '중요하지 않다'라는 핑계로 외면하게 됩니다. 하지만 이건 엄연히 회피에 가깝습니다.

이 책은 바로 그 어려운 소프트 스킬을 현실적인 시선으로 바라보며 체계적인 접근법과 액션 가능한 방법들을 제시합니다. 듣는 힘, 질문하는 기술, 나를 지키며 일하는 법, 존재감을 드러내는 방식 등이 어떻게 진짜 실력으로 연결되는지를 보여줍니다.

개발자로서 더 멀리, 더 오래 일하고 싶은 분이라면 이 책이 좋은 방향을 제시해줄 것입니다. 성장은 단지 코드나 기술로만 정의되는 것이 아니라, 동료들과 함께 일하며 더 나은 사람으로 다듬어지는 과정이기도 하니까요.

박미정, 당근마켓 개발 리더

주니어 개발자 시절, 저는 참 서툴렀고 후회도 많았습니다. 비효율이나 불합리함을 보면 목소리를 높였고, 받아들여지지 않으면 감정을 주체하지 못해 터뜨리곤 했죠. 그러고는 매번 자책과 후회의 시간을 반복했습니다. 함께 일하는 법을 배우지 못한 채 몸으로 부딪치며 하나하나 깨져야 했습니다.

그래서였을까요? 개발자를 교육하게 되면서 자연스럽게 눈길이 간 부분은 프로그래밍 실력보다 함께 일하는 태도였습니다. 과거의 저처럼 '기술만 가진 사람'이 아니라, '함께 일하고 싶은 개발자'로 성장하길 바랐습니다. AI 시대를 살아가는 우리에게 진짜 필요한 경쟁력은 신뢰감과 리더십, 공감 능력처럼 기술로는 대체할 수 없는 '인간다움'과 '사람 사이의 관계를 잘 맺는 역량'에 있기 때문입니다.

이 책은 개발자뿐 아니라 모든 직장인에게 필요한 소프트 스킬을 기를 수 있는 다양한 방법을 제시합니다. 그러나 단순히 읽고 끝나는 책은 아닙니다. 도전하고, 작게라도 실험하며, 그 과정에서 자신만의 배움을 쌓아갈 때 소프트 스킬은 비로소 '내 것'이 됩니다.

앞으로 환경의 변화는 더 거세질 것입니다. 우리가 살아남는 방법은 더 단단해지는 게 아니라, 더 유연해지는 데 있지 않을까요?

박재성, 넥스트스텝 CEO · 우아한테크코스 캡틴

개발자에게는 자신에게 주어진 개발 업무만 잘 처리해도 칭찬받는 시기가 분명히 있습니다. 하지만 주니어 단계를 벗어나 다양한 이해관계자와의 접점이 늘어나기 시작하면 더 이상 개발 역량만으로는 충분하지 않다는 것을 깨닫게 됩니다. 의사소통, 일정 관리, 회의 주도, 갈등 해소, 조직문화 형성, 기술 문서 작성, 개인 브랜딩과 경력 관리에 이르기까지, 이른바 '소프트 스킬'의 중요성이 점점 커지는 이유입니다.

물론 이러한 주제를 심도 있게 다룬 책이나 논문도 있고, 필요하다면 교육기관이나 세미나를 통해 배울 기회도 열려 있습니다. 그러나 '개발자'라는 맥락 안에서 현실적인 갈증을 해소해줄 만큼 가려운 곳을 정확히 짚어주는 콘텐츠는 많지 않습니다. 결국 대부분의 개발자가 수많은 시행착오를 겪으며 이 스킬들을 스스로 익히고, 그 과정에서 적지 않은 어려움을 겪게 됩니다.

이 책은 바로 이런 소프트 스킬에 대한 개발자들의 고민을 깊이 이해하고 실질적인 해법을 제시합니다. 이론적인 설명을 넘어 현실에서의 고민과 경험이 고스란히 담겨 있어 주니어 개발자에게는 마치 시뮬레이터처럼 작용할 것이고, 시니어 개발자에게는 자신의 경력을 되돌아보는 소중한 계기가 되어줄 것입니다.

개발이라는 일 역시 다른 모든 일과 마찬가지로 '사람을 위해 사람이 하는 일'입니다. 기술은 계속해서 바뀌고 발전하지만, 이 기본 원칙만큼은 변하지 않습니다. 이 책을 통해 그 사실을 다시금 떠올리고, 차근차근 읽다 보면 분명 많은 깨달음을 얻게 될 것입니다.

박재호, 레인보우브레인 CTO

'성장'이라는 단어가 개발자들에게 무거운 압박으로 다가오는 시대입니다. 매일 쏟아지는 새로운 기술을 따라가기도 벅찬데, 우리는 '더 나은 개발자'가 되어야 한다는 숙제를 늘 안고 살아갑니다. 하지만 도대체 무엇을, 어떻게 해야 '진짜 성장'에 이를 수 있을까요? 바로 이 책에 해답이 있습니다.

삼성전자 SWITCH 사무국은 임직원의 소프트웨어 역량 강화를 위해 다양한 프로그램을 운영하며 기술적 전문성을 넘어선 소프트 스킬의 중요성을 꾸준히 강조해왔습니다. 결국 코드는 사람과 사람이 함께 만들어가는 것이기에, 소통과 협업 능력이 개발자의 진정한 가치를 결정짓는 핵심 역량이라고 믿기 때문입니다. 그리고 이 책은 SWITCH 사무국이 추구하는 철학과 깊이 맞닿아 있습니다. 단순히 코드를 잘 짜는 기술자에 머무르지 않고 동료에게 신뢰를 주고 함께 성장할 수 있는 리더로 발돋움하기 위한 현실적이고 구체적인 방법들을 제시합니다.

특히 인상 깊었던 부분은 '상어'와 '고래'에 비유한 대화 방식입니다. 우리는 종종 자신의 의견을 관철하기 위해 무의식적으로 공격적인 상어 화법을 사용하곤 합니다. 그러나 이 책은 상대방의 의견을 경청하고 함께 해결책을 찾아가는 고래의 대화 방식이야말로 창의성과 협업을 이끄는 열쇠임을 일깨워줍니다. 또한 '듣는 힘'과 '제대로 질문하는 기술'이 모든 소통의 출발점이라는 점을 강조하며 무조건 끝까지 듣기, 열린 질문과 닫힌 질문을 적절히 활용하기 등 당장 실천할 수 있는 팁들을 제공합니다. 더불어 회의를 주도하고, 자신의 존재감을 드러내며, 동료들에게 긍정적인 영향력을 미치는 '회의의 기술'도 인상 깊습니다. 매일 반복되는 지루한 회의 시간을 성장의 기회로 바꾸고 싶은 이들에게 큰 도움이 될 것입니다.

무엇보다 이 책의 가장 큰 미덕은 이론에 머무르지 않고, 저자들의 풍부한 경험과 실제 사례를 바탕으로 누구나 쉽게 이해하고 적용할 수 있도록 구성된 점입니다. 책을 읽는 내내 마치 숙련된 멘토에게 따뜻한 코칭을 받는 듯한 기분이 들었습니다.

이제 코딩 실력만으로는 차별화되기 어려운 시대입니다. 이 책과 함께 회사보다 더 오래 살아남을 '나'를 만들어보세요. 코드 너머, 진정한 성장을 꿈꾸는 모든 개발자에게 이 책을 강력히 추천합니다.

우경우, 삼성전자 SWITCH 사무국 사무국장

제가 속한 인프랩 개발팀은 '인프랩 개발팀의 미션과 가치'라는 글을 통해 우리가 어떤 사람과 함께 일하고 싶은지를 외부에 공개하고 있습니다. 입사 지원 전에 꼭 읽어보기를 권장하고, 입사 후에도 다시 한번 숙지하도록 안내하죠.

이 글에는 우리 팀이 지향하는 개발자의 모습이 구체적으로 담겨 있습니다. 개발팀 이야기이니 기술적 전문성에 관한 내용이 중심일 것 같지만, 실제로는 다음과 같이 소프트 스킬 관련 내용을 많이 담고 있습니다.

- 상대를 먼저 인정한다.
- 신뢰 자본을 쌓는다.
- 계몽보다는 전염시킨다.
- 모든 보고는 사실에 기반한다.
- 기분이 태도가 되지 않도록 한다.
- 역할에 집착하지 않는다.
- 적정한 해결 방법을 선택한다.
- 기술적 전문성을 추구한다.
- 더 높은 생산성을 추구한다.

이 기준들은 제가 여러 개발팀에서 다양한 개발자와 함께 일한 경험을 바탕으로 정리한 것입니다. 특히 탁월한 성과를 냈던 개발자들이 공통적으로 보여준 태도와 역량을 간추려 팀에 잘 맞는 형태로 적용한 것이죠. 그중에서도 가장 많은 부분을 차지한 영역은 '협업'과 '커뮤니케이션'입니다. 제 경험에 따르면 뛰어난 개발자일수록 이 부분에 강점을 갖고 있었습니다.

사실 대부분의 개발자는 소프트웨어 기술에 관해선 누가 시키지 않아도 자연스럽게 관심을 갖고 실력을 쌓습니다. 좋아하는 일을 직업으로 선택했을 테니 당연하겠지요. 하지만 팀으로서 성과를 내려면 기술 외에도 여러 역량이 필요합니다.

물론 하나의 강점이 다른 모든 약점을 상쇄시킬 수도 있습니다. 하지만 반대로, 하나의 약점이 여러 강점을 무력화시키는 경우도 있습니다. 예를 들어 정보처리기사 필기시험은 5개 과목의 평균 점수가 60점 이상이면 합격입니다. 단순히 계산해보면 한 과목이 0점이라도 나머지 4과목에서 100점을 받으면 평균은 80점입니다. 하지만 실제로는 40점 미만인 과목이 있으면 평균 점수와 관계없이 불합격으로 처리됩니다.

조직에서의 일도 크게 다르지 않습니다. 내가 싫어하는 영역을 억지로 '잘'하려고 노력하는 건 쉽지 않지만, 최소한 '과락만은 면하자'는 접근은 누구나 시도해볼 수 있습니다. 그리고 그 정도만 되어도 내가 좋아하고 잘하는 영역에 더 오래 집중할 수 있는 여유가 생깁니다.

'과락'만 피해보는 건 어떨까요? 그리고 다행히, 이제 이 노력을 혼자 하지 않아도 됩니다. 여러분을 도와줄 책이 출간되었기 때문입니다. 여러분이 가진 재능과 역량, 노력이 단지 몇 가지 약점 때문에 저평가되지 않도록 이 책을 통해 균형 잡힌 성장을 이뤄보길 바랍니다.

이동욱, 인프랩(인프런/랠릿) CTO

개발자라면 기술력에만 몰두하기 쉽습니다. 하지만 개발자는 코딩하는 사람이 아닙니다. 소프트웨어 개발은 코드 그 자체가 아니라, 사람과 소통하고 협력하는 과정이라는 점을 잊지 말아야 합니다. 기술에만 집중하다 보면, 정작 팀과의 원활한 협업과 효과적인 의견 조율처럼 개발자에게 반드시 필요한 소프트 스킬의 중요성을 놓치기 쉽습니다.

이 책은 소프트웨어 개발이 결국 사람과 함께하는 일이라는 점을 명확히 짚어줍니다. 그리고 개발자가 코드를 작성하는 기술자에 그치지 않고, 동료와 협력하고 소통하며 자기 성찰을 통해 성장해가는 존재임을 강조합니다. 더 나아가 소프트 스킬은 단순한 보조 능력이 아니라 '나는 어떤 개발자로 살아가고 싶은가'라는 본질적인 질문과 깊이 연결된 중요한 역량임을 안내합니다.

개발자로서 일하며 마주하는 다양한 상황에서 '나다운 방식'으로 일하고 성장하고 싶은 분들이라면 이 책에서 실질적인 방법을 얻을 수 있을 것입니다. 빠르게 변화하는 기술 환경에서도 중심을 잃지 않고, 사람과 함께 시너지를 내며, 스스로 선택한 길을 꾸준히 걸어가고 싶은 모든 개발자에게 이 책을 진심으로 추천합니다.

이주현, 반려생활 CTO

'좋은 코드는 성과를 만들고, 좋은 커뮤니케이션은 그 성과를 폭발적으로 증폭시키는 원동력이 된다'라는 말처럼, 이 책은 단순히 개발만 잘하면 된다는 믿음을 가지고 살아온 개발자들에게 진정한 성과는 '일하는 문화'와 '커뮤니케이션'에서 비롯된다는 사실을 일깨워줍니다. AI가 코딩은 대신할 순 있어도 '함께 일하고 싶은 사람'은 결국 협업을 잘하는 사람입니다. 그래서 AI 시대에도 여전히 경청과 공감의 능력을 갖춘 사람이 필요하고, 소프트 스킬은 그만큼 중요한 경쟁력입니다.

이 책은 함께 일하고 싶은 사람으로 성장할 수 있도록 돕는 훌륭한 실행서입니다. 단순히 읽고 덮어두는 책이 아니라, 옆에 두고 자주 펼쳐보며 저자들이 제시하는 방법들을 실천할수록 그 진가가 드러납니다. 특정 기술이 아닌 사람과 조직, 문화를 진솔하게 다뤘다는 점에서 지금 우리에게 필요한 책이 나왔다는 반가움이 큽니다.

각 장의 사례는 개발자 외 다양한 커리어를 가진 이들도 충분히 적용할 수 있는 내용입니다. 실제로 카카오페이에서는 개발을 코딩이 아니라 서비스, 정책, 프로세스 등 회사의 미션을 위한 모든 행위로 정의한다고 합니다. 이 책 역시 그 관점과 맞닿아 있으며 개발자에만 국한되지 않는 보편적인 가치를 담고 있습니다.

개인적으로 이 책이 더 일찍 나왔더라면 어땠을까 하는 아쉬움도 남습니다. 지난 3년간 채용과 개발 조직 운영, 문화 구축을 위해 많은 고민과 시행착오를 거치며 체득했던 것들이 이 책에 고스란히 담겨 있어, 읽는 내내 과거의 장면들이 떠올랐습니다. 절대 무공의 비기가 담긴 이 '비급서'를 더 일찍 만났다면 개발문화를 더 빠르고 더 수월하게 정착시키고 구성원의 성장을 더 깊이 있게 도울 수 있지 않았을까 상상해봅니다.

이 책의 또 다른 가치는 번역서로는 담기 어려운 국내 기업 현장의 생생한 이야기가 녹아 있다는 점입니다. 이 책을 계기로 각자의 조직에서 새로운 실험과 성장이 일어나고, 개발 조직에서 일하는 사람들 간의 교류도 더 활발해지기를 기대합니다.

끝으로 이 책을 집필한 저자분들께 그리고 개발문화를 만들어가고 있는 모든 분께 경의를 전합니다.

정성권, LGU+ CIO

2025년 현재, 우리는 본격적인 AI 시대를 살아가고 있습니다. AI가 사람 대신 코드를 작성하는 일은 더 이상 낯설지 않고, 바이브 코딩이 유행할 정도로 프로그래밍은 점점 더 쉬워지고 있습니다. 코딩은 더 이상 전문 개발자만의 영역이 아닙니다. 그리고 이러한 변화는 더욱 빠르게 가속화될 것입니다.

이와 함께 빅테크 기업들의 대규모 개발자 해고 소식이 잇따르고 있고, 국내외 많은 기업이 개발자 채용을 축소하는 추세입니다. 이 흐름은 개발자들에게 '기술력과 코딩 실력만으로는 더 이상 충분하지 않다'는 냉혹한 현실을 분명히 보여줍니다. 이제 개발자에게는 자신의 가치를 명확히 증명하고 이를 지속적으로 알릴 수 있는 능력, 즉 퍼스널 브랜딩과 커뮤니케이션 능력이 필수가 되었습니다.

이 책은 그런 변화 속에서도 자신만의 길을 만들고, 선택받는 개발자로 살아남기 위해 꼭 필요한 소프트 스킬과 커리어 전략을 진심 어린 목소리로 전달합니다. 추상적인 조언에 그치지 않고 실제 현장에서 부딪히며 성장해 온 개발자들의 경험을 담고 있어 더욱 현실적이고 공감됩니다.

이 책을 통해 더 많은 개발자가 기술이 아닌 자신의 이름으로 기억되고, 더 큰 기회를 만들어가기를 진심으로 응원합니다.

조코딩, 크리에이터

들어가며

이 책은 이런 이야기를 해요

개발자로 커리어를 시작하면 누구나 한 번쯤 이렇게 생각합니다.

"코드만 잘 짜면 되는 거 아니야?"

저자들도 같은 질문에서 출발했습니다. 하지만 현장에서 여러 차례 업무의 갈림길에 서보고 깨달았죠. 코드 바깥에서 작동하는 또 다른 기술, '소프트 스킬'이 굉장히 중요하다는 사실을요. 소프트 스킬이야말로 개발자의 '다음 레벨'을 여는 열쇠라는 사실도요.

이 책은 개발자로 일하며 누구나 부딪히는 협업, 소통, 문화, 성장에 대한 고민을 이야기합니다. 업무 현장에서 바로 쓸 수 있는 실질적 소프트 스킬, 건강한 개발문화를 만들고 개인 브랜딩을 키우는 전략, 기술 역량 외에도 커리어를 지속하기 위한 경쟁력 확보 방법 등 여러분의 고민을 소프트 스킬이라는 무기로 해결하는 방법을 구체적으로 보여줍니다.

무엇보다 이 책은 개발자의 성장을 가장 가까이에서 지켜본 7명의 데브렐developer relations(DevRel) 전문가가 현장에서 보고, 듣고, 경험하며 얻은 인사이트를 한데 모은 결과물입니다. 소프트 스킬을 개인의 결정적 경쟁력으로 삼아, 기술만으로는 부족한 시대에 롱런하는 개발자로 성장하는 길을 안내합니다.

이 책이 필요한 이유는요

개발자 커리어는 이제 '코드를 잘 짜는 사람'으로만 설명되지 않습니다. 회의에서의 한마디, 동료와의 협업 방식, 문제를 해결하는 태도, 조직과의 관계 설정까지 실제 업무 현장에서는 소프트 스킬이 커리어의 흐름을 좌우합니다. 특히 주니어에서 시니어로, 팀원에서 리더로 역할이 바뀌는 순간, 기술보다 먼저 드러나는 것은 사람과 일하는 능력입니다.

이 책은 소프트 스킬의 중요성을 조언하는 데 그치지 않습니다. 서로 다른 길을 걸어온 7명의 저자들이 실제 경험을 토대로 여러분이 마주할 현실에 가장 가까운 이야기를 들려줍니다. 그리고 우리는 한 가지 확신을 공유합니다.

"성장은 혼자 하는 게 아니야."

함께 고민하고, 나누고, 연결될 때 진짜 성장이 시작됩니다. 그리고 이 책이 코드 밖에서도 오래, 단단하게 커리어를 이어갈 수 있도록 가장 필요한 소프트 스킬을 손에 쥐게 해줄 것입니다.

이런 분께 추천해요

개발을 막 시작한 학생이나 주니어 개발자라면 이 책을 통해 실무에 필요한 커뮤니케이션과 협업 감각을 익힐 수 있습니다. 또한 어느 정도 경력을 쌓고 다음 단계로 나아가기 위한 방향을 찾고 있는 개발자라면 기술을 넘어 커리어를 설계하는 데 필요한 토대를 다질 수 있습니다.

개발자로서의 경쟁력을 단지 코드로만 채우지 않고 소프트 스킬이라는 무기로 확장하고 싶은 분들에게 특히 유용합니다. 현실에서 부딪히는 인간관계의 벽이나 팀워크의 고민, 조직 내 역할에서 혼란을 겪고 있다면 이 책에 담긴 경험과 제안이 현실적인 돌파구가 되어줄 것입니다.

무엇보다 '코드 너머'에서도 오래가는 커리어를 꿈꾼다면, 이 책에서 그 여정을 지속할 힘과 실질적인 지침을 얻을 수 있을 것입니다.

이렇게 읽어보세요

다음 중 여러분의 상황과 목표에 맞는 선택지가 있다면 추천 순서에 따라 읽어보세요. '코드를 넘어서는 성장'을 더 빠르게 경험할 수 있습니다.

- **취업이나 이직을 준비 중이라면**

  [추천 순서] 1장 → 2장 → 5장 → 6장 → 7장

  새로운 팀에 합류하거나 첫 직장을 찾는 중이라면 소프트 스킬과 자기 PR 전략부터 점검해야 합니다. 1장과 2장에서 협업과 소통의 기본기를 익힌 후, 5장부터 7장까지 다루는 퍼스널 브랜딩과 자기 PR 전략을 통해 나만의 강점을 드러내는 법을 배워보세요. 기술 외에도 어떤 개발자로 인정받고 싶은지, 나를 어떻게 드러낼지 고민하는 사람은 원하는 기회를 더 빠르고 확실하게 잡을 수 있습니다.

- **주니어에서 시니어로 성장 중이라면**

  [추천 순서] 1장 → 7장까지 순서대로

  기술 역량을 충분히 갖췄다면 이제 다음 단계를 위한 전략이 필요합니다. 1장부터 7장까지 차례대로 읽으며 소프트 스킬의 기초부터 조직 안팎에서 영향력을 키우는 방법까지 체계적으로 익혀보세요. 차근차근 따라가다 보면 여러분만의 커리어 로드맵을 완성할 수 있습니다.

- **이미 시니어 개발자라면**

  [추천 순서] 1장 → 3장 → 4장

  이제는 개인의 성장뿐 아니라 팀과 조직의 발전까지 함께 고민해야 할 때입니다. 1장에서 소프트 스킬의 본질을 점검하고, 3장과 4장에서 효과적인 협업 방식과 건강한 개발 문화를 이끄는 리더십 전략을 익혀보세요. 좋은 리더는 좋은 문화를 만들 수 있어야 합니다. 당신이 이끄는 팀의 성장이 곧 당신의 성공입니다.

이 책의 구성

이 책은 개발자가 커리어를 장기적으로 설계하고 확장하는 데 꼭 필요한 로드맵입니다. 눈앞의 성장은 물론, 회사 밖에서도 통하는 영향력을 갖춰 롱런하기 위한 결정적 경쟁력을 다룹니다. 소프트 스킬을 중심으로 성장, 협업, 문화, 퍼스널 브랜딩을 유기적으로 연결해 개발자 커리어의 전체 흐름을 안내합니다.

PART 01
상위 1% 개발자가 되기 위한 실전 소프트 스킬

`소프트 스킬` `마인드셋` `개발자 성장`

개발자의 커리어에 직접적인 영향을 미치는 소프트 스킬과 그 필요성을 짚어냅니다.

- 1장 성장 지옥에서 탈출할 비기, 소프트 스킬
- 2장 우테코 리사 코치가 말해주는 소프트 스킬의 중요성

PART 02
조직을 성장의 무대로 만드는 커리어 전략

`성장 환경` `개발문화` `협업`

조직 안에서 성장을 가속화하고 팀과 함께 더 큰 성과를 내는 실질적인 방법을 소개합니다.

- 3장 공유와 소통으로 키워가는 성장의 선순환
- 4장 나무가 크려면 산도 커져야 한다 aka 동반 성장 개발문화

PART 03
커리어 도약을 위한 퍼스널 브랜딩 기술

`퍼스널 브랜딩` `커리어 전략` `기회 확장`

개인 브랜딩을 통해 조직 밖에서도 자신만의 기회를 만들고 커리어를 한 단계 더 도약시키는 전략을 제시합니다.

- 5장 '나'라는 브랜드를 만드는 개발자 퍼스널 브랜딩 전략
- 6장 이력서 없이도 주 1회 스카웃을 부르는 커리어 설계
- 7장 회사가 나를 홍보하게 만드는 자기 PR 기술

1장 성장 지옥에서 탈출할 비기, 소프트 스킬

개발자로 막 성장하기 시작할 때 누구나 던지는 질문, '코드만 잘 짜면 되는 거 아냐?'에 대한 현실적인 답을 찾아갑니다. 회의, 협업, 커뮤니케이션 속에서 드러나는 소프트 스킬이 개발자에게 얼마나 중요한 무기인지 깨닫게 됩니다.

2장 우테코 리사 코치가 말해주는 소프트 스킬의 중요성

실무 현장에서 부딪히며 체득한 소프트 스킬의 현실적 필요성을 이야기합니다. 함께 오래 일하고 싶은 동료는 기술만으로 완성되지 않는다는 걸 알 수 있습니다.

3장 공유와 소통으로 키워가는 성장의 선순환

성장을 가속화하는 비결은 배움과 나눔의 선순환입니다. 혼자 고민하기보다 함께 공유하고 소통할 때 진짜 성장이 시작됩니다. 3장에서 그 과정을 생생하게 보여줍니다.

4장 나무가 크려면 산도 커져야 한다 aka 동반 성장 개발문화

좋은 개발자가 자라기 위해서는 건강한 개발문화라는 토양이 필요합니다. 개발자와 조직이 함께 성장하기 위한 문화를 조명하며 동반 성장의 가치를 생각해봅니다.

5장 '나'라는 브랜드를 만드는 개발자 퍼스널 브랜딩 전략

작은 기록과 꾸준한 공유가 어떻게 나만의 브랜드로 이어지는지, 또 그것이 어떻게 커리어 레벨업의 기회를 만드는지 구체적으로 다룹니다.

6장 이력서 없이도 주 1회 스카웃을 부르는 커리어 설계

이력서가 없어도 스카웃을 받을 수 있는 현실적인 퍼스널 브랜딩 전략을 소개합니다. 링크드인, 블로그, 커뮤니티 활동 등 모든 일상이 기회의 씨앗이 될 수 있다는 걸 보여줍니다.

7장 회사가 나를 홍보하게 만드는 자기 PR 기술

처음에는 막막할 수 있는 퍼스널 브랜딩과 자기 PR의 시작점을 어떻게 잡고, 어떻게 주목받는 흐름을 만들어갈 수 있는지 그 방법을 제시합니다.

FAQ "데브렐, 그게 뭔가요?" 실무자들이 답하는 15가지 이야기

데브렐이 자주 받는 15가지 질문을 바탕으로 데브렐이라는 직무를 구체적으로 풀어냅니다.

이 책에 담긴 전략과 인사이트는 국내 데브렐 전문가들이 모인 커뮤니티 **데브챗**(Devchat)에서 나눈 작지만 깊이 있는 고민에서 비롯되었습니다. '우리가 알고 있는 것을 현장에 있는 개발자들에게 꼭 전하고 싶다'는 마음이 이 책을 쓰게 된 출발점이었죠. 데브챗의 더 많은 이야기가 궁금하다면 다음 링크드인 페이지에서 활동 내용을 살펴볼 수 있습니다.

- **데브챗 링크드인:** linkedin.com/company/devchat-kr

또한 본문의 각 장에는 저자들의 링크드인 QR 코드가 포함되어 있습니다. 책에 다 담지 못한 이야기가 궁금하거나 데브렐 전문가와 직접 소통하고 싶다면, 링크드인을 통해 연결해보세요.

목차

추천사   004
들어가며   013
이 책의 구성   016

상위 1% 개발자가 되기 위한 실전 소프트 스킬

CHAPTER 01   성장 지옥에서 탈출할 비기, 소프트 스킬
#listening #open-ended question #presence

TRACK 01   호모사피엔스는 코드로 소통하지 않는다: 커뮤니케이션의 본질
듣지 않으면 말할 자격도 없다   028
소크라테스가 될 것인가, 수다쟁이가 될 것인가   036
말은 엄마께 배웠으니 대화는 스스로 배우자   041

TRACK 02   회의에서 눈도장 찍고 끝나면 스카웃된다: 회의의 기술
철저한 준비가 회의 시간을 단축시킨다   049
시간과 도구를 지배하는 자가 회의를 리딩한다   055
실전 회의 스킬 키우기   063

CHAPTER 02   우테코 리사 코치가 말해주는 소프트 스킬의 중요성
#self-awareness #resilience #psychological safety

TRACK 03   나를 위한 소프트 스킬: 자신을 이해하고 나다움을 만드는 힘
'나'를 아는 건 왜 이렇게 어려울까 #자기 인식   072

| | 내가 해낼 수 있다고 믿는 일은 무엇일까 #자기 효능감 | 075 |
| | 내 인생의 가장 큰 실패는 무엇이었나 #회복 탄력성 | 079 |

TRACK 04   회사에서 필요한 소프트 스킬:
함께 일하면서도 나답게 일하는 연습

	이불 밖은 위험하지만 여긴 안전해 #심리적 안전감	082
	모든 사람과 잘 맞진 않지만 맞출 순 있어 #유연성	087
	진짜 내 스스로가 내린 선택인 걸까 #자기 결정력	092

TRACK 05   더 나은 나로 성장하기 위한 소프트 스킬:
성장 마인드셋

	나는 더 나아질 수 있을까	097
	지금 당장 어떤 것을 실천할 수 있을까	101
	함께 일할 때 나는 어떤 사람일까	103

PART 02   조직을 성장의 무대로 만드는 커리어 전략

CHAPTER 03   공유와 소통으로 키워가는 성장의 선순환
`#agile mindset` `#tech culture` `#technical writing`

TRACK 06   혼자 잘하기를 넘어 함께 잘하기까지:
기민한 성장 기법

	애자일 환경보다 더 애자일하게	112
	답답해서 내가 만든 기술 공유 플랫폼, 데보션	117
	'내 업무는 박수받아 마땅하다'를 마땅하게 만들려면	120

TRACK 07   타노스의 핑거 스냅 in 기술 토론:
기술 공유

| | 테크 행사와 스터디에서 영향력과 존재감을 높이는 기술 | 123 |
| | 기술 토론에서 승리하는 네 가지 전략 | 128 |

TRACK 08	기술이 서 말이라도 알려야 능력이다: 글쓰기와 발표	
	전문성을 드러내는 다섯 가지 글쓰기 전략	131
	커리어를 바꾸는 개발자 글쓰기	134
	'김소심'도 가능한 콘퍼런스 발표와 강의	136

CHAPTER 04 나무가 크려면 산도 커져야 한다
aka 동반 성장 개발문화

`#developer culture` `#tech sharing` `#community building`

TRACK 09	숲은 나무와 산의 조화로 만들어진다: 개발문화	
	큰 나무가 무성한 숲, 좋은 개발문화란	144
	당신은 이미 좋은 숲을 만드는 나무다	149
	숲이 황폐해지면 산도 무너진다	154

TRACK 10	퇴비가 있어야 토양이 비옥해진다: 개발자 성장	
	배워서 남주는 개발자들 **#카카오페이의 자발적 기술 공유 문화**	156
	스터디부터 사이드 프로젝트까지 **#카카오페이의 자율 성장 시스템**	160
	성장은 실패와 회고의 반복에서 온다	165

TRACK 11	오직 갖고 싶은 것은 높은 개발문화의 힘: 조직 성장	
	지식 나눔으로 함께 자라는 숲 만들기 **#공유**	168
	선배는 나무의 성장에 영양제가 된다 **#성장**	172
	가장 무섭게 성장하는 나무는 서로 얽혀 자라는 칡넝쿨이다 **#네트워킹**	175

커리어 도약을 위한 퍼스널 브랜딩 기술

CHAPTER 05 '나'라는 브랜드를 만드는 개발자 퍼스널 브랜딩 전략
#personal branding #side project #networking

TRACK 12 우물 안 개구리, 우물 밖을 뛰어넘다: 퍼스널 브랜딩
- 내 명함엔 회사 이름보다 내 이름이 더 크게 보인다 — 186
- 모두의 기억 속에 각인되는 My Own Story 설계법 — 193
- 개발자들의 개발자, 네임드 고수들의 브랜딩 비법 — 201

TRACK 13 퍼스널 브랜딩 로드맵: 강의부터 멘토링과 커뮤니티, 네트워킹까지
- 강의 제작 사례로 알아보는 콘텐츠 기획 A to Z — 210
- 개발자와 세상을 연결하는 또 다른 기회들 — 216
- N^n번의 커리어 확장 기회를 만드는 네트워킹 전략 — 221

CHAPTER 06 이력서 없이도 주 1회 스카웃을 부르는 커리어 설계
#portfolio building #knowledge sharing #developer communication

TRACK 14 기업이 원하는 인재는 따로 있다: 개발자 취업/이직
- 요즘 핫한 기업에서 데려가는 개발자 — 232
- 이력서 대신 네트워킹으로 승부하자 #추천 채용 전략 — 238
- 기업이 나를 먼저 찾게 만들자 #다이렉트 소싱 전략 — 241

TRACK 15 혼자보다 빠르게, 함께 더 멀리: 기술 공유
- 토스가 선택한 성장 비결 #커뮤니티 — 245
- 고민을 해결하는 가장 쉬운 방법 #블로그 글쓰기 — 249
- 내 업무를 말로 정리해보는 시간 #기술 발표 — 252

CHAPTER 07　회사가 나를 홍보하게 만드는 자기 PR 기술
#PR&DR　#storytelling　#strategic approach

TRACK 16　**조직이 홍보하는 개발자가 되는 방법:
PR & DR**

　　홍보팀과 함께 만드는 자기 PR　　　　　　　　　　260
　　홍보팀은 항상 새로운 스토리를 원한다　　　　　　263
　　내 이야기를 필요로 하는 곳은 반드시 있다　　　　266

TRACK 17　**내 이야기로 홍보 담당자 사로잡기:
스토리텔링**

　　신규성, 진실성, 정보성을 갖춘 나만의 이야기 만들기　　268
　　PR을 도와줄 홍보 담당자 찾기　　　　　　　　　271
　　선택받는 이야기로 재구성하기　　　　　　　　　273
　　과외 선생님이 되어 이야기 완성하기　　　　　　276

TRACK 18　**회사의 비전에 나를 녹여내기:
전략적 접근과 포지셔닝**

　　회사 비전과 나를 연결하는 5단계 전략　　　　　278

FAQ　**"데브렐, 그게 뭔가요?"
실무자들이 답하는 15가지 이야기**　　　　　　　　293

PART 01

Define yourself

Lead culture

상위 1% 개발자가 되기 위한 실전 소프트 스킬

Become the brand

CHAPTER
01

성장 지옥에서 탈출할 비기, 소프트 스킬

#listening
#open-ended question
#presence

배문교

현) 삼성전자 애자일/커뮤니케이션 코치
전) 삼성전자 MX 사업부 SW 개발자

변화와 성장에 진심이며 재미와 즐거움이 삶의 동력입니다. 코치, 퍼실리테이터, 강사, 변화 관리자, 애자일/린 실천가 등 다양한 역할을 수행하면서, 또 다른 모습을 향해 커리어를 리팩터링하는 중입니다.

PROLOGUE

"더 성장해야 합니다."

팀장님의 한마디가 머릿속에서 '성장 지옥'이라는 단어로 자동 변환됩니다. 코드를 짜는 것만으로도 벅찬데, 회의 시간만 되면 더욱 숨이 막힙니다. 누군가 의견을 조율하고 회의를 주도하는 것을 보며 그저 고개를 끄덕일 뿐, 속으로는 이렇게 생각합니다.

'와, 핵심을 정확히 짚어내네. 저렇게 해야 인정받는 걸까?'

잘하고 싶은데 막상 뭘 어떻게 해야 할지 모르겠습니다. 질문을 하려다 '이런 걸 물어봐도 되나?' '바보처럼 보이진 않을까?' 싶은 마음에 입을 다뭅니다. 결국 회의가 끝난 후, 혼자 코드를 뒤적이다 야근을 합니다.

그런데 가만히 생각해보면요, 회의에서 주목받는 선배, 모두가 인정하는 리더, 이분들이 처음부터 이렇게 잘했을까요? 이들도 분명 처음엔 회의에서 '주변인'이었을 겁니다. 하지만 어느 순간 '비기', 즉 숨겨진 기술을 터득한 거죠. 그게 바로 '소프트 스킬'입니다. 얼핏 사소해 보여도 사실 소프트 스킬은 커리어에 엄청난 변화를 만들어냅니다.

사람들은 말을 많이 하는 사람보다 상대의 말을 잘 들어주는 사람을 더 신뢰한다는 사실, 알고 있었나요? 또 회의에서 말을 많이 하지 않고 적절한 질문 하나만 잘 던져도 '저 사람 참 스마트하네'라는 인상을 줄 수 있습니다. 완벽한 코드를 작성하지 않아도, 이런 식으로 존재감을 드러낼 수 있는 순간은 충분히 생길 수 있다는 겁니다.

1장에서 그 비기를 안내하겠습니다. 경청의 기술, 똑똑해 보이는 질문법, 회의에서 존재감을 드러내는 스킬까지, 이 장의 내용을 익히면 '성장 지옥'에서 한 발짝 벗어나 "요즘 참 잘하더라"라는 말을 듣게 될지도 모릅니다. 그럼 함께 시작해보겠습니다.

TRACK 01

호모사피엔스는 코드로 소통하지 않는다:
커뮤니케이션의 본질

_협업이 잘 되는 사람들의 공통점은 '듣는 힘'과 '묻는 기술'에 있습니다.
_경청 스킬을 익히면 커뮤니케이션의 질이 달라지고 질문으로 대화의 흐름을 주도할 수 있습니다.
_열린 질문은 상대방의 생각을 확장시키고 더 깊이 있는 대화를 이끌어냅니다.
_내 대화 방식이 주변 사람들에게 어떤 영향을 주는지 확인해봅시다.
_상대방을 배려하면서도 나만의 존재감을 드러내는 대화법을 만들어봅시다.

듣지 않으면
말할 자격도 없다

개발자에게 "어떤 언어 쓰세요?"라고 물어보면 "자바요" "파이썬이요"와 같이 대답하곤 합니다. '한국어'나 '영어'가 아니라요. 개발자에게 언어란, 곧 '코드'입니다. 상상을 현실로 바꾸는 그 언어를 능숙하게 다룰수록 인정받고 성장할 수 있으니까요.

그런데 아무리 코드를 능숙하게 작성해도 함께 일하는 사람들과 제대로 소통하지 못하면 그 실력을 반도 발휘할 수 없습니다. 오히려 혼자 삽질만 하다가 시간만 낭비하거나 공들여 만든 코드가 설명 부족으로 묻혀버리기도 하죠.

우리는 결국 사람과 함께 일합니다. 협업은 코드가 아니라 사람의 언어로 이뤄집니다. 좋은 코드가 성과를 만든다면, 좋은 커뮤니케이션은 그 성과를 폭발적으로 증폭시키는 원동력이 됩니다.

커뮤니케이션은 어쩌면 너무 당연한 이야기처럼 들릴지도 모릅니다. 하지만 그 당연한 개념을 '진짜 나만의 스킬'로 만드는 순간, 여러분의 성장 속도는 완전히 달라질 겁니다.

'말 포인트'가 필요한 세상

> "말 포인트가 부족하여 귀하의 발언이 차단되었습니다."
> "듣기를 통해 말 포인트를 확보하거나 추가 구매해주세요."

이런 알림이 뜨는 세상에서 살고 있다고 상상해보세요. 말을 하려면 돈을 지불해야 하고, 포인트가 떨어지면 입조차 열 수 없습니다. 말 한마디 한마디가 곧 돈이 되는 세상이라면 어떤 일들이 일어날까요? 다음과 같은 현상들이 나타나지 않을까요?

- **경청 적립 서비스**: 다른 사람의 이야기를 열심히 듣고 호응해주는 대가로 포인트가 적립됩니다.
- **말 포인트 보험**: 중요한 회의 도중 포인트가 바닥나는 난처한 상황이 생기지 않도록, 회사에서 직원들을 위해 보험을 들어줍니다.
- **수다 파티**: 말 포인트가 넘치는 부자들은 회의에서 발언권을 독점하거나 하루 종일 아무 말 대잔치를 벌입니다. 그야말로 '말의 제왕'이 되는 것이죠.

이렇게 말할 때 제약이 생긴다면 답답하고 피곤하지 않을까요? 그런데 이런 세상이 그저 완전한 공상은 아닙니다. 사실 우리가 사는 현실도 이와 크게 다르지 않죠. 말하고 싶은 사람은 많지만, 정작 진심으로 들어주는 사람은 적습니다. 말 포인트라는 시스템이 존재하지 않을 뿐, 실제로 말을 잘하기 위해 스피치 강의나 면접 코칭에 기꺼이 돈을 쓰기도 합니다.

회사에서도 비슷한 일이 일어납니다. 회의에서 존재감을 드러내려 타이밍을 보고 끼어들고, 남의 말을 자르며, 내 말을 이어가려고 애씁니다. 말을 잘하면 인정받고 말을 못하면 묻히는 세상. 어쩌면 우리는 이미 '말 포인트'가 작동하는 세상에 살고 있는지도 모릅니다.

독일의 저명한 기업 코치이자 강연가인 코르넬리아 토프Cornelia Topf가 쓴 『침묵이라는 무기』(가나출판사, 2019)에는 흥미로운 일화가 있습니다.

> 한 수도원장이 몇 년 전부터 경영자들을 대상으로 묵언 수행 캠프를 운영하고 있는데, 기부금을 많이 받아 수도원 재정에 큰 도움이 된다고 자랑했다. 그런데 참가자들이 묵언 수행을 하던 중 앰뷸런스에 실려 가는 일도 발생한다며 걱정했다. "너무 조용해서 못 견디는 거죠?"라는 질문에 수도원장은 고개를 끄덕였다. 특히 사회적 지위가 높은 사람들은 '말하기를 통해 자신을 정의'하기 때문에 말할 기회를 빼앗기는 순간 정체성을 잃고 무력감을 느낀다는 것이다.

이 사례처럼 우리는 대부분 말하기를 통해 자신의 존재감과 정체성을 어필합니다. 말을 할 수 없으면 마치 내 존재가 무의미해지는 듯한 불안감을 느끼죠.

듣기 그 이상의 경청

말하기는 결국 누군가 들어줘야 빛을 발합니다. 저는 코칭이나 워크숍을 준비할 때 인터뷰를 자주 하는데, "30분밖에 시간이 없어요" 하던 분들이 한 시간 넘게 줄줄이 이야기를 쏟아내곤 합니다. 그리고 인터뷰가 끝나면 "말하기만 했는데 속이 후련해졌어요!"라며 만족해하시죠.

결국 잘 들어주는 것만으로도 상대방은 자신의 이야기가 가치 있다고 느끼고 말하는 에너지가 살아납니다. 즉, 듣기는 구성원의 지혜와 경험을 유효하게 만드는 행동이며 그들의 존재를 인정해주는 의미 있는 일입니다.

그런데 이렇게 중요한 듣기가 왜 이렇게 어렵고 잘 안되는 걸까요?

- **내가 할 이야기를 생각하느라 상대방의 말을 놓친다**: 팀 회의에서 리더가 "이번 프로젝트는 일정이 빠듯하다"라고 말하고 있는데, 나는 머릿속에서 "어떻게 하면 내 아이디어를 어필할 수 있을까?"만 고민합니다. 그러다 리더의 말이 끝나기 무섭게 곧바로 내 의견을 내놓습니다. 정작 리더가 왜 일정이 빠듯한지 설명한 내용은 통째로 놓친 셈입니다.

- **상대방의 말에 옳고 그름을 판단하며 듣는다**: 동료가 "개발 언어를 러스트로 바꾸고 싶어"라고 하자마자 "러스트? 그건 아직 불안정해" "성능은 좋은데 인력 구하기 어렵잖아"라며 반박부터 합니다. 동료가 왜 그런 생각을 했는지, 어떤 장점을 보고 선택했는지 듣기도 전에 일단 비판부터 시작합니다.

- **주관적인 기준으로만 해석한다**: 팀 선배가 "옆 팀의 A님은 일도 잘하고 인간미도 참 좋지 않냐"라고 말했을 때, 선배는 단지 칭찬한 것뿐인데도 '지금 나 들으라고 하는 소리인가? 난 능력도 없고 인간미도 없다는 뜻?'이라며 혼자 오해하고 속상해합니다.

- **문제를 해결해주거나 조언해주려고 한다**: 후배가 "팀장님께 혼나서 속상해요. 어젯밤에 잠도 못 잤어요"라고 얘기하는데 "어떤 코드였는데? 내가 봐줄게"라고 합니다. 사실 후배에게 필요했던 건 위로였는데 해결책부터 던지느라 후배 마음을 제대로 살피지 못합니다.

이처럼 우리는 대화하면서 내가 할 말에만 골몰하거나, 상대방 말이 맞는지 틀렸는지만 따지거나, 오로지 내 기준으로만 해석해버리곤 합니다. 심지어 상대방이 단순히 공감을 원하는 순간에도 습관적으로 해결책부터 내놓아서 정작 위로나 공감이 필요한 상대방의 마음을 놓쳐버리죠.

듣기는 제대로 배우고 연습할 필요가 있습니다. 어쩌면 대부분의 사람이 경청하는 법을 배워본 적 없어서 서툴 뿐, 제대로 배우면 금방 실천할 수 있을지도 모릅니다.

지금 당장 적용할 수 있는 경청 스킬 향상법을 함께 살펴보겠습니다.

경청 스킬 향상을 위한 연습법

1) 무조건 끝까지 듣기

경청을 잘하려면 먼저 대화의 체력을 키워야 합니다. 다음 방법으로 상대방의 말이 완전히 끝날 때까지 기다리는 '무조건 끝까지 듣기'를 최소 일주일간 연습하세요. 몸에 밸 때까지 다음 단계로 넘어가지 않는 걸 추천합니다.

- 어떤 일이 있어도 상대방의 말에 끼어들거나 말을 끊지 않기
- 상대방이 말을 마친 후 3초 기다리기

이 연습은 꽤 지루하고 때로는 고통스러울 수도 있습니다. 말하고 싶고, 해결책을 알려주고 싶고, 내가 좋아하는 주제로 화제를 돌리고 싶기도 할 테니까요. 하지만 이 스킬만으로도 엄청난 결과를 만들 수 있습니다.

한 현직 검사는 범죄자들의 자백을 받아내는 최고의 기술이 바로 그들의 말을 끊지 않고 끝까지 여유 있게 들어주는 것이라고 말했습니다. 물론 심문 시간은 길어지지만, 검사의 권위를 앞세워 윽박지르거나 고함을 치며 온갖 증거를 제시해도 꿈쩍하지 않던 범죄자들이 그들의 이야기를 진지하게 들어주면 순순히 범죄를 자백한다고 합니다. 실제로 어느 조직폭력배는 심문 후 "내 말을 끊지 않고 이렇게 끝까지 들어주는 사람이 처음이다"라고 말하며 추가 자백까지 했다고 합니다. 결국 누구든 자신의 말을 진심으로 들어주는 사람을 만나면 마음을 열고 본심을 털어놓게 됩니다.

2) 경청 자세 갖추기

일주일간 '무조건 끝까지 듣기' 연습을 충분히 했다면 이제는 경청을 위한 자세를 배워봅시다.

- **몸통을 대화 상대방 쪽으로 향하게 하기**: 몸 전체가 완벽히 상대방을 향하도록 발을 움직입니다. 앉아 있다면 의자를 상대방 쪽으로 돌려 몸통 전체가 상대방을 바라보도록

합니다. 고개만 돌리거나 어깨만 틀어서는 경청하는 느낌을 주기 어렵습니다.

- **스마트폰은 대화에서 제외하기**: 가능하면 안 보이게 치우거나 최소한 뒤집어놓고 대화하세요. 작은 제스처지만 '당신에게 집중하겠다'는 강력한 메시지가 됩니다.
- **팔짱은 풀고 부드러운 표정 유지하기**: 팔짱을 끼면 무의식적으로 방어적인 태도로 비춰질 수 있습니다. 눈썹을 치켜뜨거나 무표정한 얼굴 대신 미소 띤 표정을 지으면 상대방이 훨씬 편안함을 느낍니다.
- **눈 마주치기**: 상대방의 인중과 양쪽 어깨를 잇는 삼각형 안에서 시선을 움직이며 가끔 눈을 마주칩니다.

3) 사실을 있는 그대로 듣기

사람들은 정보를 받아들일 때 자신의 경험이나 기존 프레임에 맞춰 해석하는 경향이 있습니다. 특히 자신이 익숙한 전문 분야 관점으로 바꿔 듣다 보면 중요한 핵심을 놓칠 수 있으니 상대방이 말하는 사실을 '있는 그대로' 받아들이는 연습이 필요합니다. 듣는 와중에 내가 이미 알고 있는 것이 있어도 맞고 틀림을 먼저 떠올리기보다 그 사람이 어떤 정보를 전달하기 위해 이 말을 하는지를 있는 그대로 느끼는 겁니다. 그리고 이 과정에서 "제가 이해한 게 맞나요?"라고 물으며 점검하면 내 해석이 왜곡되진 않았는지 자연스럽게 확인할 수 있습니다.

- **상대방 말을 그대로 되돌려주기**: "[상대방 문장] 이런 말씀인 거죠?"처럼 담백하게 묻습니다. 감정을 섞거나 비꼬지 않고 사실 그대로만 전달해야 합니다.
- **말이 장황할 경우 간단히 요약해 되돌려주기**: 말이 너무 길면 상대방도 본인이 한 말을 잊을 수 있습니다. 마지막 문장만이라도 요약해서 "제가 이해한 바로는 [상대방 문장 요약]이었는데 맞나요?"라고 질문해보세요.

이때 상대방이 '검증받는다'고 느끼지 않도록 예의 바른 태도를 유지하는 게 중요합니다.

4) 감정 듣기

사실을 정확하게 들었다고 해도 그 속에 담긴 '감정'을 제대로 이해하지 못하면 진짜 의도를 놓칠 수 있습니다. 감정 그 자체는 좋거나 나쁜 것이 아니라, 그저 있는 그대로의 마음 상태입니다. 슬픔이라는 감정 역시 단지 마음을 나타내는 하나의 상태일 뿐 나쁜 것이 아니라는 점을 알아야 합니다. 따라서 우리는 상대방의 감정을 있는 그대로 바라보며 '상대방이 왜 이런 감정을 느끼고 있을까?'를 이해하려는 태도가 필요합니다.

- **말할 공간을 충분히 열어주기**: 감정은 말하는 도중에도 계속 변할 수 있습니다. 상대방이 잠시 말을 멈추더라도 바로 끼어들지 말고 1~2초 정도 기다려주세요.
- **감정에 이름을 붙이기**: "속상한 것처럼 보여요" "짜증이 난 것처럼 보여요"처럼 구체적인 감정 단어를 담백하게 말해보세요. 이때 뉘앙스를 유의해야 합니다. "속상한 거군요"라고 말하면 상대방 감정을 넘겨짚는 것처럼 보입니다. 인정과 공감의 느낌을 주는 뉘앙스로 감정의 이름을 건네보세요. "맞아요" 혹은 "아니요, 사실⋯"이라는 상대방의 대답을 통해 감정을 더 정확하게 파악할 수 있습니다.
- **감정을 변화시키려 하지 말고 있는 그대로 인정하기**: "얼마나 힘드셨겠어요" "얼마나 짜증 나셨겠어요" 정도의 인정하는 말만으로도 충분합니다. 상대방의 감정, 특히 부정적인 감정을 없애거나 바꾸려 애쓰지 말고 "아, 그런 감정을 느낄 수 있겠구나"라며 그대로 받아들여주세요.

5) 진짜 의도 듣기

감정이라는 포장지를 벗기면 그 안에는 '의도'라는 진짜 내용물이 들어 있습니다. 상대방이 원하는 게 공감인지, 해결책인지 아니면 단순한 정보 전달인지를 놓치면 대화의 핵심을 짚기 어려워집니다. 의도를 알아차리는 힘은 "이 사람이 지금 정말로 원하는 게 무엇일까?"라는 호기심과 배려에서 시작됩니다. 의도를 잘 알아차리면 상대방은 여러분을 '말이 통하는 사람'으로 인식하고 '개떡같이 말해도 찰떡같이 알아듣는 사람' 혹은 '일머리가 좋은 사람'이라는 평가로 연결됩니다.

- **지레짐작하지 않고 확인 질문하기**: "A라고 말씀하신 의도가 B 문제를 먼저 해결하고 싶다는 뜻일까요?"처럼 의도를 내가 대신 결론 짓기보다 "A라고 말씀하신 상황이 어떻게 해결되길 바라십니까?"와 같이 상대방이 직접 표현하도록 부드러운 질문을 건네는 게 핵심입니다.
- **상대방 이야기에서 반복되는 키워드를 찾아 짚어주기**: "말씀을 들어보니 '속도 개선'과 '협업'이라는 단어를 자주 언급하시는데요, 어떤 의미가 있을까요?"처럼 화자가 반복해서 꺼내는 단어나 개념을 정확히 짚어주면 그 의도가 좀 더 선명해집니다.
- **마지막으로 재확인하기**: "정리하자면 C가 말씀하신 의도 맞나요?" 이런 확인 과정을 거치면 서로가 같은 그림을 그리고 있다는 확신이 생깁니다.

참고 | 메라비언의 법칙

1971년 심리학자 앨버트 메라비언Albert Mehrabian이 발표한 메라비언의 법칙은 대화에서 말의 내용보다 비언어적 요소가 더 큰 영향을 미친다는 개념입니다. 이 법칙에 따르면 사람들이 상대방의 말을 신뢰할지를 판단할 때 말의 내용보다 목소리 톤이나 표정 같은 비언어적 요소가 훨씬 큰 영향을 미친다는 겁니다. 그 비율을 요약하면 다음과 같습니다.

- **말의 내용**: 7%
- **목소리 톤과 억양**: 38%
- **표정과 몸짓 등의 비언어적 표현**: 55%

메라비언의 법칙이 가장 핵심적으로 작동하는 순간은 바로 말과 비언어적 표현이 불일치할 때입니다. 예를 들어 상사가 "좋은 아이디어네요"라고 말했는데, 표정은 굳어 있고 목소리 톤도 차갑다면 그 말을 듣는 사람은 상사의 말(내용)보다 표정이나 목소리(비언어적 요소)를 더 신뢰하게 됩니다. 결국 '내 아이디어가 진짜 별로인가 보다'라고 해석하게 될 것입니다.

좋은 커뮤니케이터가 되려면 말하는 내용과 표정, 목소리에 일관성이 있어야 합니다. 칭찬이나 피드백을 줄 때는 진심이 느껴지도록 비언어적 표현을 활용해야 합니다. 상대방이 '뭔가 기분이 나쁘다'라고 느끼지 않도록 신경 써야 합니다. 특히 회의나 면접, 동료와의 대화처럼 신뢰감이나 호감, 진심을 전달해야 하는 상황일수록 비언어적 요소가 더 강력한 영향을 미친다는 점을 꼭 기억하세요.

단, 기술적인 내용을 설명하거나 들을 때는 당연히 말의 내용이 더 중요합니다.

소프트 스킬의 기본은 경청에서 시작합니다. 아무리 최신 기술과 풍부한 지식을 갖췄다 하더라도 상대방을 진심으로 인정하고 경청하지 않으면 그 역량을 절반도 발휘할 수 없습니다. 반대로 경청하는 작은 태도만으로도 협업이 부드러워지고 신뢰가 쌓이며 결과적으로 기술 능력까지 극대화할 수 있습니다.

경청은 거창한 기술이 아닙니다. 지금 당장 상대방 말이 완전히 끝날 때까지 기다리기, 상대방의 감정과 의도를 질문하기와 같은 작은 시도부터 시작해보세요. 사소한 변화가 쌓이면 '성장 지옥'에서 벗어난 자신을 발견할 수 있을 겁니다.

회의나 동료와의 대화 전에 올리버 웬들 홈스Oliver Wendell Holmes의 말을 한번 되새겨보세요.

"말하는 것은 지식의 영역이고, 듣는 것은 지혜의 영역이다."

소크라테스가 될 것인가, 수다쟁이가 될 것인가

질문할 때 어떤 마음이 드나요? "담당자가 아직도 그걸 모르고 있어요?"라는 대답이 돌아올까봐 망설인 적 있나요? 예를 들어 "회사 코딩 컨벤션은 어디서 확인하나요?"라고 묻고 싶어도 "아직도 그걸 몰라?"라는 핀잔이 돌아올까봐 망설이는 것처럼요. 만약 이렇게 생각한 적이 있다면 질문에도 '모범 답안'이 있다고 여기는 사람일 수 있습니다.

하지만 질문 자체에는 정답도 오답도 없습니다. 물론 무턱대고 아무 질문이나 해도 된다는 뜻은 아닙니다. 경청처럼 질문에도 스킬이 있고 이를 익히면 대화의 맥락과 흐름을 잘 파악하는 센스 있는 개발자가 될 수 있습니다.

"이 코드 좋네요. 이 부분을 더 간단하게 바꿀 방법이 있을까요?"

이런 질문을 받으면 자연스럽게 해결 방법을 고민하게 되면서 대화가 확장됩니다. "이 코드 좋네요"라는 칭찬에서 그쳤다면 "감사합니다"로 끝나버렸을 대화가 좋은 질문으로 인해 이어지는 겁니다. 이렇듯 질문은 생각을 유도하고 사고를 확장시키며 행동하도록 합니다. 결국 대화의 흐름을 주도할 수 있게 하죠.

회의에서 동료가 의견을 내지 않는다면 "A님은 이 문제 어떻게 보세요?"라고 간단하게 물어보세요. 조용하던 동료도 자연스럽게 생각을 떠올리고 대화에 참여할 겁니다. 그 동료가 숨은 해결책을 갖고 있다면 적극적으로 문제를 해결할 수도 있습니다.

닫힌 질문과 열린 질문

질문은 '닫힌 질문'과 '열린 질문'으로 구분할 수 있습니다. 닫힌 질문은 "이 기능 배포 끝났죠?"처럼 "예" 또는 "아니오"로 답변이 끝나는 질문입니다. 빠른 사실 확인에 유리하지만, 대화가 쉽게 끊긴다는 단점이 있습니다. 반면 열린 질문은 "이 기능 배포 중 가장 어려웠던 점은 무엇인가요?"처럼 상대방이 더 많이 생각하고 자유롭게 설명할 수 있는 질문입니다. 열린 질문은 상대방의 생각과 감정을 끌어내어 새로운 관점을 발견하게 도와줍니다.

예를 들어 "지금 해결책에서 어떤 점이 우려되나요?"라고 물었을 때 "성능을 고려하지 못해 걱정되는 부분이 있습니다. 예를 들어…"라며 대화가 이어지고 사고가 확장됩니다.

비슷한 말이어도 질문 방식에 따라 결과가 크게 달라집니다. 사실 확인이 목적이라면 닫힌 질문을, 대화를 이어가거나 생각을 더 끌어내고 싶다면 열린 질문을 사용하세요. 평소 자주 쓰는 질문들을 떠올려보며 닫힌 질문인지, 열린 질문인지를 생각해보고 닫힌 질문을 열린 질문으로 바꾸는 연습을 하면 더 풍부하게 소통할 수 있습니다.

질문	질문 종류	열린 질문으로 바꿔보기
"A님한테 물어봤어요?"	닫힌 질문	"A님에게 어떤 점을 물어보셨나요?"
"이 모듈은 성능 향상용인가요?"	닫힌 질문	"이 모듈이 성능에 어떤 영향을 미칠 것으로 예상하나요?"
"처리 속도를 줄이기 위해 어떤 것이 추가로 필요한가요?"	열린 질문	–

> **TIP** '왜(Why)'는 신중하게 사용해야 한다

열린 질문 중 하나인 '왜'는 듣는 이에 따라 비난이나 추궁처럼 들릴 수 있습니다. "왜 코드를 이렇게 짰어요?" "왜 이 기능을 안 넣었나요?" 같은 질문을 하면 상대방이 자신의 행동에 문제가 있다고 생각할 수 있습니다. 마치 "왜 숙제를 안 했어?"처럼 혼나는 기분이 들 수 있죠.

코드 리뷰 예시에서도 이런 차이가 분명히 나타납니다.

- **"왜 메모리 캐시를 전혀 안 쓰셨어요?"**: 듣는 사람은 '나를 추궁하나? 성능 안 좋다고 몰아가는 느낌이네'라고 느낄 수 있습니다.
- **"메모리 캐시 부분은 어떤 이유로 생략하셨나요?"**: 이 질문에는 "캐시를 고려해봤지만 일정 문제와 다른 우선순위가 있어서 못 했습니다"라는 답변으로 대화가 이어질 수 있습니다. 이렇게 부드럽게 물어보면 상대방은 방어적으로 반응하지 않고 맥락을 충분히 설명할 가능성이 높아집니다.

'왜' 대신 이런 표현을 써보세요.

- **"무슨** 이유가 있었나요?"

- "**어떤** 고민 끝에 그렇게 결정했나요?"
- "**어떤** 과정을 거쳐 이 결론에 도달했나요?"

이렇게 '왜'를 '어떤' 또는 '무슨'으로 바꾸어 질문하면 상대방은 자신의 선택을 존중받는다고 느껴 더 자세한 내용을 풀어낼 수 있습니다.

좋은 대화는 '경청 → 질문 → 다시 경청 → 추가 질문'의 구조로 확장됩니다. 이러한 과정을 통해 대화에 깊이를 더할 수 있습니다.

접속사 대신 질문으로

우리는 대화할 때 '그런데(근데)' 같은 접속사를 자주 사용합니다. 이런 접속사는 상대방 말을 끊고 대화 주제를 전환시킵니다. 그리고 갑작스러운 화제 전환은 대화를 산만하게 만들죠. 반면, 접속사 대신 질문을 사용하면 화제가 자연스럽게 이어지고 상대방도 내 말에 거부감을 덜 느낍니다.

왜 그럴까요? 접속사는 '이젠 내가 말할 차례'라는 신호지만, 질문은 내 의견을 추가하면서도 상대방이 대화를 이어갈 수 있게 해주기 때문입니다. "그런데 그 방법은 너무 어려운 것 같은데요" 대신 "이 부분이 잘 안 된다면 다른 방안이 있을까요?"라고 물어보세요. 내 의견을 전달하면서도 대화 맥락이 끊기지 않고 자연스러움을 유지할 수 있습니다.

질문 스킬 향상을 위한 연습법

1) 호기심 리스트 만들기

하루의 대화를 떠올리며 궁금했던 점들을 간단히 메모하세요. 퇴근 후 또는 하루를 정리하며 리스트를 보면 다음 대화에서 물어볼 질문들이 자연스럽게 생깁니다.

- 이 라이브러리는 왜 이렇게 인기가 많을까?
- 새로 합류한 동료는 이전 회사에서 어떤 프로젝트를 했을까?

2) 닫힌 질문과 열린 질문 섞어 쓰기

코드 리뷰나 회의에서 먼저 닫힌 질문으로 팩트를 빠르게 확인하세요. 그다음 열린 질문으로 의견과 내용을 확장합니다.

- **닫힌 질문** 테스트는 충분히 하셨나요?
- **닫힌 질문** CI/CD 파이프라인은 정상인가요?
- **열린 질문** 가장 까다로웠던 부분은 무엇이었나요?
- **열린 질문** CI/CD 설정 중 힘들었던 점이 있었나요?

3) 열린 질문 챌린지하기

팀에 '미팅에서 최소 한 개 이상의 열린 질문 던지기' 챌린지를 제안해보세요. 처음에는 어색해도 게임처럼 진행하다 보면 점점 풍성한 의견이 오가는 상황으로 자연스럽게 이어집니다.

4) 소크라테스 자세 갖추기

소크라테스는 답을 주지 않고 끊임없이 묻고 또 물으며 상대방의 생각을 확장시켰습니다. 자신이 전지전능한 스승이 되기보다 상대방이 스스로 답을 찾아가는 산파술을 통해 사람들의 새로운 통찰을 이끌어냈죠. 소크라테스처럼 어떤 질문으로 상대방과 함께 답을 찾아볼지 생각하는 자세로 대화에 임해보세요.

열린 질문으로 호기심을 자극하고, 닫힌 질문으로 팩트를 확인하며, 왜(Why) 대신 과정을 묻는 더 부드러운 표현을 사용해보세요. 상대방의 생각이 확장되고 협업 에너지가 배가 되는 순간을 이끄는 여러분의 모습을 발견하게 될 것입니다.

말은 엄마께 배웠으니
대화는 스스로 배우자

우리는 메신저나 SNS 같은 디지털 대화에 익숙합니다. 여러 메시지가 한꺼번에 쏟아지고, 누가 언제 끼어들지 예측하기 어렵죠. 실제 대화도 단체 채팅방처럼 진행되는 경우가 많습니다. 이는 실시간 게임에서 전투 로그가 겹치는 상황과 비슷한데, 내 말만 정신없이 하다 보면 대화가 끝난 후, 대화 중 주고받은 내용을 기억하지 못합니다. 여러 사람이 동시에 말하면 정보가 뒤섞이고 충돌하면서, 사람들은 맥락을 놓치고 쉽게 지치게 됩니다.

하지만 진짜 대화는 바둑 같은 턴제 게임turn-based game에 더 가깝습니다. 커뮤니케이션 전문가들은 대화에서 말하기와 듣기의 비율을 3:7 또는 4:6 정도로 유지하라고 조언합니다. 어떤 경우에도 내 말이 전체 대화의 50%를 넘지 않도록 해야 한다는 거죠.

왜 3:7이라는 비율이 중요할까요? 말하기를 3, 듣기를 7 정도로 유지하면 상대방이 마음껏 이야기할 공간을 충분히 열어둘 수 있습니다. 대화는 피자를 나눠 먹는 것과는 다른 논리를 따릅니다. 피자 한 판이 10조각이라면, 상대방과 내가 각각 3조각씩 먹은 후 남은 4조각을 다시 둘로 나눠야 하지만, 대화는 내가 3을 말하고 상대방이 3을 말해도 서로가 남긴 7+7만큼의 새로운 여유가 생기는 구조입니다. 이 여유 있는 공간이 더 깊고 의미 있는 대화를 가능하게 합니다.

실제로 상대방이 말하는 동안 여유를 갖고 지켜보면 어떤 의도인지, 어떻게 대응하면 좋을지 등을 생각하고 정리할 수 있습니다. 그리고 내 차례가 오면 "아까 말씀하신 것을 보니 이런 방법도 괜찮지 않을까요?"라며 의견을 내거나 질문을 할 수 있죠. 이러한 턴 바이 턴 방식은 무전기로 대화하는 것과 비슷합니다. 말할 때는 '송신 버튼'을 누르고, 들을 때는 버튼을 누르지 않는 방식으로 서로를 배려하며 차례를 주고받아야 혼선 없이 소통할 수 있습니다. 내 차례가 되면 "아까 말씀 중에 궁금한 점이 있는데요"라고 자연스럽게 질문을 섞어 대화를 연결하면 됩니다.

예를 들어 회사 동료 A와 1:1로 대화한다고 가정해봅시다. '내가 70% 말하겠다'고 마음먹으면 A는 의견 낼 틈이 없다고 느껴 내 이야기를 가로채거나 반박하려 들 것입니다. 그러면 나도 다시 말을 빼앗으려 하고, 이런 악순환이 대화를 티키타카가 아닌 땅따먹기 게임으로 만들어버립니다. 반면 '오늘은 내가 30%만 말하고 A가 70%를 말하도록 해야지'라고 생각하면 어떨까요? 상대방도 여유롭게 대화하며 자연스럽게 내게 말할 공간을 열어줄 것입니다. 대화는 부드럽게 이어지고, 서로 피곤하지 않게 오랫동안 충분히 대화할 수 있습니다.

이처럼 대화는 단체 채팅처럼 동시에 말을 쏟아붓는 디지털 방식이 아닌 아날로그 스타일(턴 바이 턴)로 하되, 3:7이라는 황금 비율을 의식적으로 지키는 것이 중요합니다. 그래야 서로 윈윈하는 대화가 가능합니다. 바둑을 두듯 여유롭게 대화해보세요.

상어 같은 대화 vs. 고래 같은 대화

한 유명 변호사의 대화법 강연에서 머리에 강하게 남은 내용이 있습니다. 바로 '상어 같은 대화'와 '고래 같은 대화'입니다. 상어 같은 대화를 하는 사람은 무서운 포식자처럼 상대방의 감정을 날카롭게 공격하거나 물어뜯을 것처럼 반박합니다. 자기 의견만 강하게 내세우고 상대방의 관점은 재빨리 거부하죠. 상어가 나타나면 주변 물고기들이 도망치듯, 이런 대화 방식은 주변 사람들을 위축하게 만듭니다.

회의실에서 상어 같은 대화자를 본 적 있나요? 그들이 말하기 시작하면 방 안의 에너지가 급격히 바뀝니다. 다른 사람들은 말할 기회를 잃고, 몸을 뒤로 기대거나, 노트북을 보는 척하며 눈 맞추는 것을 피합니다. 상어 같은 대화자는 장기적으로 팀의 창의성과 협업을 저해하고 중요한 아이디어를 묻히게 합니다.

- 상어 같은 대화자의 특징
    - 상대방 말을 자주 끊고 반박함
    - 목소리 톤이 강하고 공격적임
    - 자신의 관점만 고집하고 다른 시각은 인정하지 않음
    - 누군가의 아이디어를 비웃거나 즉각 거부함
    - 대화가 끝나면 주변 사람들은 지치고 소진된 느낌을 받음

반면, 고래 같은 대화를 하는 사람은 존재감이 크지만 주변 생태계를 해치지 않고 오히려 풍요롭게 합니다. 고래는 해양 생태계에서 중요한 역할을 하면서 다른 생물들과 조화롭게 공존합니다. 마찬가지로 고래 같은 대화자는 말에 무게감이 있고 주변 사람들이 편안하게 의견을 나눌 수 있도록 배려합니다.

고래 같은 대화자가 있는 회의는 어떨까요? 사람들은 그의 말에 귀를 기울입니다. 단순히 직책이나 권위 때문이 아니라, 그 사람의 말에 가치가 있고 다른 사람의 의견도 존중한다는 것을 알기 때문입니다. 고래 같은 대화자는 자신의 생각을 분명히 전달하면서도 다른 사람들의 아이디어를 끌어내고 발전시키는 데 더 큰 관심을 둡니다.

- 고래 같은 대화자의 특징
    - 상대방의 말을 끝까지 경청함
    - 차분하고 자신감 있는 톤으로 말함
    - 자신의 의견을 명확히 전달하되 다른 관점도 인정함
    - 다른 사람의 아이디어를 발전시키고 연결함
    - 대화가 끝나면 주변 사람들은 활기차고 영감을 받음

고래 같은 대화는 단순히 말을 부드럽게 하는 것이 아니라, 진정으로 상대방의 말에 귀 기울이고 호기심 어린 질문으로 대화를 풍요롭게 하며 자신의 생각도 명확하게 전달하는 것입니다. 고래처럼 대화할수록 여러분의 의견은 오히려 더 강력한 영향력을 갖게 됩니다.

조언보다 인정과 공감

"원치 않는 레슨(조언)은 폭력"

예전에 활동하던 동호회에 있던 규칙입니다. '좋은 의도로 알려주는데 왜 폭력일까?'라며 의아해할 수 있습니다. 하지만 선한 의도의 조언이라도 받는 사람은 부담을 넘어 실제로 고통을 느낄 수 있습니다. 도움을 주려는 선의라도 상대가 필요로 하지 않으면 강요나 부담으로 느껴질 수 있는 거죠.

일상 대화에서도 우리는 종종 해결책을 툭 던지곤 합니다. 특히 개발자는 문제 해결에 특화된 사람들입니다. 익숙한 코드를 수정하듯 상대방의 고민도 "이렇게 하면 돼!"라며 무의식적으로 조언합니다. 그럼 어떻게 하면 좋을까요? 해답은 의외로 간단합니다. 바로 인정과 공감의 단계를 거치는 것입니다.

먼저 상대방의 상황을 있는 그대로 인정해주는 말을 건네보세요.

"많이 힘드셨겠어요."
"그 문제는 듣기만 해도 정말 복잡하네요."

그리고 상대방의 감정에 공감하는 표현을 사용하세요.

"저라도 그 상황이었다면 충분히 헷갈렸을 것 같아요."
"정말요? 그런 상황에서 얼마나 당황스러우셨을지 이해가 됩니다."

이렇게 상대방의 감정이나 상황을 있는 그대로 받아주는 것이 중요합니다. 이것만으로도 상대방은 자신이 존중받고 있다고 느낍니다. 그 후에 "도움이 될 만한 아이디어가 있는데 들어보실래요?"라고 물으며 자연스럽게 도움을 줄 수 있습니다.

상대방이 원치 않는 조언은 도움이 아닌 부담이 될 수 있습니다. 인정과 공감의 단계를 거쳐 '정말 해결책을 원하는 게 맞는지' 확인하는 습관을 들여보세요.

까다로운 대화 유형별 대처법

내가 아무리 고래처럼 대화해도, 상대방이 상어처럼 공격적이거나 독점적인 대화 방식을 보일 때가 있습니다. 이런 상황에서 우리는 자연스럽게 위축되거나 상대방과 비슷한 대화 패턴으로 대응하게 됩니다. 하지만 똑같이 대응하면 결국 대화의 전체적인 질을 떨어뜨립니다.

상어 같은 대화 방식을 마주했을 때도 고래의 우아함을 유지하려면 어떻게 해야 할까요? 가장 자주 만날 수 있는 네 가지 상어 유형과 그에 맞는 효과적인 대처법을 살펴보겠습니다.

1) 대화 독점가

대화 독점가는 말을 끊임없이 이어가며 다른 사람에게 말할 기회를 거의 주지 않습니다. 회의 시간의 대부분을 홀로 차지합니다.

대화 독점가에겐 이렇게 대처하세요.

- **자연스럽게 끼어들 지점 찾기**: 잠시 숨을 고르는 순간을 포착해 "제가 이해한 바로는 A가 핵심인 것 같은데 맞나요?"와 같은 확인 질문으로 대화의 턴을 가져옵니다. 이렇게 질문 형태로 끼어들면 말을 자른다는 느낌보다 경청하고 있다는 인상을 주므로 상대방도 덜 불편해합니다.
- **정중하게 직접 피드백하기**: "말씀이 정말 흥미로운데요, 제가 그 내용에 관해 궁금한 점을 여쭤봐도 될까요?"라며 부드럽게 요청합니다. 상대방이 스스로 '내가 말을 너무 많이 했구나'라고 깨닫게 하는 우회적인 신호가 됩니다.

2) 대화 인터셉터

대화 인터셉터는 다른 사람이 이야기하다 잠시 멈추는 순간을 노려 갑자기 전혀 다른 주제로 대화를 가로채서 화제를 돌려버립니다. 마치 축구 경기에서 패스를 가로채듯 대화의 흐름을 자신이 원하는 방향으로 급선회시킵니다.

대화 인터셉터에겐 이렇게 대처하세요.

- **원래 주제 되찾아오기**: 화제 전환을 듣고 난 후 "잠시만요. 아까 김 팀장님이 프로젝트 일정에 관해 말씀하시던 중이었는데 그 부분도 중요할 것 같아요. 마저 들어볼까요?"라며 원래 주제로 부드럽게 돌아갑니다. 인터셉터에게 주제를 빼앗긴 사람에게 "당신의 이야기도 가치 있다"는 메시지를 전달합니다.
- **새 주제와 원래 주제의 순서 정하기**: "새로운 주제도 분명 중요해 보이네요. 지금 진행 중인 토론을 마무리하고 나서 그 이야기로 넘어가는 건 어떨까요?"라고 제안합니다. 이렇게 순서를 명확히 하면 모두의 의견이 존중받는 환경이 조성됩니다.

3) 대화 재판관

대화 재판관은 모든 발언에 대해 옳고 그름을 따지며 이분법적으로 판단합니다. 정답이 없는 창의적인 토론이나 단순한 의견 교환에서도 마치 법정에 서처럼 맞다/틀리다로 결론을 내리려 합니다. 이런 태도는 자유로운 아이디어 공유를 막고 다른 참가자들에게 심리적 부담을 줍니다.

대화 재판관에겐 이렇게 대처하세요.

- **절대적 정답이 없는 대화임을 강조하기**: "이 주제는 정답을 찾기보다 다양한 관점을 나누는 방향이 더 가치 있을 것 같아요"라고 대화의 목적을 재설정합니다. 특히 브레인스토밍이나 초기 기획 단계에서는 옳고 그름보다 가능성 탐색이 중요하다는 점을 부드럽게 상기시킵니다.
- **다양한 관점의 공존 인정하기**: 대화 재판관이 "그 접근법은 잘못됐어"라며 단정 지을 때 "박 과장님 관점에서는 그렇게 보일 수 있겠네요. 저는 또 다른 각도에서 이런 가능성을 봤어요"라고 응대합니다. 이런 방식은 옳고 그름의 이분법에서 벗어나 다양한 시각이 공존할 수 있음을 보여줍니다.

4) 대화 수사관

대화 수사관은 마치 범죄 수사를 하듯 끊임없이 의심하고 추궁하며 캐묻습니다. "왜 그렇게 생각해요?" "증거가 있나요?" "정말 그게 맞아요?"와 같은 질문을 연속적으로 던지며 상대방을 심문하는 듯한 태도를 보입니다. 이런 방식은 대화 상대를 방어적 자세로 만들어 진솔한 소통을 방해합니다.

대화 수사관에겐 이렇게 대처하세요.

- **부드러운 질문 형태로 바꾸기**: 수사관이 "왜 이렇게 했어요?"라고 캐물을 때 "어떤 생각으로 이 방향을 선택하셨는지 궁금해요"처럼 덜 공격적인 형태로 다시 바꿔서 질문해볼 수 있습니다. 이는 상대방의 의도는 존중하면서도 대화 톤을 완화시킵니다. 만약 1:1 대화에서 심문 같은 질문 세례를 받고 있다면 질문에 바로 답변하지 말고 질문의 의도를 명확히 해야 좋습니다. "어떤 부분이 궁금하신 건지 먼저 들어볼 수 있을까요?"처럼 질문을 질문으로 부드럽게 되돌려주면 상대방의 수사관 모드를 누그러뜨릴 수 있습니다. 공감하는 반응으로 분위기를 전환하고 질문의 의도를 물어보면 효과는 더 좋습니다.

- **공감하는 반응으로 분위기 전환하기**: "그런 관점도 있군요" "그렇게 볼 수도 있겠네요" 와 같은 인정의 표현을 중간중간 넣어 긴장된 분위기를 풀어줍니다. 이러한 작은 공감의 신호들이 심문 같은 느낌을 호기심 어린 대화로 바꿀 수 있습니다.

이 네 가지 유형에겐 모두 비슷한 특징이 있습니다. 자신의 말에만 집중하고 상대방의 공간과 관점을 존중하지 않으며 대화의 흐름을 방해하지요. 이런 상황에서도 고래처럼 대화하려면 앞서 배운 경청과 질문 기술을 잘 활용하면서 의식적으로 대화의 흐름을 건강한 방향으로 이끌어야 합니다.

상어가 우글거리는 바다에서도 고래처럼 여유롭고 당당하게 대화하세요. 바둑을 두듯 여유를 가지고 대화의 턴을 지키고, 말하기와 듣기의 비율을 3:7 정도로 유지하고, 원치 않는 조언은 폭력일 수 있다는 원칙을 기억하며, 상대방의 감정에 먼저 공감해주는 태도를 보이면 훌륭한 커뮤니케이터로 성장할 수 있습니다.

TRACK 02

회의에서 눈도장 찍고 끝나면 스카웃된다:
회의의 기술

_회의가 비효율적이라고 느껴진다면 그 원인은 준비와 진행에 있습니다.
_목적에 맞는 공간 선택부터 사전 세팅과 안내까지, 작은 준비가 회의의 밀도를 바꿉니다.
_발언권 배분과 시간 관리 기법, 도구 활용으로 참석자 모두의 참여를 끌어낼 수 있습니다.
_회의 속에서 자연스럽게 자신의 전문성과 존재감을 드러낼 수 있습니다.
_협력하는 분위기를 주도적으로 이끄는 사람이 되는 방법을 알아보세요.

철저한 준비가
회의 시간을 단축시킨다

'회의'라는 단어를 들으면 어떤 기분이 먼저 떠오르나요? 지루함? 시간 낭비? 아니면 '또 가야 하네…' 하는 체념? 개발자에게 회의는 종종 업무의 흐름을 끊는 방해 요소로 여겨집니다. 하루에 회의가 서너 번 이상 있는 날이면 "개발은 언제 하냐"는 말이 절로 나오죠.

그러나 팀 단위로 일하는 개발자에게 회의는 피할 수 없는 현실입니다. 더 나아가 잘 진행된 회의는 개발 시간을 단축시키고, 방향성을 명확히 하며, 팀워크를 강화하는 강력한 도구가 될 수 있습니다.

놀랍게도 회의 역시 코딩처럼 기술과 요령이 필요한 분야입니다. 적절한 회의 스킬을 익히면 누구나 회의의 달인이 될 수 있습니다. 이번 절에서 소개하는 다양한 회의 기법들을 적용하여 단순히 회의에 참석하는 사람이 아니라, 회의를 리딩하는 주체가 되어보세요. 어쩌면 회의 한 번으로 존재감을 드러내어 옆 팀에서 스카웃 제의를 받게 될지도 모릅니다.

자, 이제 코드를 빌드하듯 회의 스킬도 빌드해볼까요?

회의실 선택과 사전 세팅

회의실은 그냥 '빈방'만 잡으면 충분할까요? 회의가 산으로 가는 이유 중 하나는 환경입니다. 갑자기 잡힌 미팅, 비어 있는 아무 회의실, 준비 안 된 장비… 이미 자주 겪어보셨죠? 모든 회의를 완벽히 준비하긴 어렵지만, 적어도 내가 주도하는 회의만큼은 환경 세팅만으로도 흐름을 완전히 바꿀 수 있습니다.

먼저 인원수에 맞는 적절한 크기의 공간을 선택해보세요. 회의 공간은 단순한 환경 요소를 넘어 참석자의 몰입도에 큰 영향을 미칩니다.

- 너무 넓은 회의실을 소수 인원이 사용할 경우, 물리적 거리가 멀어져 대화 집중도가 떨어질 수 있습니다.
- 사용하지 않는 의자나 테이블은 미리 한쪽으로 정리하고, 참석자들이 자연스럽게 가깝게 앉을 수 있도록 배치해보세요.
- 특히 짧은 아이디어 미팅이라면 굳이 회의실이 필요하지 않을 수도 있습니다. 사무실 한쪽에 의자만 둥글게 놓아도 충분히 효과적인 분위기를 만들 수 있습니다.

회의 목적에 맞는 테이블 환경을 갖추세요.

- **긴 직사각형 테이블**: 협상 테이블처럼 대립 구도가 조성되므로 긴급 의사 결정이나 의견 충돌이 예상되는 회의에는 효과적이지만, 편안하게 아이디어를 발산하는 회의에서는 부담스러울 수 있습니다.
- **원형 또는 정사각형 테이블**: 사람들이 둘러앉을 수 있어 동등한 위치에서 상호 존중과 자유로운 의견 교류가 일어납니다. 대부분의 회의에서 효과가 좋습니다.

공간을 선택했다면 회의 시작 전 10분만 투자해서 회의실을 사전 세팅해보세요. 회의 시작 직후 허둥대는 시간을 크게 줄일 수 있습니다.

- 프로젝터, HDMI 케이블 정상 작동 확인
- 화이트보드, 마커 펜 상태 체크
- 온도와 조명 조절
- 물이나 간단한 다과 준비(2시간 이상 긴 회의일 경우)
- 의자 배치 조정(가능하다면 원형으로)
- 포스트잇, 굵은 펜 등 참여 도구 준비

이런 환경 세팅을 반복하다 보면 "A님이 주도하는 회의는 늘 왜 이렇게 빨리 끝나지? 그리고 깔끔해!"라는 말을 듣게 될 겁니다. 보이지 않는 작은 변화가 쌓이면 좋은 회의 문화가 만들어집니다.

참석자들을 사전 준비시키는 묘수

회의 자료를 미리 배포해도 "오늘 회의 주제가 뭐였죠?"라며 자료를 펼쳐보는 분들이 꼭 있습니다. 이를 방지하려면 사전 안내 방식에 전략이 필요합니다.

1) 회의의 목적과 기대 결과를 명확히 전달하기

결론이 필요한 회의인지, 단순 정보 공유 자리인지 아니면 구체적인 액션 아이템을 뽑아내야 하는 회의인지 미리 알려줘야 합니다. 다음과 같이 회의 목적을 구체적으로 안내하면 참석자들이 필요한 정보나 생각을 미리 정리하고 회의에 참여할 수 있습니다.

- "이 회의의 목적은 다음 스프린트에 포함할 세 가지 기능을 결정하는 것입니다."
- "새로운 API 구조에 대해 최종 합의하고, 팀별 구현 일정을 확정하겠습니다."
- "최근 발생한 장애의 근본 원인을 파악하고, 재발 방지 대책을 수립하기 위한 회의입니다."

2) 세부 주제와 시간 배분을 함께 안내하기

세부 주제와 예상 소요 시간을 안내하면 참석자들이 발언 타이밍을 준비할 수 있고 집중력도 높일 수 있습니다.

- 디자인 리뷰 – 10분
- 기존 레이아웃 문제점 토론 – 15분
- 개선 아이디어 정리 – 20분

3) 사전 검토 사항을 구체적으로 안내하기

지나치게 친절하게 요약된 설명을 제공하면 오히려 그 요약만 보고 검토를 끝내버리는 경우가 많습니다. 핵심 내용을 콕 짚되, 나머지 내용도 자연스럽게 살펴보게 만드는 '불친절하지만 구체적인' 사전 안내가 효과적입니다. 또 막연히 "첨부 문서를 참고해주세요"라고 하기보다는 정확한 위치를 지정하는 것이 훨씬 효과적입니다.

- "첨부한 문서의 17쪽 표 1과 그래프 2는 반드시 보고 오세요."
- "코드 리뷰가 필요한 부분은 A 모듈 내 Pull Request #123입니다. 확인해주세요."

> **TIP** 기술 회의 사전 검토 사항을 안내할 때

"코드 리뷰합니다" 같은 모호한 표현보다는 다음과 같이 회의 목적과 준비 사항을 명확히 제시하면 논의의 밀도와 집중도가 훨씬 높아집니다.

- **코드 리뷰 시:** "이번 PR의 핵심 변경 사항 세 가지(인증 로직 개선, 캐시 레이어 추가, DB 쿼리 최적화)와 성능 개선 측정 결과(응답 시간 30% 감소)를 중점적으로 살펴볼 예정입니다. 각자 개선된 코드의 흐름을 따라가며 다른 모듈에 영향을 줄 수 있는 부분이 있는지 사전에 고민해오시면 좋겠습니다."
- **아키텍처 논의 시:** "현재 모놀리식 구조에서 MSA로 전환하는 첫 단계로 인증 서비스를 분리하는 방안을 논의합니다. 첨부된 문서의 다이어그램을 참고하시고, 각자 팀에서 해당 서비스와의 통신 포인트가 어디인지 미리 파악해주세요."

- **기술 도입 검토 시**: "GraphQL 도입을 검토 중입니다. 각자 REST API를 GraphQL로 전환 시 예상되는 장점, 단점, 학습 곡선을 1~5점으로 평가해주시기 바랍니다. 특히 15쪽의 성능 비교표를 주의 깊게 봐주세요."

4) 회의 참석자와 역할을 정리하기

참석자의 역할을 명확히 구분해 회의 안내 메일에 명시하세요. 그러면 불참으로 인한 의사 결정 지연이나 너무 많은 의견이 뒤섞여 회의가 길어지는 상황을 방지할 수 있습니다.

- **의사 결정자**: 회의 안건에 대한 최종 결정권을 가진 사람. 이들이 빠지면 결론을 내리는 것 자체가 불가능합니다. 핵심 담당자나 승인권자가 여기 해당합니다.
- **정보 제공자**: 의사 결정권은 없지만 중요한 정보나 전문 지식을 제공하는 사람. 회의 주제에 대한 깊은 이해나 데이터를 가진 사람들이 해당됩니다.
- **청취자**: 회의 내용을 알고 싶거나 학습 목적으로 참석하는 사람. 결과를 전달받거나 배우기 위해 참석하며 실시간 의견 개진보다는 경청에 집중합니다. 청취자의 경우 회의 시 테이블 뒤쪽에 자리를 마련하여 청취에 집중하고, 회의 중 발언은 자제하며, 궁금한 점은 회의 종료 후 따로 질문받는 방식이 효과적입니다.

다음은 실무에서 바로 사용할 수 있는 회의 안내 메일 예시입니다. 회의 안내가 너무 길어지면 부담스러울 수 있으니, 상황에 맞춰 필요한 내용만 간단히 포함하도록 합니다.

제목: 제품 디자인 회의 안내

안녕하세요, 새로운 UI 컴포넌트 라이브러리 적용 범위를 결정하기 위해 아래와 같이 회의를 진행합니다. 원활한 논의를 위해 사전 준비 사항을 꼭 확인해주세요.

1. 회의 목적
   - UI 컴포넌트 라이브러리의 적용 범위 최종 결정

2. 사전 검토 사항
   - 첨부된 디자인 가이드 31~42쪽 (특히 38쪽의 컴포넌트 호환성 표)
   - 모듈 적용 시 예상되는 이슈 & 난이도 (1~5점으로 체크)
3. 공통 과제
   - 사전에 모듈별 예상되는 문제점을 생각해오시면 더욱 빠른 결론을 낼 수 있을 것 같습니다.
   - 가능하다면 "어떤 컴포넌트가 가장 위험(또는 복잡)해 보이는지"도 함께 적어와주세요.
4. 일시 및 장소
   - 4월 23일(수) 10시~11시 / 3층 A 회의실
5. 참석자 구분
   - 의사 결정자: 디자인팀 ○○님, 개발팀 ○○님, 검증팀 ○○님
   ※불가피하게 참석이 어려우시다면 결정권을 위임받은 대리인을 꼭 지정해주시기 바랍니다.
   - 정보 제공자: 프런트엔드 담당 ○○님, UX 담당 ○○님
   ※영역별 전문 지식과 구현 관점의 의견을 제공해주실 분들입니다.
   - 청취자: 관심 있으신 분들은 4/21(월)까지 메일로 알려주세요. 회의 내용을 배우고 싶거나 정보를 얻고 싶은 분들 모두 자유롭게 참관하실 수 있습니다.

기타 궁금한 점이 있으면 저에게 편하게 연락주시기 바라며
원활한 회의를 위해 협조 부탁드립니다.

회의 전 철저한 준비가 결국 회의를 진행하며 낭비되는 시간을 줄이고 더 효과적인 결정으로 이어진다는 점을 꼭 기억하세요. 한번 시도해보면 "역시 준비된 자가 승리한다"는 말을 피부로 느끼게 될 것입니다.

시간과 도구를 지배하는 자가
회의를 리딩한다

회의의 성과는 시간과 도구를 얼마나 능숙하게 활용하는가에 달려 있습니다. 강력한 기록 도구와 명확한 운영 방식은 모든 참가자의 집중도를 높이고 논의의 질을 향상시키죠. 지금부터 회의 시작부터 마무리까지 효과적으로 관리할 수 있는 구체적인 방법과 유용한 장치들을 소개합니다.

몰입도를 끌어올리는 첫 시작, 체크인

회의 시작 시 참석자들을 회의 모드로 바꿔주는 간단한 활동인 '체크인'은 모두의 주의를 회의로 집중시키는 강력한 방법입니다.

 회의 시작 전, 참석자들의 상태는 저마다 다릅니다. 커피 한 잔에 기분이 날아갈 듯 좋은 사람이 있는가 하면 오전 내내 다른 부서와 미팅을 하느라 이미 에너지가 고갈된 사람도 있죠. 어떤 이는 작성해야 할 보고서가 마음에 걸려 온전히 집중하기 어려울 수도 있습니다. 이렇게 서로 다른 감정과 에너지 레벨을 가진 채 회의를 진행하면 전체적인 분위기가 산만해지고, 발언이 서로 엇갈리거나 날이 선 피드백이 오갈 수도 있죠. 그래서 회의가 시작되면 바로 주제를 논의하기에 앞서 체크인을 통해 '회의 모드'로 부드럽게 전환하는 게 좋습니다.

 다음과 같은 질문으로 체크인해보세요. 1시간짜리 회의라면 3분 이내로 가볍게 진행해도 충분합니다. 참석자 분위기가 좋지 않거나 서로 잘 모르는 사람이 많다면, 체크인에 시간을 좀 더 써도 좋습니다.

- "오늘 기분을 날씨로 표현한다면 어떤가요?"
- "이번 회의에 기대하는 바를 한 문장으로 말해볼까요?"
- "현재 에너지 레벨을 1~10점으로 표현한다면?"
- "아침에 있던 즐거운 일을 하나만 나눠볼까요?"

실례로, 한 개발팀 스프린트 계획 회의에서 체크인 질문으로 "오늘 기분을 날씨로 표현해보세요"라고 했을 때 한 개발자가 "흐리고 비가 조금 내리는 날씨예요. 어제 밤새 배포 이슈를 처리하느라 피곤합니다"라고 답했습니다. 회의 주재자는 "많이 피곤하시겠네요. 그런데도 참석해주셔서 감사합니다. 오늘은 부담 없이 의견을 주시고 필요하면 회의 후반에 쉬어가셔도 좋습니다"라고 배려를 표현했고, 이 작은 인정만으로 해당 개발자는 오히려 적극적으로 회의에 참여한 적이 있습니다.

이렇게 진심 어린 한마디가 분위기를 금세 따뜻하게 만들고 참석자에게도 긍정적인 에너지를 줍니다. 체크인을 위한 몇 분이 회의 효율을 몇 배로 높일 수 있으니 꼭 시도해보세요.

기억보다 강력한 기록의 힘

좋은 아이디어를 놓치거나 쟁점을 다시 확인해야 하는 상황을 막기 위해서는 기록은 필수입니다.

1) 포스트잇 기록

회의 내용을 포스트잇에 기록해보세요. 키워드를 시각화하고 벽에 붙여두면 회의 참석자들이 지속적으로 핵심 주제를 상기할 수 있습니다. 장시간 회의에서는 쉬는 시간에 포스트잇을 살펴보며 논의된 내용을 정리하거나 새로운 아이디어를 떠올릴 기회도 생깁니다.

다음 작성 요령에 따라 포스트잇 기록법을 활용해보세요. 브레인스토밍, 우선순위 투표, 타임라인 구성 등에 효과적입니다.

- 포스트잇 한 장에 하나의 키워드만 적기
- 키워드만 적고 구체적인 내용은 말로 설명하기
- 글씨는 크게 굵은 펜으로 적어 모두가 쉽게 볼 수 있도록 하기
- 벽이나 화이트보드에 붙여 전체 흐름을 한눈에 볼 수 있도록 하기
- 중복 작성을 허용하여 중요한 아이디어 분별하기
- 다양한 색의 포스트잇을 활용해 빨간색에는 문제점, 파란색에는 해결책을 적고 쟁점과 대안을 시각적으로 구분하기
- 회의가 끝나면 사진으로 남겨두기

2) 공동 회의록 작성

혼자서 회의록을 작성하면 작성자의 관점과 이해도에 따라 내용이 필터링되거나 작성자가 회의에 온전히 참여하기 어렵다는 문제가 생깁니다. 사람들이 회의록의 정확성에 의문을 제기할 수도 있죠.

다음 방법으로 공동 회의록을 작성해보세요.

- 구글 독스나 노션 등 공동 편집 도구 활용하기
- 화면 공유를 통해 작성 중인 문서 내용을 함께 확인하기
- 전체 내용보다는 핵심 키워드, 결정 사항, 액션 아이템 위주로 요약하기
- 회의 후 참석자들에게 회의록 공유 및 확인 요청하기

> **참고** | **공동 회의록 템플릿**
>
> # 회의 제목
> 날짜: YYYY-MM-DD
> 참석자: 이름1, 이름2, …
>
> ## 논의 사항
> 주제 1: 핵심 키워드 요약
> 주제 2: 핵심 키워드 요약
>
> ## 결정 사항
> 결정 1 (결정자: 이름)
> 결정 2 (결정자: 이름)
>
> ## 액션 아이템
> [ ] 액션 1 (담당: 이름, 기한: 날짜)
> [ ] 액션 2 (담당: 이름, 기한: 날짜)
>
> ## 다음 회의
> 날짜: YYYY-MM-DD
> 주제: 다음 회의 주제

회의에 도움이 되는 장치들

회의 진행에 도움이 되는 요소를 적극 활용하여 집중도를 높여보세요.

1) 배경 음악

회의실에 은은한 배경 음악을 틀어본 적 있나요? 화이트노이즈는 집중력 47.7%, 기억력 9.6% 향상에 도움을 준다고 합니다. 음악이 주변의 불필요한 소음을 마스킹하여 회의 주제에 몰입하게 만들기 때문입니다. 또 딱딱한 분위기를 풀어주어, 특히 장시간 회의나 브레인스토밍에서 참석자들의 에너지와 집중력을 유지하는 데 유용합니다.

음악은 가사가 없거나 피아노 위주 또는 뉴에이지가 적절하고, 키보드 타이핑 소리 정도의 볼륨이 이상적입니다. 처음 시도하기 망설여진다면 회의 시작 10분 전에 음악을 틀어두고 본격적인 회의가 시작되면 꺼보세요. 참석자들의 반응을 보고 유지할지 판단하면 됩니다.

2) 시간제한 도구

대부분의 회의에는 빅마우스가 존재합니다. 이들은 회의를 장악하여 다른 참석자들의 발언 기회를 제한합니다. 이럴 때일수록 다양한 목소리가 나올 수 있도록 균형 있게 발언 기회를 조율하는 것이 중요합니다. 다음 방법으로 발언권을 공평하게 분배해보세요. 평소 조용했던 팀원에게서 놀라운 통찰력이 나올 수 있습니다.

- **'말하는 돌' 활용하기**: 회의에 작은 오브젝트(돌, 작은 인형 등)를 준비하고, 이를 들고 있는 사람만 말할 수 있도록 규칙을 정합니다. 발언이 끝나면 다음 사람에게 오브젝트를 넘깁니다. 오브젝트가 순회하니 모든 사람이 발언 기회를 얻고, 오브젝트가 없는 참석자는 적극적으로 경청하게 됩니다. 가벼운 게임처럼 시작할 수 있어 팀 회고나 브레인스토밍 같은 캐주얼한 회의에 특히 효과적입니다.
- **'모래시계' 활용하기**: 스마트폰 타이머도 좋지만, 모래시계나 화면에 표시되는 타이머처럼 실시간으로 시간을 확인할 수 있는 도구를 활용해 발언 시간을 2~3분으로 제한합니다. 타이머가 종료되어도 할 말이 남았다면 다음 라운드에 이어서 이야기합니다. 할 말이 없는 사람은 발언권을 다음 사람에게 넘길 수 있습니다.

말하는 돌과 모래시계를 함께 활용하면 발언권이 한 사람에게 집중되지 않고 모든 참석자가 핵심만 간결하게 전달하여 회의 시간을 더욱 효율적으로 사용할 수 있습니다. 회의가 빨리 끝나는 건 당연하겠죠?

3) 파킹랏

회의 중에는 본 주제와 다른 결의 중요한 이슈나 아이디어가 불현듯 등장하기 마련입니다. 이런 상황에서 해당 이슈를 무시하면 제안자는 불만을 느끼고, 반대로 즉시 그 이슈를 논의하면 원래 안건에서 벗어나게 됩니다.

이런 딜레마를 해결하는 우아한 방법이 바로 파킹랏parking lot 기법입니다. 말 그대로 중요하지만 현재 논의와 관련 없는 주제를 임시로 주차해두는 것입니다.

- 회의 시작 전, 화이트보드 한쪽이나 공유 문서에 파킹랏 섹션을 미리 준비합니다. 디지털 회의에서는 노션이나 구글 독스의 별도 섹션으로 설정하면 효과적입니다.
- 주제에서 벗어나는 이슈나 질문이 나오면 "이 의견은 분명 가치 있지만, 현재 안건과는 다른 방향입니다. 파킹랏에 기록해두고 마무리 시간에 논의해볼까요?"라고 제안합니다.
- "신규 서비스 시장 전략 검토 필요(김○○)"와 같이 이슈와 제안자 이름을 함께 기록합니다. 제안자 정보를 함께 기록하면 후속 논의 시 맥락 설명이 용이합니다.
- 회의 종료 전 남은 5~10분간 파킹랏 항목을 빠르게 검토합니다. 항목별로 간단히 논의하거나, 후속 미팅 일정을 잡거나, 담당자를 지정합니다.

파킹랏 기법을 활용하면 모든 아이디어를 존중하면서도 회의의 초점도 유지할 수 있습니다. 그리고 파킹랏에 기록된 아이디어에서 생각지도 못한 혁신의 씨앗을 발견하기도 합니다. "중요한 의견이지만 지금 주제를 벗어납니다. 파킹랏에 주차할까요?" 이 한마디로 팀의 시간과 에너지를 지켜보세요.

4) 신호등 카드

의사 결정 과정에서 모든 의견을 충분히 듣는 것은 중요합니다. 하지만 끝없는 논의는 결정을 지연시키고 회의 시간만 길어지게 만듭니다. 그렇다고 단순히 다수결로 결정하자니 우리가 다루는 안건들은 대부분 복잡하고 미묘한 요소들을 포함하고 있죠. 신호등 카드는 이런 딜레마를 해결하는 좋은 해결책이 될 수 있습니다.

진행 방식은 다음과 같습니다.

- 참석자에게 세 가지 색상의 카드(녹색, 노랑, 빨강)를 나눠줍니다.
- 시작 전, 각 색상의 의미를 명확히 설명합니다.
    - 녹색: "제안에 완전히 동의합니다."
    - 노란색: "우려 사항은 있지만, 진행에 동의는 합니다."
    - 빨간색: "중대한 우려가 있어 더 많은 논의가 필요합니다."
- 모든 참석자가 동시에 카드를 들어 자신 의견을 표시합니다. 중요한 점은 다수결이 아니라 '빨간색 카드의 유무'입니다.
- 카드의 결과는 다음과 같이 해석합니다. 빨간색 없이 모두 녹색 또는 노란색이면 합의된 것으로 간주합니다.
    - 전체 녹색: 완전한 합의이므로 즉시 진행합니다.
    - 녹색 + 노란색: 일부 우려는 있지만 진행 가능합니다. 우려 사항은 기록해두고 모니터링합니다.
    - 빨간색: 빨간색 카드를 든 사람의 이야기를 주의 깊게 듣습니다. 이때 개인적 선호가 아닌 공동 목표 관점에서 설명하도록 안내합니다. 의견을 반영해 제안을 수정하고 다시 신호등 카드로 투표합니다.

신호등 카드는 무한 토론과 단순 다수결 사이의 완벽한 균형점을 제공합니다. 다양한 의견을 존중하면서도 적절한 시점에 의사 결정을 마무리할 수 있죠. 회의는 협력적이면서 효율적이고 모두가 납득할 수 있어야 합니다. 신호등 카드는 이 세 마리 토끼를 한 번에 잡으려는 팀이 꼭 시도해볼만한 의사 결정 기법입니다.

정시 종료를 위한 회의 시간 운영법

회의 주재자는 시간을 철저히 관리해야 합니다. 예정 시간을 넘기는 회의는 다음 일정을 지연시킬 뿐 아니라, '어차피 늦게 끝날 텐데…'라는 인식을 갖게 하면서 팀의 에너지를 서서히 갉아먹습니다. 회의가 제시간에 끝나지 않으면 결과물의 품질도 저하됩니다. 길어진 회의에 지쳐서 결론을 대충 내거나, 다른 일정에 쫓겨 중요한 의견을 못 듣고 일어나거나, 중간에 자리를 뜬 참석자의 전문성이 필요할 때 의사 결정이 어려워지죠.

다음과 같은 방법으로 회의 시간을 지켜보세요.

- **회의는 50분 아니면 25분으로 세팅하기**: 1시간 회의는 50분, 30분 회의는 25분 내에 마무리하세요. 남은 10분과 5분은 이동, 휴식, 다음 일정 준비를 위한 시간입니다.
- **시작할 때 종료 시각 알리기**: "우리는 11시 50분에 회의를 끝낼 예정입니다"라고 종료 시각을 언급하면 참석자들의 시간 감각이 유지됩니다.
- **남은 시간 알리기**: "15분 남았네요"라고 안내하여 참석자들이 남은 의제를 효율적으로 처리하도록 촉진합니다.
- **의제별 시간 배분하기**: "신규 기능 리뷰 20분, 배포 일정 협의 15분, Q&A 5분으로 진행하겠습니다"라고 명시하여 장황하게 이어질 수 있는 논의를 방지합니다.
- **시간 연장 여부는 선택지로 제시하기**: "10분 연장이 괜찮으신가요 아니면 후속 회의를 잡을까요?"라며 참석자들에게 선택권을 주면 일정 조율이 수월해지고 무리한 결정을 방지할 수 있습니다.

'이 회의는 항상 정시에 끝난다'는 인식이 생기면 다음 회의에는 더 준비된 자세로 참석하게 되고 협업 의욕이 높아집니다.

회의의 마지막 퍼즐, 체크아웃

회의의 마무리도 중요합니다. "수고하셨습니다"만으로 끝내면 누가 무엇을 언제까지 해야 하는지 흐려지기 쉽습니다. 간단한 체크아웃으로 회의의 명확성과 실행력을 높여보세요.

- **결정 사항과 액션 아이템 요약하기**: "오늘 우리가 합의한 건 △△이고, 그 결과 A 기능을 먼저 구현하기로 했어요"라며 구체적으로 요약합니다.
- **담당자와 기한 확인하기**: "기능 A는 ○○님이 다음 주 금요일까지 프로토타입을 완성하기로 했습니다"처럼 명확한 담당자와 기한을 설정하여 혼란을 방지하고 책임감을 높입니다.

- **간단한 회의 피드백 수집하기**: "오늘 회의에서 좋았던 점이나 개선점을 한 문장으로 말씀해주시겠어요?" 같은 짧은 피드백만으로도 다음 회의를 더 효과적으로 개선할 힌트를 얻을 수 있습니다.
- **다음 회의 일정 확인하기**: "후속 논의가 필요한데, 다음 주 목요일 오전 11시는 어떨까요?"라며 미리 일정을 논의하면 목표 일이 공유되고 개인 일정 조율이 수월해집니다.
- **질문으로 마무리하기**: "더 하실 말씀이 없다면 마치겠습니다" 대신 "혹시 빠뜨린 이슈나 논의되지 않은 부분이 있을까요?"라고 질문하면 놓친 의견이 나올 수 있고 회의도 부드럽게 정리됩니다.
- **참석에 대한 감사 표현하기**: "바쁜 시간 내어주셔서 감사합니다"라는 작은 감사 표현이 참석자들의 만족도와 향후 협력 의지를 높입니다.

단 1~2분의 체크아웃만으로도 책임이 명확해지고, 공동의 인식이 형성됩니다. 회의에서 업무 시간으로 돌아갈 때, 모두가 같은 방향을 보고 있는지 확인하는 체크아웃 과정이 성공적인 회의의 마지막 퍼즐 조각입니다.

실전 회의 스킬 키우기

회의 스킬도 코딩처럼 반복해서 연습할수록 실력이 확실히 느는 영역입니다. 지금부터 소개할 스킬을 하나씩 실전에 적용해보세요. 회의 흐름을 바꾸는 건 생각보다 작은 시도에서 시작됩니다.

경청 스킬

먼저 일곱 가지 경청 스킬입니다.

스킬	설명	예시
바꾸어 말하기	상대방의 말을 자신이 이해한 방식으로 다시 표현합니다. 서로 다른 부서 간 의사소통에 효과적입니다.	"백엔드 리팩터링이 필요하다는 말씀이, 현재 구조로는 새로운 기능을 추가하기 어렵다는 의미로 이해해도 될까요?"
이끌어내기	상대방의 의견에 관심을 보이며 더 구체적인 정보를 이끌어냅니다. 아이디어를 발전시키도록 돕습니다.	"인증 시스템 개선이 필요하다고 하셨는데, 어떤 부분이 가장 시급하다고 생각하시나요?"
따라 말하기	상대방의 말을 그대로 되풀이해 스스로 자신의 의견을 정리할 기회를 줍니다.	"이 API는 확장성 문제가 있어요" 또는 "API에 확장성 문제가 있다고 하셨네요"
공간 주기	회의에서 침묵하는 참석자에게 가볍게 질문하거나 추가 의견을 요청하여 발언 기회를 제공합니다.	"지금까지 프런트엔드 관점에서 많이 논의했는데, A님은 백엔드 측면에서 어떻게 생각하시나요?"
추적하기	동시에 여러 의견이나 논점이 제시될 때 복잡한 대화의 흐름을 놓치지 않도록 정리합니다.	"지금까지 논의된 내용을 정리해보면 성능 최적화, 코드 가독성 그리고 배포 프로세스 이 세 가지 문제가 있는 것 같습니다. 맞습니까?"
다름을 정당화하기	대립되는 의견이 있을 때 상반된 의견을 모두 존중하며 생산적인 대화를 이끕니다. 옳고 그름을 판단하기 전에 다양한 관점을 테이블에 올리는 것이 중요합니다.	"신기술 도입과 기존 시스템 안정화, 두 관점 모두 중요한 포인트를 짚어 주셨습니다. 먼저 각각의 장단점을 함께 살펴보는 것이 어떨까요?"
요약하기	논의를 매듭 짓고 다음 안건으로 넘어가기 위해 지금까지의 내용을 정리합니다.	"지금까지 우리는 CI/CD 파이프라인 개선 방안에 대해 논의했고, 젠킨스 업그레이드와 테스트 자동화 확대가 우선순위로 합의되었습니다. 다음 주제로 넘어가도 괜찮을까요?"

질문 스킬

다음은 다섯 가지 질문 스킬입니다.

스킬	설명	예시
열린 질문	다양한 아이디어와 의견을 이끌어내는 질문 방식입니다. 생각을 확장시키는 데 효과적입니다.	"이 기능이 사용자 경험을 어떻게 향상시킬 수 있을까요?"
닫힌 질문	명확한 답변이나 결정을 유도하는 질문 방식입니다. 의사 결정 단계에서 유용합니다.	"이번 릴리스에 이 버그 수정을 포함시킬 수 있을까요?"
탐색적 질문	창의적 사고를 촉진하고 기존 제약에서 벗어난 새로운 아이디어를 끌어내기 위한 질문입니다.	"만약 시간 제약이 없다면 이 아키텍처를 어떻게 설계하고 싶으신가요?"
명확화 질문	모호한 발언을 구체화하여 오해를 방지합니다.	"마이크로서비스로의 전환이라고 하셨는데, 모든 모듈을 한 번에 분리하는 것인지 아니면 점진적으로 진행하는 것인지 명확히 구분해주실 수 있을까요?"
반영적 질문	상대방의 의도나 숨은 의미를 파악하고, 이해한 내용을 정확히 확인하기 위한 질문입니다.	"기술 부채를 줄이는 것보다 신규 기능 개발을 우선시하자는 의견으로 이해해도 될까요?"

매일 진행되는 스탠드업 미팅은 이러한 경청 스킬과 질문 스킬을 연습하기에 완벽한 환경입니다. 자신의 업데이트를 공유할 때는 일곱 가지 경청 스킬 중 '요약하기'를 연습해보세요. 리더나 매니저와의 1:1 미팅에서도 열린 질문이나 탐색적 질문을 연습하다 보면 상대방의 의견을 더 깊이 이해할 수 있을 겁니다.

대화 확장 스킬

이번에는 뚝뚝 끊기는 대화가 아니라 대화를 자연스럽게 확장하게 만드는 화법을 익혀봅시다. 회의에서 다양한 의견을 주고받을 때 우리는 보통 두 가지 방식으로 대응합니다. 바로 상대의 의견을 긍정하고 확장하는 'Yes and' 화법과 상대의 의견을 부정하고 자신의 의견을 내세우는 'No and' 화법입니다.

동료가 "고객 만족도를 높이기 위해 온라인 피드백 시스템을 도입하면 어떨까요?"라는 제안을 한다고 가정해봅시다. 이때 'No and' 화법을 사용하면 "그건 비용이 너무 많이 필요할 것 같습니다. 기존 시스템을 개선하는 게 낫지 않을까요?"라는 답변을 할 수 있습니다. 이 경우 아이디어를 차단하면서 대화가 단절될 위험이 생깁니다.

그렇다면 같은 상황에서 'Yes and' 화법을 사용하면 어떨까요? "좋은 생각이에요! 그리고 기존 시스템 개선도 함께 고려해봐야 할 것 같습니다"라고 답변할 수 있겠죠. 이렇게 상대방의 의견을 긍정적으로 수용한 뒤에 나의 아이디어를 자연스럽게 더하면 대화는 끊기지 않고 아이디어는 확장됩니다. 상대방도 존중받고 있다고 느껴 서로의 아이디어가 융합되면서 창의적이고 효과적인 해결책이 나올 가능성이 높아집니다.

'Yes and'는 단순한 화법이 아닌, 심리적 안전감을 만드는 대화 전략입니다. 특히 코드 리뷰나 페어 프로그래밍 시 동료의 코드에 피드백을 주면서 먼저 긍정적인 부분을 인정한 후 개선 사항을 제안해보세요. 다음과 같은 표현을 사용할 수 있습니다.

- "맞습니다. 그리고 추가로 고려해볼 점은…"
- "좋은 지적입니다. 그것을 바탕으로…"
- "동의합니다. 그 관점에서 더 생각해보면…"
- "흥미로운 접근법입니다. 여기에 더해서…"

회의 스킬은 연습을 통해 자연스럽게 향상됩니다. 완벽함보다는 지속적인 개선에 집중하세요. 회의를 즐기는 내 모습을 상상하면서 꾸준히 연습해 보기 바랍니다.

> **TIP** 회의 스킬을 향상시키는 일상 속 연습 방법

- **모의 회의로 연습하기**: 팀 내에서 10~15분 정도의 짧은 모의 회의를 진행해보세요. 실제 업무에서 벗어난 주제로 연습하면 부담이 적습니다. 처음에는 서너 명의 소규모 미팅으로 시작해 자신감을 키운 후 더 큰 회의로 확장해보세요.
- **매주 한 가지 기술 마스터하기**: 주마다 하나의 스킬에 집중하여 회의에 적용해보세요. 노트에 해당 기술을 기록해두고 회의에 들어가기 전 상기시키면 도움이 됩니다. (예시: 1주 차 – 경청 스킬의 따라 말하기, 2주 차 – 질문 스킬의 명확화 질문, 3주 차 – Yes and 화법, 4주 차 – 신호등 카드 의사 결정 방식)
- **자가 평가 루틴 만들기**: 회의 직후 5분만 투자하여 자신의 회의 스킬을 평가해보세요. 간단한 메모장에 다음 내용을 기록합니다.
  - 잘한 점 한 가지
  - 개선할 점 한 가지
  - 다음에 시도할 새로운 기술 한 가지

EPILOGUE

소프트 스킬은 여러분의 커리어를 실제로 변화시킵니다. 소프트 스킬을 코딩만큼 능숙하게 다루게 되면 지금의 '성장 지옥'은 더 이상 지옥이 아닌 새로운 기회가 됩니다.

회의에서 어떻게 존재감을 드러낼지 막연히 고민하던 여러분은 이제 '어떻게 해야 회의를 더 생산적이고 효율적으로 바꿀 수 있을지'를 고민하는 주체가 될 것입니다. 팀장님의 "더 성장해야죠"라는 한마디도 더 이상 압박이 아니라 스스로를 성장시킬 수 있는 동력으로 느껴질 것입니다.

코딩이 컴퓨터와 대화하는 언어라면, 소프트 스킬은 사람과 연결되는 진짜 언어입니다. 우리는 프로그래밍 언어를 배우기 전에 인간의 언어를 먼저 배웠지만, 그 언어를 제대로 활용하는 법은 충분히 배우지 못했습니다. 1장에서 다룬 경청과 질문의 기술, 효과적인 대화법, 회의의 기술은 단순한 처세술이 아니라 개발자로서 여러분의 가치를 배가시키는 무기입니다.

언제 어디서나 빛나는 개발자가 되는 비결은 코드와 사람, 두 영역 모두에 능숙해지는 것입니다. 코드로 기술 문제를 해결하는 것만큼이나 사람들과 협력하고 소통하며 더 큰 가치를 만들어내는 역량을 갖출 때, 커리어는 비로소 진정한 도약을 시작합니다.

지금 당장 완벽하지 않아도 괜찮습니다. 내일부터 단 하나의 소프트 스킬이라도 바로 실천해보세요. 작은 실천들이 쌓이면 머지않아 주변에서 "요즘 참 잘하더라"라는 말을 듣게 될 겁니다. 혼자 야근하며 끝없이 코드를 뒤적이던 시간은 줄어들고, 함께 일하며 성과를 키워내는 시간을 더 자주 마주하게 될 것입니다.

진짜 성장은 지금부터입니다.

CHAPTER 02

우테코 리사 코치가 말해주는 소프트 스킬의 중요성

#self-awareness
#resilience
#psychological safety

이수형

현) 우아한형제들 우아한테크코스 소프트 스킬 코치
전) 그렙(프로그래머스) 교육개발 매니저
전) 로지올(생각대로) 웹 개발자
전) 디랩 프로그래밍 교육 강사
전) 레드브릭 SW 교육 플랫폼 PM

사람이 성장하는 과정을 곁에서 지켜보고, 그 여정에 조용히 동행하는 일을 해왔습니다. '함께 일하고 싶은 사람'이 되고자 했던 마음은 시간이 흐르며 타인의 성장을 돕는 일로 자연스럽게 이어졌습니다. 개발자 교육과 조직문화의 현장에서 실력만큼이나 중요한 것은 결국 소프트 스킬, 즉 사람과 함께 일하는 역량임을 깊이 체감했고, 말의 온도, 감정의 흐름, 팀 안의 심리적 거리 같은 작지만 본질적인 요소들에 늘 주목해왔습니다. 더 건강한 협업과 지속 가능한 성장을 위한 교육을 만들어가고 있습니다.

PROLOGUE

"소프트 스킬까지 챙겨야 하나요?"

제가 개발자로 커리어를 시작했을 때 가장 많이 했던 고민입니다. 기술 공부만으로도 벅찬데, 말하기나 협업 같은 걸 따로 연습해야 하나 싶었죠. 하지만 스타트업부터 큰 조직까지, 개발자와 교육자라는 여러 역할을 경험하며 한 가지는 확실히 알게 됐습니다. 오래 신뢰받고, 함께 일하고 싶은 사람은 결국 소프트 스킬을 갖춘 사람이더라고요.

기술은 빠르게 변하고, 실력 있는 사람도 정말 많습니다. 하지만 일은 결국 사람과 함께하기에 소통 방식, 피드백을 주고받는 태도, 회의에서의 한마디가 함께 일하고 싶은 사람을 결정짓습니다.

"기술력이 뛰어난 사람과 협업 능력이 좋은 사람 중 한 명을 뽑는다면 누구를 선택하시겠어요?"

실제로 강연 현장에서 자주 던지는 질문입니다. 놀랍게도 많은 사람이 협업 능력이 좋은 사람을 택합니다. 이는 소프트 스킬이 기술력만큼이나 중요하다는 점을 잘 보여줍니다. 특히 요즘처럼 AI가 많은 걸 대체하는 시대에는 그 중요성이 더욱 커졌죠. 물론 아직도 "그건 타고나는 거 아닌가요?"라는 말을 많이 듣습니다. 하지만 저는 확신합니다. 소프트 스킬은 연습으로 충분히 길러질 수 있습니다. 단지 그동안 우리가 체계적으로 배울 기회가 없었을 뿐이에요.

우아한테크코스에서는 소프트 스킬을 정규 커리큘럼으로 도입해, 기술뿐 아니라 사람과의 관계 속에서 성장할 수 있도록 돕고 있습니다. 코치로서 수많은 크루와 대화하며 느낀 건 개발자들이 겪는 많은 고민이 결국 말하는 법, 듣는 법, 피드백, 감정 관리, 자기 인식에서 시작된다는 것이었습니다.

2장에는 소프트 스킬을 키워갈 수 있는 구체적인 방법을 담았습니다. 지금 이 순간에도 더 좋은 동료 그리고 각자가 원하는 모습의 개발자로 성장하고 싶은 여러분에게 작은 힌트가 되었으면 합니다.

TRACK 03

나를 위한 소프트 스킬:
자신을 이해하고 나다움을 만드는 힘

_'나는 어떤 사람인가?'라는 질문에 머뭇거린 적이 있다면, 이 장이 시작점이 되어줄 거예요.
_자기 인식은 감정을 다스리고 방향을 찾는 강력한 내적 도구입니다.
_실패는 누구나 겪는 자연스러운 과정이지만, 다시 일어서는 힘은 연습을 통해 길러집니다.
_작지만 의미 있는 경험이 '나는 할 수 있다'는 믿음으로 연결되는 과정을 살펴봅시다.
_마음이 무너졌을 때 회복하고 단단해지는 방법을 찾아봅니다.

'나'를 아는 건 왜 이렇게 어려울까
#자기 인식

여러분은 스스로를 잘 알고 있다고 생각하나요? '나는 어떤 사람인가' '나는 어떤 개발자로 성장하고 싶은가'와 같은 질문에 쉽게 답하지 못했다면, 너무 걱정하지 마세요. 자연스럽고 당연한 일입니다.

우리는 대부분 외부의 시선을 신경 쓰며 살아갑니다. 타인의 시선과 의견을 받아들이는 건 익숙하지만, 자신에 대해 스스로 정의하는 것은 낯설고 어색하죠. 내가 어떤 사람인지 떠올리기 전에 '다른 사람들이 나를 어떻게 볼까?'라는 생각이 앞서기 마련입니다. 그러다 보면 나를 살피는 일은 자연스럽게 후순위로 밀립니다.

감정이나 행동의 많은 부분은 무의식적으로 흘러가기 때문에 의식적으로 멈추고 나를 들여다보지 않으면 놓치기 쉽습니다. 여기에 사회적 기대, 타인의 시선, 끊임없이 변화하는 내 모습까지 더해지면, 나를 정확히 아는 건 결코 쉬운 일이 아니죠.

자기 인식self awareness은 자신의 감정, 생각, 행동을 알아차리고 이해하는 힘입니다. 자기 인식은 단순히 '나는 누구입니다'라고 정의하는 게 아니라 '나는 어떤 강점과 보완할 점을 가지고 있는가' '요즘 내가 자주 느끼는 감정은 무엇인가'를 계속해서 질문하고 그 답을 천천히 찾아가며 변화하는 과정입니다.

여러 회사를 다니며 제 자신이 가장 낯설었던 시기를 겪었습니다. 주변의 기대와 실제 제 모습 사이의 간극이 커질수록 그 틈에 빠진 듯한 느낌이 들었죠. 그래서 좋아하는 카페에 앉아 '지금 무슨 감정을 느끼고 있지?' '요즘 왜 이렇게 지치지?' '무슨 일이 내 감정을 이렇게 흔들었지?' '최근 나를 웃게 만든 건 뭐였지?' 같은 질문들을 종이에 적기 시작했습니다. 그렇게 글을 쓰다 보니, 흐릿했던 제 모습이 조금씩 선명해지고 생각이 정리됐습니다. 예를 들어 '나는 혼자보다 함께할 때 에너지를 얻는 사람이구나' '나는 사람을 좋아하고, 대화할 때 가장 나답게 빛나는 사람이구나'라고 말이죠. 이때 깨달았습니다. 자기 인식은 나에 대해 '완벽하게 아는 것'이 아니라 '꾸준히 알아가는 여정'이라는 걸요.

어느 정도 연차가 쌓이다 보면 기술 성장뿐 아니라 커리어 방향, 일하는 방식, 팀과의 관계에서도 깊은 고민이 시작됩니다. 이때 자기 인식이 부족하면 자신이 진짜 원하는 방향이 아닌 곳에서 애쓰게 되고, 결과적으로 성취감이나 자신감을 잃게 됩니다.

반면에 자기 인식을 높인다면 다음과 같은 이점을 얻을 수 있습니다.

- **업무 효율**: 내가 몰입할 수 있는 커리어 방향과 업무 방식을 스스로 파악하게 됩니다.
- **경력 설계**: 스스로 정의한 강점과 보완점을 토대로 성장 로드맵을 구체화할 수 있습니다.
- **팀워크 향상**: 나의 의사소통 스타일과 리액션 패턴을 알면 동료 간 피드백이 더 원활해집니다.

자기 인식을 키우는 방법

심리학자 타샤 유리크Tasha Eurich는 『자기통찰』(저스트북스, 2018)에서 자기 인식이 높은 사람들이 업무 성과, 인간관계, 스트레스 관리에서 모두 강점을 보인다고 말합니다. 그런데 정확한 자기 인식을 가진 사람은 전체 인구의 10~15%에 불과하다고 합니다. 다행히 자기 인식은 일상에서의 실천을 통해 충분히 키워갈 수 있습니다. 나를 이해하기 위해 내가 나와 대화를 시작하려는 순간, 이미 변화는 시작된 셈이에요.

다음은 제가 실제로 해보거나 크루들에게 권한 자기 인식을 키우는 방법입니다. 부담 없이 할 수 있는 것부터 하나씩 시작해보길 바랍니다.

- **'Big 5 성격 검사'로 성향 분석하기**: Big 5 성격 검사*는 인간의 성격을 개방성, 성실성, 외향성, 친화성, 신경성의 다섯 가지 주요 요인으로 분석하는 심리 검사입니다. MBTI보다 과학적 근거가 명확하고 신빙성이 높습니다. 검사 결과를 보고 '그렇구나' 하고 넘기지 말고, 내 성향이 실제 업무나 협업 상황에서 내 행동과 어떻게 연결되는지 돌아보는 것이 중요합니다.

- **나를 잘 아는 사람들에게 피드백 주고받기**: "제 강점이 뭐라고 생각하나요?" "제가 더 보완하면 좋을 부분이 있을까요?" 등을 질문하세요. 타인의 관점으로 나를 새롭게 인식할 수 있습니다. 다만, 무작정 물어보기보다 여러분이 먼저 동료의 강점에 대한 칭찬과 함께 대화를 시작하는 방법을 추천합니다.

- **과거 프로젝트 리뷰하기**: 이전 프로젝트나 자기소개서 등 과거의 기록을 다시 들여다보세요. 내가 자주 사용하는 표현이나 일할 때 반복되는 패턴 속에 지금의 내가 숨어 있습니다. 그리고 과거보다 성장한 현재의 모습도 발견할 수 있습니다.

- **감정과 원인 기록하기**: 하루 동안 자주 느꼈던 감정과 그 이유를 적어보세요. '오늘 회의에서 긴장했는데 발표 준비가 부족했기 때문'과 같은 식의 간단한 기록이 감정의 흐름을 인식하고 조절하는 데 큰 도움이 됩니다.

---

* https://together.kakao.com/big-five

흔들림 속에서 나를 지키는 힘

자기 인식이 어렵게 느껴진다면 그건 정말 자연스러운 일입니다. 개발 업무를 몇 년 이상 하고 있어도 여전히 '이게 나한테 진짜 맞는 방향일까?'라는 생각이 들 때가 있죠. 기술력은 늘고 프로젝트도 익숙해지지만, 내 일의 방식이나 커리어 방향에 대한 고민은 쉽게 사라지지 않아요. 이럴 때 중요한 건 완벽한 답을 찾는 게 아니라, '요즘 나는 어떤 고민을 하고 있지?' '이 선택은 내 성장을 도와줄까?' 같은 질문을 스스로에게 던지는 연습입니다.

자기 인식은 단 한 번의 질문과 기록으로 완성되지 않습니다. 하지만 매일 나 자신에게 작은 질문을 던지고 나와의 대화를 멈추지 않는다면 어느새 더 단단하고 균형 잡힌 내가 되어 있을 겁니다. 중요한 건 완벽한 답을 찾는 것이 아니라, 나를 계속 궁금해하는 연습을 이어가는 것입니다. 온전히 나만을 위한 연습을 하나씩, 천천히 시작해보세요.

자기 인식 역량이 높아지면 선택의 기준이 생깁니다. 어떤 기술을 배우고 어떤 팀 문화가 나한테 맞는지, 어떤 선택이 '나다운 일'인지 명확해집니다. 남들과 비교하며 흔들리기보다는 "지금 이 선택은 내가 원하는 나다운 방향이야!"라고 말할 수 있는 자신감이 생깁니다. 결국 흔들림 속에서도 나를 중심에 두는 힘, 그게 자기 인식이 주는 가장 큰 자산입니다. 자기 인식이 쌓였을 때 느껴지는 단단함을 여러분도 경험해보길 바랍니다.

내가 해낼 수 있다고 믿는 일은 무엇일까
#자기 효능감

새로운 일을 맡았을 때 '내가 잘 해낼 수 있을까?'라는 걱정이나 의문이 들었던 적 있나요? '나는 어떤 일을 잘할 수 있을까?' '내가 정말 좋아하는 일은 뭘까?' 이런 질문들에 자신 있게 대답할 수 있다면 자기 효능감 self efficacy 이 높은 편일 겁니다.

자기 효능감은 단순한 낙관이나 막연한 자신감과는 다릅니다. 작은 성공 경험과 현실적인 목표 달성 그리고 긍정적인 피드백을 통해 쌓이는 감각입니다. 자기 효능감은 '나는 충분히 해낼 수 있다'라는 믿음, 즉 자신을 향한 실질적인 신뢰에서 시작됩니다.

자기 효능감이 높은 사람은 어려운 일을 만나도 '쉽지 않지만 도전할 만해'라고 생각하고 행동하는 반면, 낮은 사람은 '나는 못 할 거야'라는 생각이 앞서 도전 자체를 회피하게 되는 경우가 많습니다. 그리고 실패했을 때 반응도 다릅니다. 자기 효능감이 높은 사람은 실패를 배움의 재료로 삼지만, 낮은 사람은 '내가 부족해서'라고 받아들이며 쉽게 좌절하거나 포기해버리는 경향이 큽니다.

자기 효능감이 높을수록 어려운 과제를 더 오래 지속할 수 있고, 스트레스 상황에서도 더 잘 회복합니다. 이러한 자기 효능감은 도전을 지속할 수 있게 도와주는 중요한 원동력이라고 할 수 있죠. 더 나아가 여러분이 가진 재능과 관심 분야를 연결하고 가능성을 현실로 만들어가는 데에도 핵심적인 역할을 합니다.

저는 십 대 시절, 제가 잘할 수 있는 일과 진짜 좋아하는 일을 찾는 게 정말 어려웠습니다. 그 시기엔 '내가 뭘 하고 싶은가'보다는 '어떻게 해야 좋은 대학에 진학할 수 있을까'가 더 중요한 목표였죠. 늘 뭔가를 증명해야 했고 제가 잘하는 걸 마음껏 드러낼 기회도 많지 않았습니다. 그때가 제 자신에 대한 신뢰, 그러니까 자기 효능감이 가장 낮았던 시기였던 것 같아요.

하지만 성인이 되어 개발 공부를 시작하고 처음으로 프로그래밍 강의를 하

게 되면서 변화가 찾아왔습니다. 강의 준비는 쉽지 않았지만, 수강생들의 긍정적인 피드백을 들으며 '나도 할 수 있구나'라는 확신이 생겼습니다. 그리고 그 경험이 제 안에 있던 가능성을 꺼내주었습니다.

그 이후로는 새로운 시도가 두렵지 않고 어떻게 하면 더 잘할 수 있을지를 먼저 고민하게 되었어요. 이어진 작은 성공의 경험들이 자기 효능감을 키워줬고, 결국 더 큰 도전도 해낼 수 있다는 믿음으로 이어졌습니다. 지금도 저는 완벽하진 않지만, 과거의 작은 성취와 피드백 덕분에 '교육자로서 나아갈 수 있다'는 믿음을 갖고 일합니다. 그 믿음이 매번 새로운 도전과 다양한 피드백 앞에서 흔들리지 않게 해줍니다.

자기 효능감을 키우는 방법

작은 성취 경험이 쌓이면 어느새 스스로를 믿는 마음이 생깁니다. 오늘부터 다음 방법들을 하나씩 실천해보면 어떨까요?

- **작은 성공 경험을 쌓기**: 현실적이고 구체적인 목표를 정하고 작은 성취라도 경험해보는 것이 중요합니다. 예를 들어 '이번 주 코드 리뷰에서 받은 피드백 중 한 가지를 개선하기'처럼요.
- **롤모델을 관찰하고 따라 하기**: 내가 닮고 싶은 사람의 경험을 분석해보세요. 존경하는 개발자의 블로그를 읽거나 강연을 듣고, 좋은 업무 습관을 따라 해보는 것도 좋은 출발이 됩니다.
- **긍정적인 피드백 주기**: 오늘 스스로 해결한 문제나 팀에서 기여한 부분을 기록하고 자신을 칭찬해주세요. 그리고 팀원들에게도 긍정적인 피드백을 전하며 자기 효능감을 함께 키워보세요.

자기 효능감이 높아지면, 더 큰 도전을 받아들이는 마음도 함께 자랍니다. 스스로를 믿는 감각이 쌓이면, 결국 여러분은 자신 있게 말할 수 있을 거예요. "나는 내가 해낼 수 있다고 믿어!"라고 말이죠.

나를 믿는 연습

개발자로 일하다 보면 다양한 피드백을 받게 됩니다. 코드 리뷰, 회고, 성과 평가까지. 대부분은 개선을 위한 피드백이죠. 그런데 이상하게도 잘한 부분보다 부족한 점이 훨씬 더 크게 마음에 남습니다. 버그 하나, 실수 한 번에 지나치게 오래 머무를 때도 있으니까요. 저도 그런 피드백을 받을 때마다 의식적으로 이렇게 생각하려 합니다.

"내가 더 잘할 수 있다고 믿어줘야 할 사람은 바로 나 자신이다."

세상에서 가장 나를 알아주고 믿어줘야 할 사람은 나 자신이라는 걸 떠올리는 거죠.

다음 질문에 답하며 여러분의 자기 효능감을 천천히 들여다보세요.

- 자기 효능감이 가장 낮았던 순간은 언제였나요?
- 자기 효능감을 키우는 데 가장 큰 도움이 된 작은 성공 또는 인상적인 경험은 무엇이었나요?
- 자기 효능감이 높아지면서 어떤 변화가 있었나요?

여러 개발자를 만나 이야기를 나눠보면 모두 각자의 강점과 가능성을 가지고 있습니다. 하지만 정작 스스로에게는 인색한 경우가 많아요.

그래서 제안드리고 싶어요. 오늘부터 하루에 한 번, 자신이 잘한 점을 기록하고 칭찬해보는 건 어떨까요? 그러다 어느 날 여러분 스스로가 이렇게 말하는 날이 오면 좋겠습니다.

"나는 앞으로의 나를 믿어.
결국 세상에서 가장 든든한 내 편은 나 자신이어야 하니까."

내 인생의 가장 큰 실패는 무엇이었나
#회복 탄력성

여러분의 인생에서 가장 큰 실패는 무엇이었나요? 누구나 한 번쯤은 무너지는 순간을 겪습니다. 중요한 배포에서 실수를 했거나 기대했던 성과를 내지 못했을 때 등 크고 작은 실패는 누구에게나 찾아오지만, 실패를 어떻게 받아들이고 다시 일어서는가는 사람마다 다릅니다.

누군가는 실패를 감추고 싶어 하지만, 또 누군가는 그것을 계기로 방향을 바꾸거나 성장을 위한 디딤돌로 삼습니다. 이러한 차이가 실패의 크기가 다르기 때문에 생기는 것일까요? 같은 크기의 실패를 경험하더라도 그 실패를 바라보는 관점과 받아들이는 과정은 사람마다 다릅니다. 그리고 그 차이를 만드는 힘이 바로 회복 탄력성resilience입니다.

회복 탄력성은 단순히 다시 일어나는 힘이 아닙니다. 실패를 있는 그대로 받아들이고, 그 안에서 교훈을 찾고, 더 나은 방향으로 나아가려는 마음가짐입니다. 회복 탄력성은 자기 인식을 통해 나의 약점과 아픔을 인정하는 것에서부터 시작됩니다.

심리학자 마틴 셀리그만Martin Seligman은 회복 탄력성이 높은 사람은 실패를 '일시적이고 특정한 상황에서 벌어진 일'로 받아들이는 반면, 회복 탄력성이 낮은 사람은 실패를 '영구적이고 나라는 사람 자체의 문제'로 받아들이며 좌절한다고 말합니다. 즉, 회복 탄력성이 높은 사람일수록 실패를 배움으로 연결하고, 다음 도전을 준비할 수 있는 힘을 갖추게 되죠.

> 저에게 가장 기억에 남는 실패는 삼수를 했던 경험입니다. 고등학교 시절 심리적으로 크게 흔들렸고 결국 원하는 대학에 진학하지 못했습니다. 재수, 삼수를 이어가며 친구들이 대학 생활을 즐기는 동안 저는 계속 수능을 준비했고, 그 과정에서 저 자신을 꾸짖으며 죄책감을 많이 느꼈어요.

하지만 아버지께서 "결과가 어떻게 나오든 앞으로의 인생에 더 집중하면 된다"라고 말씀해주신 덕분에 다시 일어설 수 있었습니다. 이후에는 감정을 억누르지 않고 인정하고 스스로를 돌보는 연습을 했어요. 실패가 나를 무너뜨리는 게 아니라 더 나은 방법을 찾는 기회라는 걸 진심으로 믿게 되었죠.

이 경험을 통해 스스로를 제대로 마주할 수 있었습니다. 이전에는 무조건 열심히만 하면 된다고 믿었지만, 그보다 더 중요한 건 '나에게 맞는 방식으로, 현재의 나에게 집중하며, 나답게 해내는 것'이었어요. 남들과 비교하며 따라가던 길에서 벗어나, 나만의 사용 설명서를 찾아야 한다는 걸 그때 처음 깨달았습니다.

회복 탄력성을 키우는 방법

회복 탄력성은 어느 날 갑자기 생기는 힘이 아닙니다. 어려운 상황에서도 다시 나를 일으키는 경험이 반복되면서 조금씩 자라납니다. 다음 회복 탄력성을 키우기 위한 실천을 시작해보세요.

- **실패 원인을 분석하고 통제 가능한 영역 구분하기**: 실패를 객관적으로 들여다보고 내가 통제할 수 있는 부분과 수용해야 하는 부분을 나눠보세요.
- **실패의 교훈을 기록하고 전략 세우기**: 실패를 잊지 말고 회고하며, 그것을 배움의 과정으로 재해석하는 방법을 고민해봅니다. 예를 들어 일정 관리에 실패했다면 도구를 활용한 루틴을 만들어보세요.
- **나를 회복시키는 자원 발견하고 활용하기**: 나에게 효과적인 회복 방법을 찾고 실천합니다. 수면, 운동, 산책, 대화, 혼자 있는 시간 등 나만의 회복 루틴을 알고 있는 사람은 다시 일어나는 속도가 빠릅니다.
- **감정 리셋 루틴 만들기**: 하루 중 짧은 시간이라도 나의 감정을 리셋하는 루틴을 가져보세요. 10분 낮잠, 스트레칭, 산책, 음악 듣기, 따뜻한 차 한 잔 등 단순한 휴식을 취하고 있었다면 이를 감정을 정돈하는 나만의 방법으로 전환시켜 보세요. 회복 탄력성을 키우는 시작이 됩니다.

나를 다시 세우는 힘

실패를 두려워하지 않는다는 건 실패를 가볍게 여기거나 무시한다는 말이 아닙니다. 오히려 실패를 있는 그대로 인정하면서도, 그 안에 담긴 가능성과 내가 다시 일어설 수 있다는 회복력을 믿는 태도입니다.

그리고 스스로를 돌아보고 회복하는 방법을 꾸준히 연습해온 사람에게만 다시 시작할 힘이 찾아옵니다. 저는 스스로를 돌아보기 위해 저의 감정과 상태를 인정하는 것부터 시작했습니다. 피곤한 상태에서는 무리해서 애써 괜찮은 척 저의 현재 상태를 무시하려고 하지 않습니다. 잠시 산책하며 기분을 환기하거나 잠깐이라도 자고 나면 감정도 정리되고 현실적인 해결책이 더 잘 떠오른다는 걸 알게 되었거든요. 그다음엔 상황을 분석합니다. 현재 제어할 수 있는 문제인지 아닌지 구분해보고 가능한 부분에 집중해서 구체적인 행동 계획을 세우죠. 또 신뢰하는 사람들과 대화를 나누며 감정을 회복할 수 있는 시간도 소중히 여깁니다.

다음 질문들에 직접 답해보는 시간을 가지며 회복 루틴을 세워보세요.

- 인생에서 가장 크게 좌절했던 경험은 무엇이었나요?
- 그 힘든 상황에서 어떻게 다시 일어날 수 있었나요?
- 그 당시 실패가 주었던 가장 큰 깨달음은 무엇이었나요?
- 요즘은 실수하거나 스트레스를 받을 때 어떻게 극복하나요?

누구나 버그 하나, 피드백 한 줄에 멘탈이 흔들릴 때가 있습니다. 중요한 건 무너지는 순간이 아니라, 그 이후에 어떻게 다시 일어나는가입니다. 실패는 누구에게나 오지만, 회복은 회복의 중요성을 알고 자신에게 맞는 방법을 실천하고자 하는 사람에게만 찾아옵니다. 오늘 혹시 마음이 복잡하거나 흔들리는 순간이 있었다면 무너진 자리 위에 천천히 다시 나를 세워보세요. 그 과정이 회복 탄력성을 키울 수 있는 순간이며 그 위에서 나다운 성장을 시작할 수 있습니다.

TRACK 04

회사에서 필요한 소프트 스킬:
함께 일하면서도 나답게 일하는 연습

_마음이 안전하다고 느껴질 때 비로소 말할 수 있는 용기에 대해 이야기합니다.
_다른 성향의 사람과도 조율하며 나답게 일하는 유연함을 기를 수 있습니다.
_결정은 인생의 방향을 바꾸는 힘이 있습니다.
_내가 내린 선택을 믿고, 그 선택 위에 자신 있게 서는 힘을 가져봅시다.

이불 밖은 위험하지만 여긴 안전해
#심리적 안전감

　　　　회의 중에 질문하려다 망설였던 적 있나요? '이걸 물어봐도 될까?' '너무 기본적인 질문 아닐까?' '어리석어 보이면 어쩌지?' 이런 고민은 개발 경력이 쌓여도 사라지지 않습니다. 특히 이런 이야기를 자주 들었습니다.

　　　　　　"우리 팀은 실수하면 눈치가 보여요."
　　　　　"질문하거나 의견을 내기가 조심스러워요."

　이런 분위기 뒤에는 굉장히 중요한 개념이 숨어 있습니다. 바로 심리적 안전감psychological safety입니다. 심리적 안전감은 내가 질문하거나 의견을 말했을 때 비난받지 않을 거라는 믿음, 실수해도 괜찮다고 느낄 수 있는 관계의 신뢰를 뜻합니다. 이런 감정은 조직 전체가 완벽하게 안전해야만 느껴지는 것은 아닙니다. 가깝게 일하는 동료와의 신뢰에서부터 조금씩 자라날 수 있어요.

실제로 심리적 안전감이 높은 팀은 자유롭게 의견을 나누고, 실수를 숨기지 않고 빠르게 공유해 함께 해결하며, 결과적으로 실수를 통해 배우고 성장합니다. 반면, 안전감이 낮은 팀은 실수에 대한 두려움으로 질문이나 피드백을 꺼리고, 결국 소통이 단절된 방어적인 문화가 만들어집니다.

실제로 구글의 프로젝트 '아리스토텔레스'는 팀의 성과를 좌우하는 가장 큰 요인이 구성원의 실력이 아니라 심리적 안전감이라는 점을 밝혀냈습니다. 실수해도 괜찮고 자유롭게 의견을 낼 수 있는 분위기가 성과와 직결된다는 것이죠. 결국 뛰어난 기술력 이전에, 안심하고 솔직한 나로 일할 수 있는 환경이 팀을 강하게 만든다는 뜻입니다.

저는 여러 회사를 경험하며 심리적 안전감이 팀 분위기와 성과에 얼마나 큰 영향을 미치는지를 직접 경험했습니다. 우아한테크코스에서 처음 코치로 일을 시작했을 때는 새로운 환경에 긴장도 하고 낯선 업무를 맡으며 실수하고 위축되기도 했어요. 그런데 그때 저를 다시 세워준 건 동료들의 지지였습니다. "괜찮아, 같이 해보자"라는 말은 제가 모르는 것을 숨기기보다는 함께 해결할 수 있도록 도와주었습니다.

반면, 과거에 일했던 한 스타트업에서는 질문하면 "그걸 왜 몰라요?" "그건 기본 아닌가요?"라는 반응이 돌아오곤 했지요. 실수에 대한 이해보다는 책임 추궁이 먼저였고, 점점 말이 줄어들고 위축되는 동료들을 보면서 심리적 안전감의 부재가 어떻게 팀원들의 대화를 단절시키는지 똑똑히 봤습니다. 결국 그 팀은 성과가 떨어졌고 이직률도 높았습니다.

그렇다고 이런 조직을 만나면 무조건 바로 떠나야만 할까요? 저는 그렇지만은 않다고 생각합니다. 작은 실천으로, 팀 전체는 아니더라도 함께 일하는 팀원 간의 분위기는 달라질 수 있습니다. 예를 들어 누군가 질문을 하면 "좋은 질문이네요"라고 반응하고, 실수한 동료에게는 "저도 그랬어요" "같이 해결해봐요"라고 공감하는 말을 건네는 겁니다. 저는 그렇게 조금씩 신뢰를 쌓아갔고, 함께 일했던 동료들이 나중에 "그때 정말 고마웠어요"라고 말해줬을 때 제가 만든 변화가 결코 작지 않았다는 걸 확인했습니다.

결국 심리적 안전감은 조직이 만들어주는 것이 아니라, 여러분이 있는 바로 그 자리에서부터 시작되는 것입니다.

다음은 우아한테크코스 6기 수료생이자, 우아한형제들 백엔드 개발자 초롱과의 인터뷰 내용입니다.

▼ 인터뷰

리사 초롱, 오랜만이에요. 첫 회사라 긴장도 되고 바쁠 텐데, 요즘 어떻게 지내고 있어요?

초롱 네, 진짜 정신없긴 하지만 재미있어요. 아직은 잘 모르는 것도 많고, 실수할까 봐 긴장도 많이 돼요. 그래도 다들 잘 도와주시고 팀 분위기도 좋아서 적응해 가는 중이에요.

리사 오! 좋은 소식이네요. 첫 팀에 합류했을 때 기억나요? 어땠나요?

초롱 설레기도 했지만, 회의에 참여했을 때 자기소개만 하고 아무 말도 안 했어요. 모르는 내용투성이였는데 다들 너무 바빠 보이기도 했고, 괜히 질문했다가 회의의 흐름을 끊는 건 아닐지 걱정됐어요.

리사 저도 신입 때를 떠올려보면 걱정이 많았어요. 그러면 혹시 처음으로 한 질문은 무엇이었나요?

초롱 가장 첫 질문은 사수에게 한 질문이었어요. 바빠 보이시긴 했지만, 혹시 질문 드려도 되냐고 조심스럽게 여쭤봤는데 너무 친절하고 자세하게 답변해주셨어요. 그걸 시작으로 점차 질문하는 범위를 넓혔고, 지금은 소규모 회의에서는 어렵지 않게 질문하고 있는 것 같아요.

그런데 팀에 더 마음을 열게 된 계기가 있었어요.

리사 무슨 일이 있었나요?

초롱 네, 제가 합류한 지 얼마 지나지 않아 실수를 했어요. 협력사에 출장을 갔을 때였는데, 숫자 결과가 너무 이상하게 나와서 웃으면서 "(숫자가) 완전 엉망진창인데요?"라고 말했어요. 근데 나중에 생각해 보니까 주어를 생략해서 상대방 입장에선 무례하게 들릴 수도 있겠더라고요. 그 생각에 하루 종일 죄송한 마음이 들어 마음이 무거웠어요. 그냥 조용히 일을 묻어둘 수도 있었지만, 건강한 태도가 아니라는 생각이 계속 들더라고요. 그래서 용기를 내고 팀장님과 협력사 팀장님께 직접 사과드렸어요. 다들 정말로 괜찮다고 해주셨지만, 제가 먼저 이야기하지 않았으면 계속 불편했을 것 같아요. 오히려 사과한 뒤에 더 편하게 소통할 수 있었던 것 같아요.

리사 아이고, 초롱에게는 꽤 마음이 많이 쓰인 날이었겠어요. 그래도 솔직하게 이야기하고 사과한 초롱이 용기 있었다고 생각해요. 혹시 그 이후에 초롱과 팀 사이에 변화가 있었나요?

초롱 그 일을 계기로 팀장님이 먼저 말을 걸어주시기도 했고, 저도 팀에 조금 더 마음을 열 수 있었어요.

물론 여전히 회의에서는 긴장돼요. 그래도 예전처럼 아무 말도 못하고 끝내는 일은 거의 없어요. 회의 중에 말 못 한 건 끝나고 따로 여쭤보기도 하고요. 예전엔 질문 하나 때문에 하루 종일 고민했는데, 지금은 '이 정도는 물어봐도 되겠지'라는 마음이 들어요.

리사 이야기를 들으니 초롱이 스스로를 믿고 조금씩 나아가고 있다는 게 느껴져요. 낯선 환경에서도 그렇게 자신만의 속도로 안전감을 넓혀가는 모습이 정말 멋지네요. 이런 초롱의 모습이 많은 사람들에게 힘이 될 거예요.

초롱 저도 아직 완전히 편해진 건 아니지만, 그래도 예전보다 훨씬 나아졌다고 느껴요. 질문하는 게 무섭지 않다는 걸 경험하면서 실수해도 괜찮다고 느껴지는 순간이 하나씩 쌓이더라고요. 그게 저한테는 정말 큰 변화였어요. 저처럼 고민하고 있는 분들에게도 그 첫걸음을 내디뎌보라고 말해주고 싶어요.

심리적 안전감을 키우는 방법

다음 방법들을 통해 심리적 안전감을 키워보세요.

- **질문 전에 작은 맥락 붙이기**: "질문드려도 괜찮을까요?" "제가 이해한 게 맞는지 확인하고 싶어요"와 같이 맥락을 붙이면 질문의 부담을 줄이고 상대방도 더 편하게 받아들일 수 있습니다.
- **사과는 빠르게, 지나친 자책은 피하기**: 실수는 빠르게 인정하고 정중하게 사과하되, 그 이후에는 자신을 과하게 비난하지 말고 이 상황에서 내가 배운 건 무엇인지, 앞으로 해야 할 일은 무엇인지에 집중해보세요.
- **편한 사람부터 질문 연습하기**: 처음부터 회의에서 질문하기 어렵다면 사수나 친근한 동료에게 1:1로 질문하는 것부터 시작해보세요.
- **회의가 끝난 뒤, 마음에 남은 질문 나누기**: 질문은 타이밍보다 진심이 중요합니다. 회의 중에 바로 떠오르지 않더라도, 끝나고 마음에 남은 궁금함을 조용히 건네는 것도 좋은 방법이에요.
- **"괜찮아"라는 말, 나부터 먼저 건네기**: "나도 그랬어요" "괜찮아요" "누구나 그럴 수 있어요" 이 한마디가 팀 전체의 분위기를 바꿀 수 있습니다.

심리적 안전감은 단지 효율을 높이기 위한 기술이 아닙니다. 우리가 더 솔직하게, 더 편안하게, 더 나답게 일하기 위해 필요한 환경이에요. 혹시 질문할지 망설이고 있다면, 실수한 나를 자책하고 있다면, 조금 더 스스로를 믿어보면 좋겠습니다.

그리고 언젠가 여러분이 팀을 이끄는 사람이 된다면, 심리적 안전감이 단지 '받는 것'이 아니라 '함께 만들어가는 것'임을 기억해주세요. 질문이 오가고 실수가 공유되는 분위기는 거창한 리더십에서 시작되는 게 아니라 "괜찮아, 나도 그랬어"라는 말 한마디에서 시작될 수 있습니다. 그 한마디가 지금은 아직 어색할지 몰라도, 조금씩 익숙해지고, 자연스러워지고, 결국 누군가에게는 '안전감을 주는 사람'으로 여겨지게 될 거예요.

모든 사람과 잘 맞진 않지만 맞출 순 있어
#유연성

개발자는 혼자 일하는 직업이 아닙니다. 기획자, 디자이너, PM 등 다양한 직군과 끊임없이 조율하고 협업해야 하죠. 그런데 문제는, 모든 사람이 나와 같은 방식으로 일하지 않는다는 데 있습니다. 예를 들어 상대방은 빠른 결정을 선호하지만, 나는 충분한 설명과 맥락을 듣고 판단하고 싶을 수 있어요. 또 나는 말보다는 글로 표현하는 게 편한데, 상대는 모든 생각을 말로 꺼내며 정리하는 사람일 수도 있습니다.

이처럼 업무 스타일이나 의사소통 방식이 충돌할 때마다 상황에 맞게 반응하고 조율하는 능력이 필요합니다. 이 힘이 바로 유연성flexibility입니다.

유연성이란 단순히 모든 상황을 받아들이는 것을 의미하지 않습니다. 변화하는 환경에 빠르게 적응하고 다양한 관점을 수용하며 함께 해답을 찾아가는 태도를 말합니다. 예를 들어 프로젝트 일정이 갑자기 변경되었을 때 이를 스트레스로 받아들이는 것이 아니라, 새로운 기회로 바라보며 팀원들과 해결책을 함께 모색하는 태도 역시 유연성의 한 모습이죠.

유연한 사람은 계획이 틀어지더라도 우선순위를 조정하고, 상대방의 논리를 듣고, 필요할 때는 한 발짝 물러서며 더 나은 방향을 함께 찾아가려고 합니다. 반면 유연성이 부족한 사람은 기존 계획이나 본인의 방식을 고수하거나 방어적인 태도를 보이며, 피드백조차 비판으로 받아들일 수 있어요. 결국 유연성은 단순한 성격의 차이보다는 실질적인 협업의 질을 좌우하는 태도이자 역량입니다.

유연성은 타고나는 게 아니라 경험과 연습을 통해 기를 수 있습니다. 실제로 우아한테크코스에서는 유연성 강화를 목표로 한 스터디인 '유강스(유연성 강화 스터디)'를 운영하고 있습니다. 이 스터디는 자신의 고정된 습관이나 감정 반응을 인식하고, 이를 더 유연하게 바꾸기 위한 목표와 실험을 직접 설계하고 실천하게 합니다.

예를 들어 한 크루는 '피드백을 받을 때 방어적인 태도 줄이기'를 목표로 하여 '코드 리뷰에서 받은 피드백을 반박하지 않고, 먼저 10초간 생각한 후 개선 방안 한 가지 제안하기'라는 실험을 진행했어요. 또 다른 크루는 '일정 변경에 유연하게 대처하기'를 목표로, '변화가 생길 때마다 해결책을 두 가지 이상 떠올리고 팀원과 공유하기'를 실천했습니다. 이러한 과정에서 많은 크루가 유연성이 경험과 연습을 통해 기를 수 있는 역량임을 자연스럽게 체감하였습니다.

다음 인터뷰를 살펴봅시다. 초롱과 제우스는 우아한테크코스 6기 프로젝트 팀인 '코드잽'의 팀원들입니다.

▼ 인터뷰

리사 안녕하세요! 초롱, 제우스. 팀 프로젝트를 하며 많은 갈등이 있었지만, 그 갈등 속에서 함께 성장했다고 들었어요. 그 갈등을 해결하기 위해 여러분들이 하드 스킬뿐만 아니라 소프트 스킬도 많이 키웠고 예전보다 훨씬 유연해졌다는 이야기가 인상적이었어요. 프로젝트를 진행하면서 팀에서 가장 기억에 남은 갈등이 무엇이었을까요?

초롱 음… 인프라 역할 분배 문제와 관련된 갈등이 가장 기억에 남아요. 저를 포함해서 다들 인프라 쪽을 하고 싶어 했는데, 저는 두 번 연속 양보했거든요. 그런데 그걸 모르고 인프라를 담당한 팀원이 계속 불만을 말하는 걸 듣고 화가 나서 회의 시간에 솔직한 마음을 얘기한 적이 있어요.

리사 차분하게 이야기하기 쉽지 않았을 것 같은데요. 그 얘기를 꺼내기까지 고민을 많이 했을 것 같아요.

초롱 맞아요. 감정적으로 터뜨리기보다는 왜 그 말이 불편했는지 정확히 짚어서 얘기하려고 노력했어요. 다행히 팀원들도 제 이야기를 잘 들어주고 이해해주었구요. 그 경험 이후로 팀 분위기도 좀 더 솔직하게 소통하는 분위기가 만들어진 것 같아요.

제우스 그날 초롱 진짜 멋있었어요. 다들 조용히 듣고 있었는데, 초롱이 말하는 태도와 내용이 정말 명확했거든요. 그 일이 계기가 되어 감정이 쌓이기 전에 바로 이야기하려는 분위기가 생겼죠.

리사 갈등을 수면 위로 올려 솔직하게 이야기했기에 서로가 감정을 쌓기 전에 털어놓을 수 있는 팀이 된 거네요.

제우스 맞아요. 그리고 초롱이 그렇게 할 수 있었던 건 유강스 덕분이라고 생각해요. 유강스를 하며 매주 각자의 어려움을 나누는 연습을 해왔거든요. 그 과정에서 내 상황을 말하는 연습과 동료의 상황을 듣는 연습을 할 수 있었어요. 저희는 갈등이 정말 많은 팀이었고 의견 차이가 생기면 결론이 날 때까지 토론했어요. 항상 모두가 동의하는 결론이 나지는 않았지만, 유강스를 통해 서로에 대한 이해를 쌓았던 덕분에 더 깊이 있는 협업을 할 수 있었어요.

초롱 저도 그 과정이 있었기에 경청의 중요성을 알게 되었고 '듣는 연습'을 정말 많이 했어요. 팀원 8명 모두의 의견이 같은 회의는 많지 않았거든요. 그래서 팀원들의 이야기를 그냥 듣는 게 아니라 상대가 왜 그 의견을 내는지, 그 사람에게 어떤 의미가 있는지를 생각하려고 했어요. 그러다 보니 많은 팀원의 입장을 이해할 수 있었고 조율하는 과정에 큰 도움이 되었어요.

리사 맞아요. 코드잽 팀은 항상 늦게까지 남아서 회의하는 팀이었어요. 많은 갈등이 있었지만 이 갈등을 건강한 소통으로 해결하려는 노력 덕분에 팀원 모두가 성장했을 것 같아요. 제가 바라본 코드잽 팀원들은 모두 성향이 다르고 개인이 가진 강점도 다른 편인 것 같아요. 그런가요?

제우스 네. 엄청 다르고, 달랐기에 서로에게 많이 배울 수 있었어요.

리사 그렇다면 팀 프로젝트를 하며 성장한 점도 개인마다 다를 것 같아요. 본인이 바라본 본인의 변화도 중요하지만 함께 협업했던 팀원이 바라보는 변화와 성장도 궁금하네요. 초롱이 생각할 때 제우스가 가장 크게 바뀌었다고 느낀 점은 무엇인가요?

초롱 저는 제우스가 다른 사람들에게 도움을 요청할 수 있게 된 점이라고 생각해요. 처음엔 혼자 고민하고 해결하려는 스타일이었는데 점점 공유를 많이 하더라고요. 제우스가 아무 말도 하지 않을 때는 조금 날카로운 이미지도 있었는데 공유를 많이 해준 덕분에 저희도 더 편하게 얘기할 수 있었어요.

제우스 맞아요. 이전까지 리더 역할을 맡았다 보니 나의 문제는 스스로 해결해야 한다는 책임감이 컸던 것 같아요. 하지만 이 프로젝트에서 팔로워 역할을 많이 하게 되면서 팔로워십의 중요성을 체감하게 되었고 실천하기 시작했어요. 그 실천 속에서 도움 요청과 공유의 중요성에 대해 깨달았고 이를 행동으로 옮겼죠. 그리고 저는 아무 생각 없이 있는데도 날카로워 보인다는 의견이 있더라구요. 그래서 그 부분도 미리 이야기하면서 화가 난 게 아니니 편하게 이야기해달라고 한 적도 있었어요.

리사 맞아요. 협업하다 보면 리더십만큼 팔로워십도 중요하다는 걸 알게 되죠. 과거의 제우스와는 다른 역할과 시야를 경험할 수 있었던 중요한 순간이었겠네요. 제우스가 평소에 리더 역할을 많이 했다면 쉽지 않은 시도였을 텐데, 그 변화를 바라본 초롱이 이렇게 이야기를 하는 걸 보면 제우스가 정말 노력을 많이 했을 것 같아요. 그럼 이번에는 제우스가 생각하는 초롱의 가장 큰 변화도 들을 수 있을까요?

제우스 저는 초롱이 처음엔 자신감이 없어 보였어요. 하지만 점점 본인의 의견과 이유를 이야기하기 시작하더니 나중엔 주도적으로 얘기하고 설득도 잘하고, 팀을 이끄는 느낌까지 받았어요. 그렇게 변하기 쉽지 않은데 진짜 많이 노력하며 성장했고 그 모습이 멋지다고 생각했어요.

초롱 제우스가 그렇게 말하니 뭔가 쑥스러운데요, 제가 상대적으로 팀원들보다 경험이 적다고 생각해서 처음에는 따르는 역할을 더 많이 하려고 했어요. 하지만 정말 팀에 도움을 주기 위해서는 나부터 주도적인 자세가 필요하다고 느꼈어요. 그래서 제 목소리를 내기 위해 과거의 제 모습에서 부족했던 점을 바꾸려고 다양한 시도와 노력을 많이 했어요. 그런 노력이 보일 때마다 팀원들이 칭찬을 아끼지 않더라구요. 그 칭찬이 동력이 되어 자신 없던 과거의 마인드셋에서 현재의 마인드셋으로 변하고 성장할 수 있었던 것 같아요.

리사 서로의 노력을 알아주고 인정해주는 훈훈한 시간이네요. 이렇게 서로의 성장과 변화를 인지하고 칭찬해줄 수 있는 코드잽 팀만의 유연함을 가능하게 했던 비결이 있다면 뭐였을까요?

제우스 저희가 만들었던 그라운드 룰을 항상 지키려고 했어요. 실제로 우리 팀의 그라운드 룰에는 이렇게 쓰여 있어요. '분업이 아닌 협업, 결정도 다 같이! 책임도 다 같이!' '질문 환영하기' '이끌거나, 따르거나, 떠나거나!' 이런 것들이요.

초롱 그중에서도 가장 기억에 남는 건 '하고 싶은 말을 삼키지 않는다'예요. 말하지 않으면 서로 모르는 부분이 꼭 생길 수밖에 없더라구요. 그리고 그 점을 많이 보완하기 위해 서로 의식적으로 노력했어요. 과거의 저는 불편해도 좀 참는 편이었는데, 우리 팀에서는 마음에 걸리는 게 있으면 꼭 얘기하려고 했어요.

제우스 이런 문화가 있었기에 감정이 터지기 전에 풀 수 있었던 것 같아요. 갈등이 있어도 숨기지 않고 드러내는 분위기, 그게 진짜 유연함으로 이어졌어요. 이런 유연함은 앞으로 실무를 하면서도 더 성장시키고 싶은 부분이에요.

코드잽 팀의 경험은 갈등 자체보다 '갈등을 다루는 방식'이 더 중요하다는 걸 보여줍니다. 서로 다른 생각을 가진 팀원들이 함께 일하며 때로는 충돌하고, 때로는 부딪히며 협업하는 과정에서 오히려 서로의 강점을 발견하고 배우는 기회가 되었습니다. 더 나은 팀워크와 결과도 자연스럽게 따라왔지요.

유연성 자가 진단 질문 리스트

다음 질문들로 내 유연성을 점검해봅시다.

- 의견 충돌이 있을 때 불편한 감정을 어떻게 표현하나요? 감정을 억누르며 참나요? 아니면 초롱처럼 차분하게 내 입장을 말해보려 노력하는 편인가요?
- 누군가 내 말투나 태도에서 오해가 생길 수 있다는 피드백을 받았을 때 제우스처럼 그 인식을 바꾸기 위해 노력한 적이 있나요?
- 내가 팀의 리더가 아닐 때 팀의 흐름을 따라가려고 노력했던 경험이 있나요?
- 나와 전혀 다른 성향의 사람과 일하며 배움을 얻은 순간이 있나요?
- 유연하지 않다고 느낀 나의 태도가 있다면 그것을 바꿔보려 시도해본 적이 있나요?

코드잽 팀처럼 처음엔 불편했던 갈등이 신뢰를 만드는 계기가 될 수도 있습니다. 유연성은 협업 속에서 서로가 서로를 이해하고 더 나은 방향을 함께 그려나가는 능력입니다. 그리고 실천과 피드백을 통해 충분히 훈련할 수 있는 역량입니다. 오늘도 나와 다른 누군가와 마주했다면, 그 다름을 불편하다고 느끼기보다는 내가 더 성장할 기회로 받아들여보세요.

진짜 내 스스로가 내린 선택인 걸까
#자기 결정력

"이 선택이 정말 나를 위한 걸까?"

어떤 결정을 내리고도 마음이 계속 흔들렸던 적이 있나요? 커리어 전환, 팀 이동, 기술 스택 선택 또는 이직까지, 개발자로 살면서 우리는 늘 선택 앞에 서게 됩니다. 그런데 어떤 사람은 선택 앞에서 오래 망설이고 또 어떤 사람은 빠르게 결정하고 책임 있게 밀고 나가죠. 그 차이는 단순한 성격 문제가 아니라, 자기 결정력self determination에서 비롯됩니다.

자기 결정력이란 내가 내린 선택의 이유를 스스로 명확히 이해하고, 그 결과에 책임질 수 있는 능력입니다. 그저 빠르게 결정하는 게 아니라 '나는 어떤 기준으로 이 선택을 하려고 하는가?'라는 질문에 이유와 기준을 답하며 책임지는 태도죠. 이 힘이 있으면 결과가 기대와 달라도 후회보다 배움이 남고, 다음 선택은 더 단단해집니다.

회사에서도 자기 결정력은 강력한 무기가 됩니다. 자기 결정력이 부족하면 주변 의견에 쉽게 흔들리고, 중요한 순간에 자신의 생각을 말하지 못해

원하는 방향과는 전혀 다른 결과를 맞이하게 되기도 하죠. 나중에는 '내가 원해서 한 게 아닌데'라는 후회와 불안감이 남고, 업무 만족도도 자연스레 떨어지게 됩니다.

반대로 자기 결정력이 강한 사람은 어떤 결과든 스스로 납득한 선택이기 때문에 후회보다는 배움을 얻습니다. 그런 사람은 동료나 상사에게도 믿음직한 인상을 주며 커리어의 중요한 기회를 스스로 만듭니다.

스스로에게 질문을 던지는 습관을 가져보세요. '지금 이 결정은 정말 내가 원하는 방향일까' '이 선택을 하지 않으면 미래의 내가 후회하지 않을까' '실패하더라도 얻을 수 있는 배움이 분명한가'와 같은 질문들이죠. 큰 결정을 앞두면 많은 걱정이 생기지만, 스스로 납득할 수 있는 답을 찾고 나면 오히려 고민과 불안은 작아지고 그 선택을 후회하지 않게 됩니다.

그런데 가끔은 어떤 결정보다 그 결정을 둘러싼 수많은 시선과 조언이 더 혼란스러울 때가 있습니다. "한 직장에 오래 있어야 해" "지금은 모험할 때야" "지금은 안정적으로 커리어를 쌓아야 해" 등의 수많은 조언 속에서 '나는 어떤 삶을 살고 싶은가'를 놓친 채 '이게 더 그럴듯해 보이지 않을까?'라는 생각에 흔들릴 수 있습니다.

하지만 결국 스스로에게 던지는 질문과 답변에 중심을 둬야 합니다. 내가 이 선택을 스스로 납득할 수 있는지, 다른 사람의 기대가 아니라 진짜 나에게 맞는 방향과 속도인지 그 물음 앞에서 당당하게 답할 수 있어야 비로소 내가 원하는 삶으로 나아갈 수 있습니다.

이번에는 우아한테크코스 6기 수료생이자, 딜리버리 히어로 입사를 앞둔 개발자 제우스와 나눈 이야기를 소개합니다.

▼ **인터뷰**

리사 제우스! 딜리버리 히어로 합격 정말 축하해요. 독일 가기 전에 여러 준비로 정신없겠네요. 중요한 결정을 앞두고 고민도 많았겠어요.

제우스 네, 정말 고민이 많았어요. 독일어를 먼저 배워야 할지, 영어 공부를 더 할지 아니면 코딩 실력을 다져야 할지… 선택지가 참 많더라고요.

리사 정말 쉽지 않은 결정이네요. 제우스는 이렇게 선택지가 많을 때 어떤 기준으로 결정하나요? 특히 독일 회사에 지원할 땐 고민이 더 컸을 것 같아요.

제우스 저는 두 가지를 봐요. 첫째, 내가 그 일에 흥미를 느끼는지. 둘째, 그 선택을 통해 성장이 가능한지를 꼭 확인해요. 딜리버리 히어로와 한국 회사 사이에서 고민할 때도 제가 흥미를 느끼는 두 가지인 영어와 개발에서 얼마나 성장할 수 있을지를 따져봤어요. 그리고 영어에 대한 흥미도 있고, 성장 가능성도 크다고 느껴져서 딜리버리 히어로를 선택하게 됐어요.

리사 지금 이야기만 들어도 제우스는 자신만의 기준이 꽤 뚜렷한 것 같아요. 이런 결정력을 키우기까지 많은 노력이 있었을 것 같은데, 언제부터 시작됐나요?

제우스 아이러니하게도 가장 방황했던 시기에 시작됐어요. 대학 시절 전공이 저와 맞지 않아 방황이 심했는데, 그 시기에 일기를 쓰면서 스스로를 돌아보기 시작했어요. 술도 마시고 마음이 어지러운 날이 많았지만, 글쓰기는 놓치지 않았죠. 덕분에 내가 진짜 뭘 좋아하는지 조금씩 알아갈 수 있었어요. 그냥 흘려보낼 수 있었던 순간들도 글로 남기다 보니 점점 선명해지더라고요.

리사 꾸준히 기록하면서 자신을 더 잘 알게 된 거네요. 그러다 특별히 '아, 이게 나한테 맞는 일이다'라고 느낀 계기가 있었나요?

제우스 하나의 특별한 계기보다는 다양한 경험이 쌓이면서 자연스럽게 알게 됐어요. 전단지 알바, 꽃 박람회 매표소, 영어 학원 강사 등 정말 많은 일을 해봤거든요. 그중 제대 후 마음 맞는 친구들과 창업에 도전했을 때 개발하던 친구와 많은 이야기를 나눴어요. 그때 처음 개발에 흥미를 느꼈고 그 흥미가 곧 성장 욕구로 이어졌어요. 그래서 개발 동아리에 들어가 본격적으로 공부했죠. 이 선택에 확신이 생기면서 우아한테크코스에 지원했고, 결국 합격할 수 있었죠.

리사 다양한 시도와 선택이 결국 제우스에게 꼭 맞는 길을 찾아줬네요. 그럼에도 자기 결정력이 흔들렸던 순간은 없었나요?

제우스 있었죠. 특히 취업 시기에 많이 흔들렸어요. 친구들이 대기업에 합격하는 걸 보면서 '나도 이름 있는 회사를 가야 하나?' 고민이 많았어요. 그때 리사와의 커피챗이 정말 큰 도움이 됐어요. 사회적 기대에 흔들리고 있던 저에게, 리사가 직접 살아온 모습으로 방향을 보여주셨거든요. 첫 회사부터 지금까지의 도전 과정이 큰 자극이 되었고 덕분에 '나는 어떤 삶을 원하는가'를 다시 생각할 수 있었어요. 무엇을 준비하고, 무엇에 흔들리지 않아야 할지 명확해졌어요.

리사 하하, 그때 제우스 표정이 아직도 기억나요. 꽤 큰 충격을 받은 것 같았거든요. 도움이 되었다니 저야말로 기쁘네요. 평소에도 주변에 도움을 잘 요청하는 편인가요?

제우스 아니요. 예전에는 거의 모든 고민을 혼자 해결했어요. 주변 사람들에게 피해 주고 싶지 않다는 생각이 강해서 그들의 시간을 빼앗고 싶지 않았거든요. 그러다 보니 혼자 끙끙 앓는 일이 많았죠. 그런데 리사와 대화하면서 고민을 나누는 것도 괜찮다는 걸 느꼈어요. 세상은 생각보다 따뜻하더라고요.

이번에 독일 가기 위한 비자 서류 준비할 때도 주변에 적극적으로 도움을 요청했어요. 도움을 받지 않았다면 서류를 놓치거나 일정이 밀렸을 수도 있어요. 이번에 정말 많이 배웠어요. 도움을 요청하는 것도 중요한 능력이라는 걸요.

리사 그럼 앞으로는 도움을 받으면서도, 동시에 더 주체적으로 선택하는 힘도 계속 키워가겠네요?

제우스 네, 자기 결정력은 계속 다듬어가야 하는 것 같아요. 완벽한 정답은 없지만, 내가 내린 선택을 믿고 최선을 다하는 과정에서 성장한다고 생각해요. 앞으로도 흥미롭고 성장할 수 있는 길을 계속 찾아가고 싶어요.

리사 그럼요. 충분히 그렇게 될 거예요. 독일에서도 더 성장할 제우스를 항상 응원할게요!

　제우스의 이야기는 명확한 메시지를 전해줍니다. 완벽한 정답을 찾기보다는, 스스로에게 질문을 던지고 자신의 답을 찾아가는 그 과정 자체가 자기 결정력의 시작이라는 것. 그리고 중요한 건 완벽한 선택이 아니라, 그 선택을 믿고 책임지려는 태도라는 것도 알 수 있습니다.

자기 결정력을 키우는 방법

다음 방법으로 자기 결정력을 키워봅시다.

- **자신만의 기준 세우기**: 중요한 결정을 앞두고 나에게 중요한 가치와 기준을 정리해보세요. 선택할 때마다 내 기준에 맞는지를 스스로 점검하는 연습이 중요합니다.
- **작은 결정부터 연습하기**: 모든 결정을 잘하려고 애쓰기보다 하루에 한 가지라도 '내가 결정한 일'에 대해 결과를 책임지는 경험이 중요합니다.
- **결정의 이유를 기록하기**: 왜 이 선택을 했는지를 간단히 적어보세요. 나중에 불안할 때 그 기록을 다시 돌아보며 스스로를 신뢰할 수 있는 근거가 되어줄 겁니다.
- **피드백 받아들이기**: 결정이 항상 좋은 결과로 이어지지 않을 수도 있습니다. 그럴 때는 주변의 피드백이나 스스로의 회고를 통해 내가 어떤 기준과 관점에서 결정했는가를 되짚어보는 기회로 삼아보세요. 이 과정은 다음 선택의 기준을 더 구체적으로 만들어줍니다.
- **조언을 참고하되 결정의 중심은 나에게 두기**: 주변 의견을 듣는 건 좋지만, 결정은 결국 내가 무엇을 중요하게 생각하는지에 따라 내려야 합니다. 남이 보기 좋은 길이 아니라, 내가 납득할 수 있는 방향을 택하는 연습이 필요합니다.

자기 결정력은 결국 내 삶을 나의 선택으로 채워가는 힘입니다. 완벽한 정답이 없어도 누군가의 기준에 휘둘리지 않고 "이건 내 선택이야"라고 당당히 말할 수 있는 사람이 진짜 자기 결정력을 가진 사람 아닐까요?

지금 어떤 선택을 앞두고 있다면 그 결정이 나의 가치와 연결되는지를 스스로에게 물어보세요. 그리고 그 답을 믿어보세요. 그 선택이 완벽하지 않더라도, 내가 만든 길이라는 사실이 스스로를 더 단단하게 만들어줄 겁니다.

TRACK 05

더 나은 나로 성장하기 위한 소프트 스킬:
성장 마인드셋

_ '나는 원래 이런 사람이야'라는 말, 나를 가두는 프레임이었는지 모릅니다.
_ 익숙한 생각의 틀을 벗어나 새로운 나를 시도해보는 마음 근육을 키워봅시다.
_ 여러분의 말투와 태도, 사소한 행동이 누군가의 하루를 바꾸는 힘이 될 수 있습니다.
_ '함께 일하면 좋은 사람'으로 기억되는 존재감과 영향력에 대해 이야기합니다.

나는 더
나아질 수 있을까

"나는 원래 이런 사람이야."

 혹시 이 말 뒤에 더 이상 성장하지 못할 거라는 무의식적인 마음이 숨어 있진 않나요? 개발 경력이 쌓일수록 익숙한 기술 스택과 업무 방식에 안주하고 싶을 때가 있습니다. 특히 낯선 도메인, 새로운 사람과의 협업, 새로운 역할이 주어졌을 때 '나는 원래 이런 스타일인데' '이런 건 내가 잘 못해'라는 생각이 스치며 한발 물러서고 싶은 순간이 생기죠.

 이런 생각은 때로 우리를 지켜주는 심리적 방어기제로 작용하기도 합니다. 불안을 덜어주고 익숙한 영역 안에서 안전하게 일할 수 있게 해주죠. 하지만 이 방어가 습관이 되면 우리는 성장의 기회를 놓치고 스스로를 가둬버릴지도 모릅니다.

심리학자 캐럴 드웩Carol Dweck은 능력이 고정되어 있다고 믿는 태도를 '고정 마인드셋', 노력과 경험을 통해 얼마든지 변화하고 성장할 수 있다고 믿는 태도를 '성장 마인드셋'이라고 말합니다. 성장 마인드셋을 가진 사람은 실패를 배움의 일부로 받아들이고 도전을 성장의 기회로 삼습니다. 그리고 그런 태도가 결국 더 많은 성과와 의미 있는 경험을 가능하게 만들어준다고 합니다. 실제로 조직에서도 성장 마인드셋을 가진 구성원은 변화하는 환경에 더 잘 적응하고, 새로운 업무도 적극적으로 받아들이며, 스스로를 성장시키는 힘을 갖고 있습니다.

밝고 유연하다는 평가를 자주 받는 저도 예전엔 '난 이건 못해' '나는 이런 성격이 아니야'라는 말로 스스로를 제한했던 적이 많습니다. 특히 내가 잘할 수 있을지 확신이 없는 일 혹은 익숙하지 않은 방식의 업무 앞에서는 더 쉽게 위축됐어요.

그런 저에게 큰 변화가 찾아왔던 건, 완벽하지 않을 수 있다는 것을 인정한 순간부터였어요. 처음부터 잘하지 않아도 된다는 말을 스스로 내뱉은 순간, 두려움보다는 기대가 생기기 시작했습니다. 지금은 잘하지 않지만, 나아질 수 있다는 믿음은 제가 맡은 업무뿐 아니라 저 자신을 대하는 태도에도 큰 변화를 만들어줬습니다. 그리고 이제는 처음엔 낯설고 서툴렀던 일도 조금씩 익숙해질 수 있다고 믿으며 도전할 수 있게 되었지요.

저와는 또 다른 방법으로 성장 마인드셋을 키운 우아한테크코스 5기 수료생이자 한국신용데이터 백엔드 개발자인 '주노'의 사례를 소개하겠습니다.

▼ 인터뷰

리사 주노는 스스로의 고정 마인드셋을 인지하고 성장 마인드셋으로 바뀌게 된 순간이 있었나요?

주노 가장 힘들었던 순간에 저의 고정 마인드셋을 마주하고 인정했어요. 저는 혼자서 모든 문제를 해결해야 한다고 생각했고 빨리, 많이 배워서 눈에 보이는 결과를 내야만 성장한다고 믿고 있었어요. 이 고집스러운 마음은 코로나 시절 혼자 공부하며 번아웃을 겪었을 때 더욱 뚜렷해졌어요. 밤낮, 주말 구분 없이 책상 앞에서 공부하며 제 한계에 다다르자, 결국 몇 달 동안 아무것도 손에 잡히지 않는 심각한 번아웃이 찾아왔죠. 이 경험을 통해 저는 혼자 모든 걸 해결해야 한다는 제 생각이 고정 마인드셋이었다는 것을 깨달았어요. 이후 저는 성장이란 빠르고 가시적인 결과를 내는 것이 아니라, 지속 가능한 속도로 꾸준히 나아가며 균형을 유지하는 과정이라는 것을 인식하게 되었어요.

성장 마인드셋으로 바뀌면서 이제는 앞만 보고 달리는 대신 가끔 멈춰서 자신이 어디쯤 왔는지 되돌아보는 마음가짐을 갖게 되었고, 일과 삶 그리고 몰입과 휴식 사이의 균형을 지속적으로 유지하기 위해 노력하고 있어요.

리사 성장 마인드셋을 가지면서 스스로 달라졌다고 느낀 가장 큰 변화는 무엇인가요?

주노 가장 큰 변화는 질문할 때의 부담이 크게 줄어든 거예요. 예전에는 '내가 이상한 질문을 하는 게 아닐까?'하는 두려움에 의견을 말하거나 토론을 시작하는 걸 주저했어요. 자신감 있는 사람의 의견을 그냥 따르는 게 더 안전하다고 느꼈죠. 하지만 우아한테크코스라는 환경에서 함께 성장하는 사람들을 보며 처음 용기 내 질문을 던졌고, 이 경험을 계기로 질문하는 걸 두려워하지 않게 되었어요. 이제는 완벽히 준비되지 않아도 먼저 질문하고 회고하며 자연스럽게 성장하고 있어요.

리사 예전에는 질문하는 걸 부담스러워했다고 했는데, 그 두려움을 극복하게 된 계기가 있었나요?

주노 우테코 초반 크루들 사이에서 개발 방법론에 대한 논의가 활발했는데, 한 크루에게 용기 내어 의견을 물었어요. 그 크루가 고맙게도 친절히 설명해줬고 자연스럽게 토론으로 이어지면서 질문에 대한 두려움을 극복하게 되었죠. 망설임보다 일단 행동하고 나서 돌아보는 시간이 훨씬 더 많은 것을 배울 수 있다는 걸 깨달았어요.

리사 주변의 피드백을 통해 마인드셋을 바꿀 수 있었던 순간도 있었나요?

주노 한창 성장에 몰입하던 시기에 페어 프로그래밍에서 제가 혼자 너무 앞서 나간다는 피드백을 받았어요. 저는 친절하게 설명하며 협업을 잘 이끈다고 생각했는데, 상대가 따라올 시간을 충분히 주지 못했다는 것을 깨달았죠. 또 갑작스러운 기술 부채 기록 습관이 상대방에게 혼란을 줬다는 피드백도 있었어요. 이 경험을 통해 상대방의 입장을 먼저 생각하고, 협업 전 서로 스타일과 방향을 미리 맞추는 것이 중요하다는 것을 배웠어요.

리사 마지막 질문으로, 성장 마인드셋을 유지하기 위해 자주 되새기는 주노만의 마음가짐 또는 습관이 있나요?

주노 영화 〈세 얼간이〉에 나오는 'All is well'이라는 말을 정말 좋아해요. 불안하거나 힘들 때마다 이 말을 떠올리며 '지금은 버겁지만 결국 잘 될 거야'라는 믿음으로 스스로를 격려하고 있어요.

습관으로는 매일 업무 일지를 쓰면서 작은 성장도 놓치지 않으려 노력하고 있어요. 어제는 무엇을 했고, 오늘은 어떻게 하면 더 나아질지 매일 점검하며, 단순한 기록이 아닌 지속 가능한 성장을 위한 지표로 삼고 있어요.

주노의 사례는 성장 마인드셋이 빠른 성과가 아닌, 지속 가능한 배움과 회복의 힘이라는 점을 보여줍니다. 질문과 피드백 수용 같은 작지만 꾸준한 실천이 결국 성장을 이끈다는 점도 함께 알 수 있습니다.

성장 마인드셋을 갖기 위한 방법

성장 마인드셋은 거창한 다짐이 아니라, 나도 괜찮아질 수 있다는 조용한 믿음에서 시작됩니다. 다음 방법으로 성장 마인드셋을 키워보세요.

- **나의 방어기제와 고정 마인드셋 인식하기**: '나는 원래 이런 사람이야'라는 말이 떠오를 때마다 그 말이 나를 지켜주는 동시에, 성장의 문을 닫고 있지는 않은지 살펴보세요.
- **학습 중심으로 바라보기**: 완벽한 결과에만 집중하기보다 이 경험에서 내가 무엇을 배울 수 있는가에 집중하는 습관을 만들어보세요. 부족함을 인정하는 과정은 나 자체에 대한 부정적인 인식이 아니라, 성장의 시작점일 수 있습니다.

- **타인과의 비교 대신 과거의 나와 비교해보기**: 타인과 비교하기보다 과거의 나와 오늘의 나를 비교해보세요. 작은 성장도 기록해두면 스스로를 더 쉽게 응원할 수 있어요. 일주일에 한 번 혹은 한 달에 한 번이라도 내가 어떤 마음으로 무엇을 했는지 돌아보는 시간을 가져보길 바랍니다.

처음부터 잘하지 않아도 괜찮습니다. 오늘도 한 발자국 나아가면 그게 성장입니다. 그리고 그 성장은 앞으로의 나를 훨씬 더 단단하게 만들어줄 거예요.

지금 당장 어떤 것을 실천할 수 있을까

책을 읽다가 '맞아, 이건 나도 한번 해보고 싶다'라는 생각이 들었던 순간이 있었을 겁니다. 그런데 막상 책장을 덮으면 지금 당장 뭘 해야 할지 머릿속이 복잡해져요. 머리로는 '감정을 인식하자' '회복 탄력성을 기르자' '질문하자'라는 말이 다 이해는 되지만, 매일 회사에서 쏟아지는 눈앞의 일들을 해내는 것도 벅차거든요.

실제로도 크루들과 커피챗을 하다 보면 "이런 이야기 정말 좋은데 실제로 시작을 못 하겠어요" "회고하고 싶긴 한데, 퇴근하면 진짜 아무 생각도 안 나요" "회의에서 질문하려다가 그냥 참았어요"라는 말을 자주 듣습니다. 저는 그럴 때 이렇게 말하곤 해요.

"괜찮아요. 그럼 일주일 동안 딱 하나만 해볼까요?"

작게 시작해도 충분합니다. 월요일엔 회의 전 내 기분을 한 줄로 써보고, 수요일엔 팀원에게 "오늘 수고 많으셨어요" 한마디 건네고, 금요일엔 이번 주에 잘한 일을 하나 적어보는 것. 사람은 말로 성장하지 않아요. 실행해야 성장하고 실천하지 않으면 아무 일도 바뀌지 않습니다. 그리고 그 실천은 거창할 필요 없이, 아주 작고 아주 조용한 걸음이면 충분합니다.

매일 실천하는 소프트 스킬

여러분의 하루 안에서 가볍게 할 수 있는 실천들을 정리했습니다. 하나라도 좋고, 다 못해도 괜찮습니다. 나를 위한 단 한 걸음이 진짜 실행력의 시작이니까요.

소프트 스킬	실천 방법
자기 인식	오늘 가장 자주 느낀 감정을 한 단어로 기록합니다.
자기 효능감	오늘 해낸 일 중 '내가 해냈다'라고 느낀 순간을 떠올립니다.
회복 탄력성	퇴근하기 전, 수고한 나에게 "수고했어"라고 말해봅니다.
심리적 안전감	회의 전에 묻고 싶은 질문 하나를 메모합니다. 말하지 않아도 괜찮습니다.
유연성	불편한 말을 들었을 때 '내가 받아들이는 감정과 생각이 정말 그 사람의 의도였을까?'라고 스스로에게 물어봅니다.
자기 결정력	오늘 했던 선택 중 가장 나다웠던 결정 하나를 기록합니다.
성장 마인드셋	오늘 배운 점 또는 과거보다 성장한 점이 있다면 한 문장으로 정리해봅니다.

이외에도 제가 실제로 활용하는 루틴을 공유합니다.

- 일요일 저녁, 다가오는 일주일을 내가 원하는 방식으로 어떻게 보낼지 그려보기
- 회의 참여 전, 이번 회의에서 나만의 목표나 기대하는 한 가지를 한 줄로 정리하기
- 퇴근하며 오늘 가장 잘한 선택 한 가지를 떠올리며 스스로를 칭찬하기
- 10초만 멈춰서 기분이 흔들렸던 순간을 메모하거나 생각 정리하기
- 중요한 선택을 앞두고 있다면 조용한 공간에서 한 시간 동안 빈 종이에 내 생각과 감정을 자유롭게 써보기

소프트 스킬에는 정답이 없습니다. 각자의 리듬 안에서 내가 할 수 있는 만큼, 내가 하고 싶은 방식으로 실천하면 됩니다. 다음 질문들을 따라가다 보면 여러분만의 실천 루틴이 만들어질 거예요.

- 하루 중 내가 가장 감정적으로 흔들리는 시간은 언제인가요?
- 그 시간에 나를 다독이는 한마디를 고른다면 어떤 말일까요?
- 내 실무 루틴 속에 넣고 싶은 작고 반복 가능한 행동은 무엇인가요?
- 오늘 하루를 나답게 마무리할 수 있는 습관이 있다면 어떤 모습일까요?

성장 마인드셋, 회복 탄력성, 자기 결정력 모두 결국엔 행동으로 옮길 때 비로소 내 것이 됩니다. 실행력은 멋진 계획에서 오는 게 아니라, 오늘 하루 내가 할 수 있었던 작고 구체적인 실천에서 시작되죠. 회의 전 질문을 한 줄 적은 것, 오늘 감정을 기록한 것, 회고를 한 문장으로라도 정리한 것, 그 어느 하나도 사소하지 않습니다. 오늘, 그중 하나만 해낸다면 여러분은 이미 실행력 있는 사람입니다.

함께 일할 때
나는 어떤 사람일까

지금까지 나를 이해하고, 감정을 돌보고, 관계를 맺고, 나다운 방식으로 일하는 방법을 정리했습니다. 이제 이런 질문을 던지고 싶어요.

"지금의 나는, 함께 일할 때 어떤 사람일까요?"

성과를 잘 내는 사람, 발표를 잘하는 사람, 피드백을 똑 부러지게 하는 사람. 우리는 '일을 잘한다'는 기준 안에서 매일을 살아갑니다. 하지만 정말 오래 기억에 남는 동료는 꼭 일 잘하는 사람이 아닐 때도 많죠. 누군가와 함께 일할 때 내 마음이 편하고, 솔직하고, 나답게 일할 수 있었다는 마음이 남아 있다면 우리는 이미 서로에게 충분한 영향을 주고받은 겁니다.

'영향력'이라는 단어는 때때로 우리를 주저하게 만듭니다. '나에게 무슨 영향력이 있을까?'라는 생각이 들기도 하지만, 저는 스스로를 평범하다고 생각하는 주변 인물들에게서 영향력이 나타나는 순간들을 자주 보곤 합니다. 회의에서 침묵을 지키다가도 필요한 순간에 정확한 질문을 던져주는 사람, 함께하는 회고가 흐릿해질 때 솔직하게 입을 여는 사람, 프로젝트가 끝난 날 함께해서 고마웠다는 메시지를 남기는 사람. 그런 사람 덕분에 회의가 정리되고, 회고가 열리고, 팀이 조금 더 편안한 방향으로 흘러가기 시작해요. 이게 바로 영향력입니다.

좋은 영향력은 언제나 작고 조용한 말과 태도에서 시작됩니다. 회의 중 묻힌 의견을 한 번 더 꺼내주는 한마디, 회고에서 공감하는 말, "그건 제가 도와볼게요"라고 정리해주는 피드백들이 쌓이면 우리는 점점 함께 일하고 싶은 사람이 됩니다.

상황	할 수 있는 말
회의에서 누군가의 의견이 묻혔을 때	"아까 말씀하신 의견 한 번 더 들어볼 수 있을까요?"
회고가 조용히 흘러갈 때	"이번 주에 저는 이게 가장 어려웠어요. 혹시 다들 어떠셨나요?"
팀원이 실수했을 때	"괜찮아요, 저도 그랬어요."
협업 중 의견이 갈릴 때	"각자 가장 중요하게 생각하는 포인트는 무엇인지 정리해볼까요?"
프로젝트 종료 후	"이번 프로젝트 함께해서 좋았어요."

반드시 앞에서 이끌지 않아도 괜찮습니다. 팀 안에 존재하는 것만으로도 더 괜찮은 분위기를 만드는 사람이 있다면, 그 사람이 바로 좋은 영향을 주는 사람입니다. 혹시 지금까지 내가 어떤 영향을 주고 있었는지 잘 모르겠다면 다음 질문에 스스로 답해보면 어떨까요?

- 가장 기억에 남는 동료의 말이나 태도는 무엇이었나요?
- 그 말이 오래 남은 이유가 뭘까요?
- 나는 현재 팀 내에서 어떤 말투, 어떤 리액션, 어떤 기준을 사용하고 있나요?
- 나의 일하는 태도는 내가 되고 싶은 사람의 모습과 가까운가요?
- 나는 팀에 어떤 영향력을 주는 사람이고 싶나요?

이제 어떤 상황에서도 '나답게' 일할 수 있기를 바랍니다. 그리고 여러분 답게 일하는 태도가 누군가에게 좋은 영향력이 되기를 응원합니다.

EPILOGUE

지금 이 자리에서, 나답게 일하고 싶은 당신에게.

"함께 일하고 싶은 사람이란 어떤 사람일까?"

책을 쓰는 내내 이 질문을 떠올렸습니다. 실력을 넘어서는 그 무언가, 회의에서의 말투, 피드백을 주고받는 방식, 회고에 임하는 태도처럼 작고 반복되는 행동이 그 사람을 설명해준다고 느꼈기 때문입니다. 직무나 경력만으로는 설명할 수 없는 부분이죠.

우리는 모두 완벽하지 않다는 걸 압니다. 때로는 실수하고, 눈치를 보기도 하고, 말 한마디를 꺼내는 데 큰 용기가 필요합니다. 하지만 그 모든 순간에도 분명 '나답고 싶다' '성장하고 싶다'는 마음이 존재합니다. 그래서 저는 잘하는 사람보다는 지치지 않고 오래 일할 수 있는 사람, 나만의 감정과 기준을 지킬 줄 아는 사람, 함께 일할 때 신뢰를 주는 사람에 대해 이야기하고 싶었습니다.

"나는 어떤 사람으로 일하고 싶은가?"

이 질문이 여러분 마음속에 남는다면 그것만으로 충분히 의미 있을 것 같습니다. 이 책이 자신을 돌아보며 스스로와 진솔한 대화를 나누는 계기가 되기를 바랍니다.

이제부터 시작될 여러분만의 이야기를 언제나 응원하겠습니다.

PART 02

Define yourself

Lead culture

조직을 성장의 무대로 만드는 커리어 전략

Become the brand

CHAPTER
03

공유와 소통으로 키워가는 성장의 선순환

#agile mindset
#tech culture
#technical writing

김상기

현) SK텔레콤 역량혁신팀 Developer Relations 담당
전) 한국정보통신협회(TTA) 품질책임자
전) LIG넥스원 개발품질 담당
전) LG전자 MC연구소 기술전략/QE

소프트웨어 공학을 전공한 후 제품과 프로세스의 품질 향상을 목표로 다양한 프로젝트를 수행하며 실무 경험을 쌓았습니다. 이러한 경험을 통해 기술과 절차도 중요하지만, 모든 성과와 변화의 중심에는 결국 '사람'이 존재한다는 사실을 깨달았습니다. 현재는 HR 부서에서 구성원의 성장을 지원하는 업무를 맡고 있으며, 기술적 전문성과 사람에 대한 이해를 바탕으로 조직이 지속 가능하게 발전할 수 있도록 돕는 일에 힘쓰고 있습니다.

PROLOGUE

"언제 자신이 성장했다고 느끼나요?"

개발자로서의 성장은 단순히 언어나 프레임워크를 익히는 데서 끝나지 않았습니다. 오히려 기술을 얼마나 잘 나누고 연결하느냐가 저를 더 깊이 있는 개발자로 만들었습니다. 돌이켜 보면 진짜 성장은 혼자 코드를 짜던 순간이 아니라, 배운 것을 나누고 함께 고민하며 웃고 좌절했던 순간들 속에 있었습니다.

누군가의 블로그 한 줄이 다음 프로젝트의 출발점이 되었고, 사내 슬랙에 남긴 하나가 새로운 시야를 열어주기도 했죠. 그렇게 저는 '나 혼자'가 아니라 '우리' 안에서 때론 말 한마디로, 때론 코드 한 줄로 조금씩 자라왔습니다. 이처럼 제 성장의 결정적 순간은 늘 사람들과의 소통과 공유에서 비롯됐습니다.

개발자로 살아간다는 건 단지 코드를 잘 짜는 능력만으로는 설명되지 않습니다. 진짜 실력은 배운 것을 구조화해 타인에게 전달하고 함께 일하는 사람들과 좋은 문화를 만들어가는 과정에서 드러난다고 믿습니다. 그리고 그 시작은 어쩌면 하나의 글, 하나의 대화, 하나의 발표일지도 모릅니다.

3장에서는 제가 경험한 애자일 마인드셋, 기술 공유 플랫폼, 개발 커뮤니티와의 협업을 통해 '혼자 잘하는 개발자'에서 '함께 성장하는 개발자'로 나아가는 여정을 나눕니다. 그 출발점은 크지 않았습니다. 처음엔 시행착오를 겪으며 배운 내용을 블로그에 기록하는 정도였지만, 그 글이 누군가에게 도움을 주었고 그 사람이 또 다른 이를 도우며 작은 공유가 큰 연결로 이어졌습니다. 이 과정에서 저는 '실력'뿐 아니라 '사람'으로도 오래 남는 개발자가 되고 싶어졌습니다.

성장에는 공식이 없지만, 한 가지는 분명합니다. '공유하는 사람'은 오래 남습니다. 자신의 시행착오를 나누고 누군가의 성장을 돕는 사람은 결국 더 단단해집니다. 이 장이 그런 선순환의 시작이 되기를 바랍니다. 기술뿐 아니라, 사람으로 오래 남는 개발자로서요.

TRACK 06

혼자 잘하기를 넘어 함께 잘하기까지: 기민한 성장 기법

_애자일은 도구가 아니라, 변화를 받아들이고 회고를 통해 성장하는 태도입니다.
_지식 공유 문화는 개인과 조직이 함께 성장할 수 있는 가장 강력한 기반이 됩니다.
_기술 공유는 본업에서 확장될 때 더 큰 신뢰와 기회를 만들어냅니다.
_자신의 역할에 충실한 개발자가 외부 활동에서도 진짜 영향력을 발휘할 수 있습니다.
_커뮤니티 활동은 아군을 만들고 자신의 전문성을 증명하는 장이 될 수 있습니다.

애자일 환경보다 더 애자일하게

"애자일로 개발해보셨어요?"

개발자라면 누구나 한 번쯤 들어봤을 질문입니다. 제가 다양한 팀과 조직에서 제품을 개발하며 느낀 건 애자일agile은 더 이상 선택이 아니라 기본이라는 점입니다. 특히 스크럼Scrum과 칸반kanban 같은 애자일 프레임워크와 협업 도구들은 개발 조직의 효율을 높이는 필수 요소로 자리 잡았습니다.

하지만 애자일의 본질은 도구나 방법론에 있지 않습니다. 변화에 유연하게 대응하고 지속적으로 개선하려는 태도, 그 마인드셋이 진짜 애자일입니다. 세상은 빠르게 변하고 새로운 기술도 끊임없이 등장합니다. 이러한 변화에 적응하려면 업무와 별개로 새로운 기술을 도입하고 실험하며 이를 실제 프로젝트에 적용해보는 자기계발을 멈추지 않아야 합니다.

최근에는 애자일 원칙이 조직문화에 자연스럽게 스며들어 우리가 사용하는 방법이 애자일인지조차 의식하지 못할 만큼 일상화된 경우가 많습니다. 이것이 오늘날 애자일의 진화된 모습이라고 할 수 있습니다.

> **참고 | 애자일 방법론이란**
>
> 애자일 방법론은 소프트웨어 개발 및 프로젝트 관리에 널리 사용되는 접근 방식입니다. 변화에 빠르게 적응하고 지속적인 개선을 통해 더 나은 결과를 도출하는 데 중점을 둡니다. 애자일 방법론의 주요 프레임워크는 다음과 같습니다.
>
> - 스크럼
>   - 역할: 제품 책임자(PO), 스크럼 마스터, 개발팀
>   - 스프린트: 일정 기간 목표를 달성하기 위해 작업을 수행함
>   - 미팅: 스프린트 계획 회의, 데일리 스크럼, 스프린트 검토 및 회고
> - 칸반
>   - 시각적 보드와 카드를 사용해 작업 흐름을 관리함
>   - 작업량 제한(WIP)을 통해 병목 현상을 최소화함
> - 익스트림 프로그래밍(XP)
>   - 테스트 주도 개발(TDD), 페어 프로그래밍 등 기술 중심의 실천을 강조함
> - SAFe
>   - 대규모 조직에서 애자일을 확장 적용하기 위한 프레임워크

현 회사에서 애자일을 도입하는 과제를 맡았을 때였습니다. 가이드를 만들고 인터뷰를 진행하며 프로세스 성숙도를 평가하고, 애자일 관련 교육을 기획하고 실행했습니다. 하지만 결과는 처참했습니다. 조직은 변화를 거부했고 사람들은 애자일을 받아들이지 않았습니다.

왜 실패했을까요? 제가 직접 경험하지 않은 상태에서 남을 설득하려 했기 때문입니다. 6개월간의 시도는 애자일의 이론과 실제 적용 사례를 깊이 배우는 기회가 되었고, 제 스스로 애자일 마인드셋을 체화할 수 있었습니다

다. 무엇보다 중요한 것은 이 실패를 통해 얻은 깨달음이 다음 프로젝트를 성공으로 이끈 기반이 되었다는 점입니다.

그 후 개발자 커뮤니티 구축 프로젝트를 애자일 방식으로 진행했습니다. 이전의 실패에서 얻은 교훈 덕분에 즐겁고 효율적으로 프로젝트를 운영할 수 있었습니다.

이 과정에서 가장 크게 체감한 건 회고의 중요성이었습니다. 회고는 단순히 과거를 되돌아보는 것이 아니라, 현재와 미래를 더 나아지게 만드는 출발점입니다. 회고가 반복될수록 팀은 자신만의 학습 사이클을 갖게 되고, 개선할 점을 찾아내게 하며, 성장이라는 결과를 가져옵니다. 회고라는 습관이 저를 더 나은 개발자, 더 나은 리더로 만들어주고 있다고 믿습니다.

애자일의 철학

지속 가능한 개발문화를 만들기 위해서는 원칙과 프로세스가 중요합니다. 애자일의 4대 가치와 12가지 원칙[*]은 시대를 초월해 모든 프로젝트에 적용할 수 있는 강력한 철학입니다. 예를 들어 '사람과 상호작용을 우선시한다'는 원칙은 오늘날의 협업 중심 문화와 완벽히 맞아떨어집니다.

1) 애자일의 4대 가치

- 프로세스와 도구보다는 〈사람〉 그리고 〈상호작용〉을
- 포괄적인 문서(보고서)보다는 〈작동하는 소프트웨어(결과물)〉를
- 계약 협상보다는 〈고객과의 협력〉을
- 계약만을 고집하기보다는 〈변화에 대응하기〉를

---

[*] https://agilemanifesto.org/iso/ko/manifesto.html

2) 애자일의 12가지 원칙

- 우리의 최우선 순위는 가치 있는 소프트웨어(결과물)를 일찍 그리고 지속적으로 전달해서 고객을 만족시키는 것이다.
- 비록 개발의 후반부일지라도 요구 사항 변경을 환영하라.
- 작동하는 소프트웨어를 자주 전달하라.
- 비즈니스 분야 사람들과 개발자들은 프로젝트 전체에 걸쳐 날마다 함께 일해야 한다.
- 동기가 부여된 사람들 중심으로 프로젝트를 구성하라. 그들이 필요로 하는 환경과 지원을 주고 그들이 일을 끝내리라고 신뢰하라.
- 개발 팀 내에서 정보를 전달하거나 공유할 때 가장 효율적이고 효과적인 방법은 얼굴을 마주 보고 하는 대화다.
- 작동하는 소프트웨어(결과물)가 진척의 주된 척도다.
- 애자일 프로세스들은 지속 가능한 개발을 장려한다. 스폰서, 개발자, 사용자는 일정한 속도를 계속 유지할 수 있어야 한다.
- 기술적 탁월성과 좋은 설계에 대한 지속적인 관심이 기민함을 높인다.
- 단순성(안 하는 일의 양을 최대화하는 기술)이 필수적이다.
- 최고의 아키텍처, 요구 사항, 설계는 팀원들의 자기 조직화를 통해 실현한다.
- 팀은 어떻게 더 효과적으로 될지 정기적으로 숙고하고, 이에 따라 팀의 행동을 조율하고 조정한다.

애자일을 넘어, 소프트웨어 장인 정신

애자일은 결국 소프트웨어 장인 정신software craftsmanship*으로 이어집니다. 소프트웨어 장인 정신은 애자일의 원칙을 확장하여, 개발자가 단순히 작동하는 소프트웨어를 만드는 것을 넘어 정교하고 아름다운 소프트웨어를 만드는 것입니다. 또한 지속적으로 가치를 더하고, 프로페셔널 커뮤니티를 조

---

* https://en.wikipedia.org/wiki/Software_craftsmanship

성하는 것을 중요하게 여깁니다.

소프트웨어 장인 정신은 애자일의 4대 가치에 더해 다음의 가치를 추구합니다.

- 동작하는 소프프트웨어뿐만 아니라, 정교하고 솜씨 있게 만들어진 작품을
- 변화에 대응하는 것뿐만 아니라, 계속해서 가치를 더하는 것을
- 개별적으로 협력하는 것뿐만 아니라, 프로페셔널한 커뮤니티 조성을
- 고객과 협업하는 것뿐만 아니라, 생산적인 동반자 관계를

개발자를 요리사에 비유하는 경우가 많습니다. 이는 두 직업의 본질적 공통점에서 비롯된 것입니다. 요리사는 새로운 맛을 창조하고 기존에 없던 요리를 개발하기 위해 노력합니다. 이 과정은 개발자가 혁신적인 소프트웨어 제품이나 서비스를 만드는 과정과 흡사합니다. 요리사가 다양한 재료를 조합해 완벽한 요리를 만들어내고 이를 레시피화하는 것처럼, 개발자도 자신의 아이디어를 코드로 구현하여 세상에 없던 소프트웨어를 탄생시킵니다.

또 요리사가 사용하는 부엌과 도구들은 개발자가 일하는 개발 환경과 소프트웨어 도구에 비유할 수 있습니다. 호텔의 숙련된 쉐프가 고급 주방 도구를 활용해 정교한 요리를 만들어내듯, 숙련된 개발자는 최적화된 개발 환경과 강력한 소프트웨어 도구를 활용해 효율적이고 완성도 높은 제품을 빠르게 만들어냅니다. 그리고 요리사는 요리 경연장에서 자신의 창의성과 기술을 뽐내고 고객과 심사위원의 피드백을 통해 성장합니다. 개발자도 개발자 콘퍼런스나 기술 세미나에서 코드의 동작을 시연하고 청중과의 상호작용을 통해 배움을 얻습니다. 발표자는 자신의 경험을 공유하며 다시 한번 자신의 작업을 돌아보고 새로운 아이디어를 구상합니다.

요리사가 배고픔을 해결하는 음식을 넘어 미식의 즐거움을 주는 요리를

창조하듯, 개발자도 단순히 작동하는 소프트웨어를 넘어 사용자에게 깊은 만족을 주는 제품을 만들어냅니다. 이러한 과정에서 개발자와 요리사는 모두 창의성, 기술, 도구 사용 능력 그리고 피드백을 통한 성장이라는 공통된 요소를 통해 자신의 분야에서 '장인'으로 거듭납니다.

결국 우리는 단순히 요구 사항을 구현하는 기술자에 머무르지 않고, 문제를 정의하고 더 나은 방향을 제시하며 팀과 함께 성장하는 장인이 되어야 합니다.

답답해서 내가 만든
기술 공유 플랫폼, 데보션

애자일 정신과 협업의 가치를 실제로 구현한 프로젝트가 있습니다. 바로 팀에서 개발한 기술 공유 플랫폼 데보션DEVOCEAN입니다. 데보션은 개발자라면 누구나 참여할 수 있는 커뮤니티로, 저에게는 업무에 대한 자존감을 느끼고 스스로 가치를 창출하도록 도와준 프로젝트이기도 합니다.

왜 만들었나

데보션은 developers' ocean의 줄임말로 개발자를 위한 '영감의 바다'가 되자는 의미를 담고 있습니다. 헌신과 몰두, 전념을 뜻하는 devotion이라는 단어 자체의 의미처럼 개발자들의 열정을 상징하기도 합니다.

데보션은 기술 공유 문화를 활성화하고 이를 통해 더 나은 기술이 사람을 위한 서비스로 이어지기를 바라는 마음에서 시작되었습니다. 이 플랫폼을 만든 이유는 다음과 같습니다.

- **조직 간 사일로(silo) 해소**: 서로 비슷한 기술을 쓰면서도 교류가 없어 비효율적으로 중복 작업을 하는 문제가 있었습니다. 이를 해결하기 위해 기술 공유 문화를 조성하고 서로의 작업 결과와 노하우를 공유할 수 있는 공간이 필요했습니다.
- **오픈소스 활용의 비효율 개선**: 조직 내 다양한 오픈소스를 사용하고 있었지만, 업데이트와 배포 과정에서 동일한 문제가 반복적으로 발생했습니다. 조직 간 문제 해결 방법을 공유하고, 이를 기반으로 통합적인 가이드를 제공할 수 있는 플랫폼이 필요했습니다.
- **자발적 학습과 교류 문화 조성**: 과거의 교육 방식처럼 책이나 강의로 학습하는 것이 아닌, 개발자 간 자발적 교류와 협력을 통해 더 나은 기술 환경을 구축하고자 했습니다.
- **외부 개발자와의 연결 및 우수 인재 발굴**: 회사의 개발자 경험(Developer Experience, DX)을 개선하고, 기술 블로그 및 데브렐 활동을 통해 우수 개발자들의 관심을 끌기 위한 Tech PR 강화 전략도 함께 추진했습니다.

데보션의 목적과 가치

데보션은 애자일 정신을 바탕으로 세 가지 핵심 가치를 지향합니다. 이것이 데보션 스피릿spirit* 입니다.

- **문화**: 노하우는 나누고, 인사이트를 더해, 함께 성장할 수 있도록!
- **기술**: 끝없이 펼쳐지는 지식과 경험, 그 속에서 새로운 세상을 발견할 수 있도록!
- **사람**: 더 나은 세상을 위해 기술이 사람을 향할 수 있도록!

데보션은 단순히 기술을 공유하는 공간을 넘어 내부 및 외부의 우수 인재들이 모여 지식을 공유하고 실력을 키울 수 있는 허브로 설계되었습니다. 이를 통해 다음과 같은 가치를 실현하고자 했습니다.

- **내부 개발자 성장 지원**: 우수한 개발자들에게 블로그 작성과 같은 활동을 통해 퍼스널 브랜딩의 기회를 제공하고, 이를 기반으로 기술적 리더십을 키우도록 돕고자 했습니다.
- **외부 개발자와의 교류**: 외부 개발자들과 지식 교류를 통해 회사의 기술력을 알리고, 회

---

* https://devocean.sk.com/about/introduce.do

사와 개발자 간 신뢰와 호감도를 형성하는 플랫폼으로 기능하고자 했습니다.

- **지속 가능한 공유 문화 조성**: 지식과 정보를 단순히 소비하는 데 그치지 않고, 지속적으로 등록하고 추적하며 확산시키는 지속 가능한 공유 문화를 만드는 것을 목표로 했습니다.

데보션의 활동은 매일매일 업데이트되는 기술 블로그 운영과 내/외부 개발자들과 함께하는 오픈 스터디 프로그램인 오픈랩, 대학생들과 현업 개발자들의 소통을 유도하는 커뮤니티 등으로 구성됩니다. 이를 통해 데보션은 내부적으로는 조직 간 기술 협력을 강화하고, 외부적으로는 기술 리더십과 브랜드 신뢰도를 높이는 성과를 거두었습니다.

데보션은 단순한 기술 플랫폼 이상의 의미를 지닙니다. 이는 개발자들이 서로의 경험을 나누며 성장하는 공간으로, 조직과 개인 모두에게 이익을 가져다주는 중요한 허브입니다.

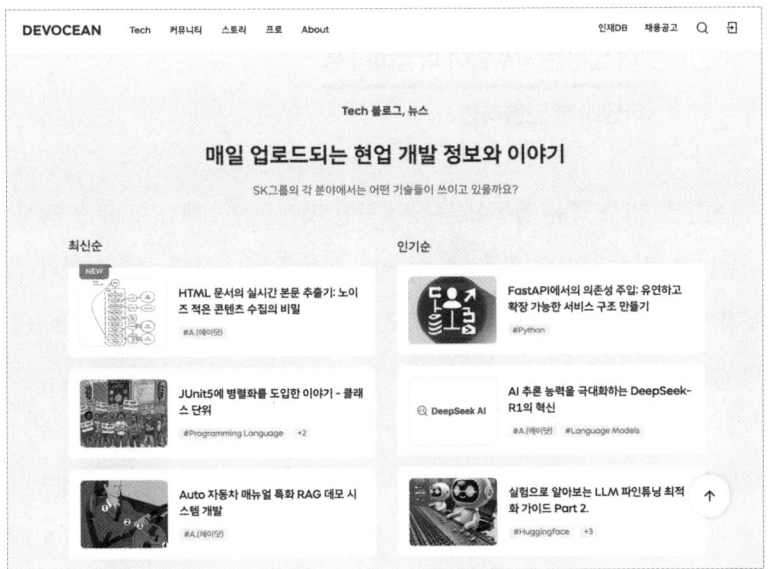

데보션 홈페이지 – 메인 화면

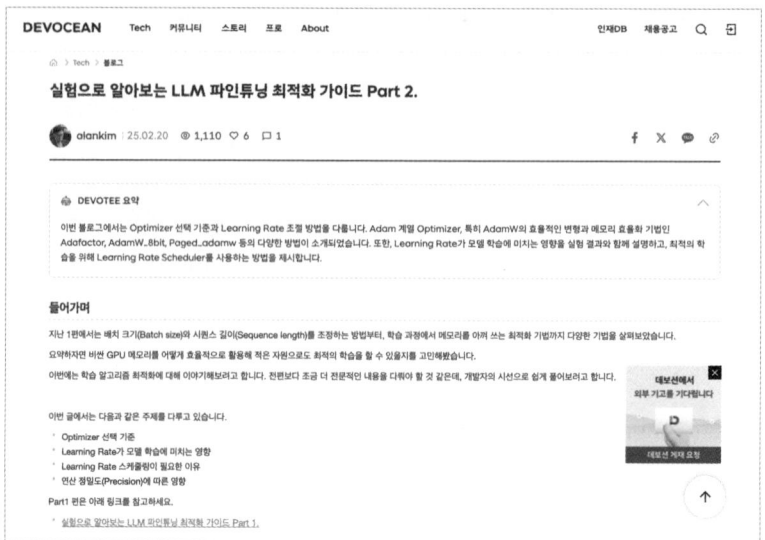

데보션 홈페이지 – 테크 블로그

'내 업무는 박수받아 마땅하다'를
마땅하게 만들려면

기술 공유 활동이 늘 긍정적인 것만은 아닙니다. 블로그 작성, 커뮤니티 활동, 사이드 프로젝트 등 외부 활동을 하다 보면 종종 본연의 업무가 뒷전으로 밀리는 경우가 생기고, 자칫 본래 업무보다 이러한 활동에 더 많은 시간을 투자하게 될 가능성이 있습니다.

하지만 조직에서 인정받기 위해 가장 중요한 것은 자신의 업무를 우선적으로 잘 수행하는 겁니다. 본연의 업무를 소홀히 한 채 외부 활동에 집중하면 '자기 일도 제대로 안 하면서 외부 활동만 한다'는 부정적인 시선이 따라올 수 있습니다.

본연의 업무에 충실하기

커리어 성장과 기술 공유가 균형을 잡기 위해 중요한 건 자신의 역할과 기본 책임에 먼저 충실하면서 외부 활동을 병행하는 것입니다. 조직에서 인정받은 실력과 조직에서의 신뢰를 바탕으로 외부 활동을 수행하면 이러한 활동이 개인의 평판과 전문성을 더 높이는 데 플러스 요인이 됩니다. 이는 조직에도 긍정적인 영향을 미치며 기술 공유 활동에 대한 신뢰도를 더욱 강화시킵니다.

> **참고 | 데보션 오픈랩 이야기**
>
> 데보션은 내외부 개발자들과 함께 학습 스터디 모임을 운영하는 것을 지원합니다. 본인의 전문 분야에 호스트(스터디 모임 운영자)가 되어 내외부 개발자들을 모집하고 함께 성장할 수 있게 지원하고 있습니다.
>
> 이처럼 회사에서 운영하는 프로그램을 잘 활용하면 업무와 외부 활동을 자연스럽게 연결하며 조직의 성과에 기여하고 본인의 전문성도 알릴 수 있습니다. 회사에서 운영하는 프로그램에 적극적으로 참여하여 업무 성과로도 인정받도록 노력하는 모습을 보여주세요.

커뮤니티 활동하기

인지도를 높이고 싶다면 기술 커뮤니티에 적극적으로 참여해보세요. 커뮤니티 활동은 개발자로서의 성장을 가속화할 수 있는 전략입니다. 특히 운영진 역할을 맡거나 발표자로 활동하면 해당 커뮤니티에서 인지도가 크게 상승합니다.

우선 관심 분야나 일하고 있는 업무 영역과 유사한 커뮤니티를 찾아보고 밋업, 세미나 등 테크 행사가 열릴 때 참석합니다. 그리고 네트워킹 시간 등 본인 소개의 기회가 있을 때 자신감 있게 관심 분야나 고민하고 있는 문제에 대해 솔직하게 드러내는 게 중요합니다. 분명 다음 모임이나 비슷한 행사에서 여러분을 알아보는 사람이 생기고, 그러다 보면 스스로 노력하는 모습을 보게 될 겁니다.

또 커뮤니티 내에서 팔로워와 지지자가 많아지면 직접 홍보하지 않아도 자연스럽게 좋은 평판이 퍼집니다. 예를 들어 누군가 여러분의 블로그 글을 인용하거나 SNS에서 언급하면, 마치 유튜브 알고리즘이 특정 동영상을 추천하며 폭발적인 조회수를 만들어내는 것처럼 개발자 네트워크 내에서의 자연스러운 인지도 상승을 가져옵니다. 이는 단순히 조회수나 좋아요를 얻고 개인 브랜드 구축에 기여하는 것을 넘어 기술적 영향력을 확대하고 더 많은 기회를 창출하게 합니다.

이러한 과정에서 강연이나 세미나 발표와 같은 새로운 기회들이 생겨납니다. 여러분이 커뮤니티에서 보여준 활동과 전문성을 인정받아 더 많은 사람들과 지식을 나눌 수 있는 자리로 초대될 것입니다. 그리고 이 모든 것은 단순히 커뮤니티 활동이 아니라, 기술 공유를 통해 스스로를 브랜딩하고 커리어를 확장하는 전략적 접근으로 연결될 것입니다.

결국, 커뮤니티 활동과 본업은 상호 보완적이어야 합니다. 본업에서 신뢰를 쌓았을 때 외부 활동도 설득력을 얻습니다. '내 업무는 박수받아 마땅하다'라는 말은 단순한 선언이 아닙니다. 자기 일에서 가치를 만들어내고 그 경험을 바탕으로 기술을 공유하며 다른 사람과 연결되는 과정에서 비로소 실현되는 목표입니다. 이 과정을 꾸준히 이어가다 보면 더 넓은 무대에서 활약할 기회는 자연스럽게 따라올 겁니다.

TRACK 07

타노스의 핑거 스냅 in 기술 토론:
기술 공유

_테크 행사와 스터디는 존재감을 드러내고 커리어에 날개를 달 수 있는 최고의 기회입니다.
_좋은 질문은 나의 관심과 전문성을 자연스럽게 보여주는 도구입니다.
_기술 공유로 지식을 퍼뜨리는 것을 넘어 신뢰와 브랜딩, 협업 기회를 얻을 수 있습니다.
_기술 토론을 반복하면 사고력과 설득력을 키워 진짜 전문가로 성장할 수 있습니다.

테크 행사와 스터디에서
영향력과 존재감을 높이는 기술

개발자로서의 영향력은 코드로만 완성되지 않습니다. 기술을 말하고, 질문하고, 공유하는 자리에서 자연스럽게 드러나는 존재감은 커리어 후반을 좌우하는 중요한 무기가 됩니다.

테크 행사와 스터디는 단순한 정보 교환을 넘어, 개인의 전문성을 알리고 네트워크를 확장할 수 있는 기회입니다. 이런 자리가 단순한 참석에 그치지 않고 진짜 성장을 이끌어내는 도구가 되려면 전략적인 접근이 필요합니다.

개발자 밈

좋은 질문으로 존재감 드러내기

'좋은 질문'은 단순히 궁금증을 해소하는 것이 아니라, 질문자의 수준과 관심사를 드러내는 역할도 합니다. 그런데 많은 개발자가 기술 행사에서 질문할 기회를 놓치거나 굉장히 평범한 질문을 던지곤 합니다. 발표자의 내용을 요약한 후 자신의 경험과 연결된 구체적인 질문을 던져보세요. 그러면 깊이 있는 논의를 유도할 수 있습니다.

기술 행사에서 자기소개를 겸하면서 자연스럽게 발표자와 관계를 맺을 수 있는 구체적인 질문 예시를 살펴봅시다.

상황	질문 예시
관심 분야를 드러낼 때	"최근 저희 팀에서 마이크로서비스 간 인증 구조를 설계 중인데요, 발표하신 OAuth 2.0 방식이 인상 깊었습니다. 고 트래픽 환경에서도 병목 없이 작동되도록 하기 위해 어떤 보완이 있었는지 궁금합니다."
	"시계열 데이터를 활용한 이상 탐지 모델을 실험 중인데요, 발표하신 OO 방식을 실무에 적용했을 때 피처 엔지니어링은 어떤 방식으로 수행하셨는지 듣고 싶습니다."
실무 고민과 연결할 때	"저희도 A/B 테스트 플랫폼을 내부에서 만들고 있는데요, 지표 설계 시 가장 중요하게 고려한 포인트가 무엇이었는지 여쭤보고 싶습니다."
	"캐싱 전략에 공감이 갔습니다. TTL 설정이나 캐시 무효화 기준은 어떤 조건에서 결정하셨는지도 궁금합니다."
커리어나 관심사와 연계할 때	"데브옵스 업무를 담당하고 있는데, GitOps 기반 자동화 도입 시 내부 설득은 어떻게 진행하셨는지 궁금합니다."
	"기술 블로그 운영을 막 시작했는데, 발표자님은 공유를 지속할 수 있었던 동력이 무엇이었는지 궁금합니다."
개발 프로젝트와 연결할 때	"랭체인을 활용한 AI 에이전트를 개발 중인데, 발표하신 외부 API 연동 시 마주한 주요 어려움은 무엇이었는지 궁금합니다."
	"Next.js 기반으로 대시보드 작업 중인데, 서버사이드 렌더링 관련해서 발표에서 공유해주신 노하우 중 주의할 점이 있다면 알려주세요."
발표 내용을 요약할 때	"오늘 내용은 결국 Spark보다 Flink가 특정 시나리오에서 더 안정적인 처리 방식을 제공한다는 것이 핵심이라고 이해했는데, 특히 이 점이 부각되었던 사례가 있다면 공유해주실 수 있을까요?"

이와 같이 구체적이고 현실적인 질문을 상황에 맞게 던져보세요.

기술 공유로 더 많은 기회 만들기

기술 공유는 단순한 콘텐츠 제작을 넘어 자신의 관심사와 전문성을 널리 알리고 전문가로서의 입지를 다지는 과정입니다. 지식을 나누는 행위 자체가 자신의 깊은 이해도를 드러내는 증거가 되며 꾸준한 공유는 곧 개인의 브랜딩으로 이어져 업계에서 자연스럽게 인지도를 높일 수 있습니다. 특히 좋은 콘텐츠와 인사이트를 지속적으로 제공하면 주변의 신뢰와 평판이 형성되며 점차 전문가로서의 권위도 쌓이게 됩니다.

또한 지속적인 기술 공유는 더 많은 기회를 만들어냅니다. 글쓰기, 발표, 오픈소스 기여 등 다양한 방식의 공유는 업계의 동료 및 선배 개발자들과 연결될 수 있는 네트워크를 확장시킵니다. 같은 관심사를 가진 사람들과의 자연스러운 연결은 새로운 협업의 계기로 이어지기도 하며, 이 과정에서 콘퍼런스 발표, 블로그, 외부 강의와 같은 활동을 통해 더 많은 채용이나 프로젝트 기회를 얻게 되기도 합니다.

무엇보다 기술 공유는 개인 브랜딩의 핵심 전략입니다. 공유하는 과정에서 자신의 지식을 구조화하고 정리하면서 특정 분야를 더욱 깊이 탐구하고 발전하여 점차 '그 분야의 전문가'가 됩니다. 그 결과 특정 기술의 키워드를 떠올렸을 때 자연스럽게 떠오르는 사람이 되는 것, 바로 이것이 기술 공유를 통해 얻게 되는 가장 강력한 무형의 자산입니다.

그렇다면 어떻게 하면 기술 공유를 잘할 수 있을까요? 다음 세 가지 방법을 추천합니다.

- 공유할 소재는 내가 겪은 것에서 시작하자
    - 예시: 프로젝트에서 겪은 장애 대응기, 새로 도입한 라이브러리 사용 후기, 시행착오 끝에 찾은 버그 해결 방법, 기술 면접에서 받은 질문과 답변 회고, 특정 기술을 적용하며 겪은 삽질기 등
- 누구나 이해할 수 있도록 맥락을 살리자
    - 예시: 도입 – 왜 공유를 하게 되었는지, 어떤 문제/배경이 있었는지
      본문 – 시도한 방법, 코드, 결과, 실패와 해결 과정
      정리 – 다시 한번 배운 점 정리, 다른 상황에 적용할 수 있는 팁, 기타 의견
      참고 – 도움이 되었던 레퍼런스 정리

- **기술 공유를 습관화하기 위해 나만의 루틴을 만들자**
  - 예시: 매주 금요일마다 이번 주 회고 내용 정리, 매월 한 편의 기술 블로그 발행, 나만의 깃허브 위키 제작 등

이외에도 블로그 또는 링크드인에 특정 기술에 대한 개념을 정리하거나 프로젝트 경험을 공유할 수도 있고, 유튜브나 틱톡에 짧은 튜토리얼, 기술 리뷰, 데모 영상을 업로드할 수도 있습니다. 또 기술 스터디를 직접 리딩하는 등 다양한 방식으로 기술을 공유할 수 있습니다.

나의 관심 분야를 알리기

기술 행사는 네트워크를 형성할 수 있는 좋은 기회이므로 자신의 관심 분야를 자연스럽게 드러내는 것이 중요합니다. 질문 속에 자신이 어떤 연구나 프로젝트를 진행하고 있는지 간략하게 언급하면 상대방이 관심을 가질 가능성이 높습니다. 행사 후 발표자나 다른 참가자와 대화를 나눌 때도 "저는 최근 AI 기반 챗봇을 개발하고 있는데 오늘 발표에서 다룬 내용이 저희 프로젝트와 유사해서 흥미로웠습니다"와 같이 자연스럽게 자신의 배경을 소개하면 도움이 됩니다.

TIP 온라인에서 존재감을 키우려면

행사에서 얻은 인사이트를 블로그, SNS, 링크드인 등에 정리하여 공유하면 전문성을 더욱 널리 알릴 수 있습니다. 발표자 태그와 함께 요약 및 피드백을 공유하면 발표자와 네트워크를 형성할 기회가 생깁니다. 행사 후 '오늘 AI 서밋에서 들은 내용 정리'라는 제목으로 짧은 글을 작성하여 공유하면, 자연스럽게 본인의 관심 분야를 알릴 수 있습니다.

기술 토론에서 승리하는
네 가지 전략

기술 토론은 단순한 지식 공유의 장이 아니라, 논리적인 사고력과 설득력을 발휘하여 자신의 주장을 효과적으로 전달하고 상대방과의 논의 속에서 더 나은 인사이트를 얻을 수 있는 기회입니다. 그러나 이러한 토론에서 영향력을 높이고, 원하는 방향으로 논의를 이끌어가기 위해서는 전략이 필요합니다.

지금부터 기술 토론에서 승리하는 네 가지 핵심 전략을 통해 토론을 보다 효과적으로 준비하고 상대방과의 논의를 생산적으로 이끌어갈 수 있는 방법을 살펴보겠습니다.

전략 1 철저한 준비로 강력한 논리를 구축한다

기술 토론에서 승리하기 위해서는 사전에 철저히 준비하여 논리적인 주장을 뒷받침할 수 있어야 합니다. 깊이 있는 이해와 명확한 데이터, 예상 반론에 대한 대응 전략을 준비하는 것이 핵심입니다.

- **토론 주제를 깊이 있게 이해하기**: 기술 토론에서 자신감을 가지고 논의에 임하기 위해서는 해당 기술에 대한 전반적인 이해뿐만 아니라 최신 트렌드까지 숙지해야 합니다. 공식 문서, 논문(arXiv, Google Scholar), 업계 보고서 등을 참고하여 최신 기술적 배경을 익힙니다. 이론적 개념뿐만 아니라, 해당 기술이 실제로 어떻게 적용되고 있는지에 대한 실무 사례까지 연구해야 합니다.

- **데이터와 사례로 논리 뒷받침하기**: 논리적인 주장을 펼치려면 객관적인 데이터와 실무 사례를 활용해야 합니다. "GPT-4 기반 챗봇의 고객 응대 만족도가 기존 모델 대비 25% 향상되었다는 연구 결과가 있습니다"와 같이 주장을 뒷받침하는 수치나 연구 결과, 실제 성공 사례나 문제 해결 경험을 공유하면 설득력이 커집니다.

- **예상 질문 및 반대 의견에 대비하기**: 자신의 논리를 효과적으로 전달하기 위해서는, 반

대 의견을 미리 예상하고 이에 대한 답변을 준비하는 것이 중요합니다. 내 주장을 반박한다면 어떤 논리가 나올지를 고민하며 미리 답변을 정리합니다. 여러 가능성에 대비하여 논리적으로 대응할 수 있도록 준비합니다.

전략 2 경청과 피드백으로 논의를 발전시킨다

기술 토론에서 승리하기 위해서는 상대방의 의견을 경청하고 적절한 피드백을 주고받는 과정이 필수입니다.

- **비판적 사고로 질문하기**: 상대방의 논리를 무조건 받아들이기보다 비판적으로 분석하고 추가적인 질문을 던져 논의를 확장해야 합니다. "이 방법이 확장성 면에서는 장점이 있지만, 비용 측면에서는 어떻게 해결할 수 있을까요?"라고 질문할 수 있습니다.
- **효과적인 피드백 활용하기**: 피드백을 방어적으로 받아들이지 않고 자신의 논리를 발전시키는 기회로 활용해야 합니다. 반대 의견을 수용하고, 이를 발전시킬 방법을 고민하는 태도가 필요합니다.
- **청중에 맞는 기술 용어 사용하기**: 상대방의 수준에 따라 적절한 용어 선택이 중요합니다. 초보자와 대화할 때는 쉽게 설명하고 전문가와 대화할 때는 심도 있는 논의를 진행하는 것이 효과적입니다.

전략 3 의견 충돌을 효과적으로 해결한다

기술 토론에서는 필연적으로 의견 충돌이 발생합니다. 이를 감정적으로 대응하지 않고 논리적으로 해결하는 능력이 필요합니다.

- **감정적으로 대응하지 않기**: 논리적인 충돌은 환영하되, 감정적인 대응은 피해야 합니다. "제 의견과 다르지만, 흥미로운 접근 방식이네요. 좀 더 이야기해볼까요?"라고 대응할 수 있습니다.
- **논리적으로 의견 충돌 해결하기**: 상대방의 주장과 자신의 주장을 비교하며 데이터 기반으로 정리하는 것이 중요합니다. "이 모델이 속도 면에서는 장점이 있지만, 정확도 측면에서는 저희 접근법이 더 나은 결과를 보였습니다"와 같이 감정은 배제하고 논리에 기반한 의견을 냅니다.

- **상호 존중을 바탕으로 대화하기**: 상대방의 의견을 존중하는 태도를 유지하면 논쟁이 아닌 생산적인 토론이 가능합니다. 토론이 격해질 경우, 논의의 목적을 다시 정리하고 감정적 대응을 자제하는 것이 중요합니다.

전략 4 기술 토론을 지속 성장을 위한 학습 기회로 삼는다

기술 토론을 통해 성장하기 위해서는 지속적인 피드백 수용과 개선이 필수입니다.

- **토론 후 복기하는 습관 가지기**: 토론이 끝난 후 다음과 같은 질문을 스스로에게 던져봅니다.
    - 내 논리는 충분히 설득력이 있었나?
    - 어떤 반론이 나왔고, 어떻게 대응했나?
    - 더 나은 답변을 준비하려면 어떤 자료를 찾아야 할까?
- **피드백을 기록하고 분석하기**: 토론에서 받은 피드백을 정리하고 자신의 논리에 어떤 점을 보완할지 메모합니다. 예를 들어 '이 주제에서 이런 질문을 받았으니 다음엔 이 부분을 더 깊이 준비해야겠다'와 같은 방식으로 정리할 수 있습니다.
- **지속적으로 토론에 참여하기**: 기술 토론은 경험이 쌓일수록 더 능숙해집니다. 다양한 커뮤니티에서 토론 경험을 쌓으며, 실전 감각을 익히는 것이 중요합니다.

지금까지 지속적인 기술 공유 활동의 실천이 중요하다는 점과 이를 통해 더 많은 기회가 찾아올 것임을 이야기했습니다. 기술 토론에서 이기기 위해선 말만 많이 한다고 되는 게 아닙니다. 논리를 철저히 준비하고, 상대의 의견을 귀 기울여 듣고, 감정적 대응을 피하며 문제를 이성적으로 풀어가는 능력이 중요합니다. 무엇보다 중요한 건 한 번의 토론으로 완성되는 게 아니라, 끊임없이 배우고 성장하려는 자세를 유지하는 것입니다. 또한 토론 이후 피드백을 분석하고 자신의 논리를 지속적으로 발전시키는 과정도 매우 중요합니다.

TRACK 08

기술이 서 말이라도 알려야 능력이다:
글쓰기와 발표

_기술 글쓰기는 나의 전문성과 사고방식을 세상에 알리는 브랜딩 도구입니다.
_작은 실무 경험부터 시작해 꾸준히 공유하면 커뮤니티에서 인지도를 키울 수 있습니다.
_글쓰기를 습관화하고 다양한 플랫폼에 공유하면 네트워킹과 커리어 확장의 길이 열립니다.
_다양한 플랫폼에 일상 속 인사이트를 남겨봅시다.

전문성을 드러내는
다섯 가지 글쓰기 전략

많은 개발자가 실력을 갖추고도 그 가치를 제대로 드러내지 못해 중요한 기회를 놓칩니다. 단순히 알고 있는 기술이 많다고 인정받는 시대는 지났습니다. 이제는 내가 무엇을 알고 있는지, 어떻게 그것을 문제 해결에 활용했는지, 어떤 인사이트를 얻었는지를 효과적으로 전달하는 능력이 중요합니다.

글쓰기는 단순한 정보 전달을 넘어 전문성과 사고방식을 각인시키는 도구입니다. 기술 블로그, 기술 회고, 오픈소스 기여기 등 글을 통해 나의 경험과 통찰을 공유하는 글을 쓰는 순간, 여러분은 지식 생산자가 됩니다. 그리고 이 과정에서 새로운 기회를 만들 수 있습니다.

다음 전략을 활용하면 글쓰기의 효과를 높일 수 있습니다.

전략 1 누구나 이해할 수 있도록 쉽게 쓰기

기술적인 주제를 다룰 때 지나치게 어려운 용어나 복잡한 문장을 사용하면 읽는 사람이 거리감을 느낄 수 있습니다. 자신이 잘 알고 있는 개념이라도, 처음 접하는 사람의 입장에서 쉽게 설명하는 것이 중요합니다. 예를 들어 개념을 설명할 때 실용적인 예제와 그림(다이어그램, 코드 스니펫 등)을 포함하면 이해도를 높일 수 있습니다.

나쁜 예	좋은 예
이 알고리즘은 선형 시간 복잡도를 가지며 O(n)으로 동작합니다.	이 알고리즘은 입력 크기가 커질수록 빠르게 처리할 수 있도록 설계되었습니다. 예를 들어 데이터가 10배 많아져도 처리 속도는 크게 느려지지 않습니다.

전략 2 핵심만 짧게 쓰기

가능하면 한 문장에서 한 가지 개념만 설명합니다. 긴 문장은 가독성을 떨어뜨리므로 불필요한 형용사나 군더더기 표현을 줄이고 핵심만 전달하는 연습이 필요합니다. 문장이 길어질 경우엔 목록이나 짧은 문단으로 정리하면 더욱 효과적입니다.

전략 3 대화에서 소재 찾기

동료들과 나눈 기술 대화, 질문, 토론에서 가장 좋은 주제가 나옵니다. 자신의 경험을 공유하는 과정에서 좋은 글 소재가 떠오를 수 있습니다. 주변인들과 자주 이야기하면서 사람들이 궁금해하는 주제를 찾고 이를 정리하는 습관을 가져봅시다.

전략 4 지금 하고 있는 일로 글쓰기

사람들이 가장 궁금해하고 매력을 느끼는 글은 실제 경험, 즉 실무 기반의 글입니다. 현재 진행하고 있는 프로젝트, 해결한 문제, 도입 및 연구한 기술, 성능 개선 사례가 좋은 소재입니다. 또 실무에서 얻은 교훈을 공유하는 글은 많은 사람에게 유용한 정보가 될 수 있습니다.

전략 5 사내 블로그 활용하기

회사 내부에 기술 블로그가 있다면 그곳에 기고하는 것도 좋은 방법입니다. 사내 기술 공유는 부담이 적고 피드백도 빠릅니다. 사내에서 기술 공유 세션에 참여하여 발표하고, 이를 바탕으로 글을 작성하면 외부에서도 활용할 수 있는 콘텐츠가 됩니다.

> **참고** | **기술 블로그 운영 비법 발표 영상**
>
> 매일 업데이트되는 기술 블로그를 만들기 위해 2년간 노력했던 운영 노하우를 전합니다.
>
> - 링크: https://www.youtube.com/watch?v=5gKvvsc1IVw

2023년 데브챗 테크 행사 발표 장면

커리어를 바꾸는
개발자 글쓰기

실력이 있어도 알리지 않으면 아무도 모릅니다. 글쓰기는 새로운 기회를 여는 전략입니다. 자신의 경험을 정리한 단 한 편의 글로 좋은 동료를 만나고, 뜻밖의 커리어 제안을 받는 개발자들이 늘어나고 있습니다.

기술 글쓰기라고 특별한 기술이 필요한 건 아닙니다. SNS에 포스팅하는 것과 같습니다. 중요한 건 어디에 어떻게 쓰는지입니다. 진짜 기회로 이어지게 만드는 글쓰기 방법을 함께 살펴봅시다.

다양한 플랫폼에 글쓰기

글쓰기를 본격적으로 시작하려면 다양한 플랫폼을 활용하세요. 작성한 글을 여러 채널에 공유하면 접근의 폭이 넓어져 더 많은 기회를 만듭니다. 다음과 같이 활용할 수 있는 플랫폼은 매우 많습니다.

- 기술 블로그(Velog, Tistory, Medium, GitHub)
- 링크드인(LinkedIn)
- 글로벌 개발자 플랫폼(Dev.to, Hashnode)
- 뉴스레터(GeekNews, Daily DevBlog)
- 개발자 커뮤니티(OKKY, careerly)

커뮤니티에서 주목받는 글쓰기

널리 읽히는 글에서는 공통적으로 다음의 특징을 볼 수 있습니다.

- **실제 경험 기반으로 작성**: 이론보다는 실무 경험과 직접 해결한 문제를 다룬 글이 더 많은 관심을 받습니다.

- **핵심을 요약하는 제목 사용**: 'AI 모델 서빙 최적화'보다 'AI 모델 서빙 속도를 40% 향상시킨 방법'이 더 많은 클릭을 유도합니다.
- **시각적 자료 활용**: 코드 스니펫, 다이어그램, 성능 비교 그래프 등을 포함하면 가독성이 좋아집니다.

꾸준한 습관으로 만들기

글쓰기를 단기적인 활동이 아니라 지속적인 습관으로 만들 때 더 큰 효과를 발휘합니다.

- **완벽주의를 버리고 일단 시작하기**: 10줄이라도 기록하는 습관을 들이세요. '더 잘 정리한 후 써야겠다'라고 생각하면 시작도 못 합니다. 완벽한 글보다 꾸준한 글이 더 중요합니다. 개발 중에 발견한 작은 팁, 버그 해결 방법, 라이브러리 사용법 등을 짧게라도 기록하고 공유합니다.
- **글의 목표를 명확하게 설정하기**: 누구를 위한 글인지, 어떤 가치를 줄 것인지 고민합니다. 기술 문서는 단순한 지식 전달이 아니라 읽는 사람에게 실질적인 도움을 주는 것이 목적이어야 합니다. '이 글을 본 사람이 무엇을 얻어갈까?'라는 질문을 항상 던집니다.
- **검색 친화적인 글쓰기 습관 들이기**: 대부분 구글 검색을 통해 기술 글을 접하는 경우가 많습니다. 검색 엔진 최적화(SEO)를 고려하여 제목과 내용에 핵심 키워드를 자연스럽게 포함합니다. 긴 제목보다는 핵심 키워드를 포함한 간결한 제목을 사용합니다. 예제 코드나 에러 메시지를 원문 그대로 포함하여 검색 가능하도록 합니다.
- **피드백을 적극적으로 수용하기**: 글을 처음 쓰면 서툴 수밖에 없습니다. 피드백을 받으며 개선해나가면 됩니다. 글을 올릴 때 '이 글에서 다룬 방법보다 더 좋은 해결책이 있을까요?'와 같이 피드백을 요청하는 질문을 함께 올립니다.
- **글쓰기를 통해 네트워킹 기회 만들기**: 단순히 글을 공유하는 데서 끝나는 것이 아니라, 다른 개발자들과의 교류를 늘려야 합니다. SNS, 댓글, 오픈채팅방 등에서 글을 공유하고 대화를 시작하면 더 많은 기회를 얻을 수 있습니다. 같은 주제에 관심 있는 개발자들에게 댓글을 남기고 글을 공유합니다. 다른 사람들의 기술 글에 의미 있는 질문을 남깁니다. 커뮤니티에서 함께 고민할 주제를 던지며 토론을 유도합니다.

'김소심'도 가능한
콘퍼런스 발표와 강의

기술적인 전문성을 널리 알리고 더 많은 기회를 얻기 위해서는 글쓰기뿐만 아니라 대외 활동이 매우 중요합니다. 많은 기술 전문가들이 콘퍼런스 발표와 강의를 통해 더 큰 영향력을 발휘하고 있습니다. 처음부터 큰 무대에서 발표하기는 쉽지 않기 때문에 점진적으로 경험을 쌓아나가면 좋습니다.

주변 무대에서 시작하기

'대외 발표'라 하면 대부분 대규모 콘퍼런스를 떠올립니다. 하지만 처음부터 유명 콘퍼런스에 도전하기보다는 자신이 익숙한 환경에서 발표 경험을 쌓아가면 효과적입니다.

- **회사 내부에서 발표 경험 쌓기**: 사내 기술 공유 세션을 활용하여 부담 없는 15분 발표부터 시작하세요. 이런 기회에 자신이 맡고 있는 프로젝트에서 사용한 기술이나 해결한 문제에 대해 발표하면서 발표 경험을 자연스럽게 쌓을 수 있습니다. 작은 규모이긴 하지만, 청중이 동료들이기 때문에 피드백을 받기 쉽고 발표 내용에 대한 부담이 비교적 적습니다. 다음과 같은 주제로 발표할 수 있습니다.
  - 최근 도입한 캐시 시스템의 성능 최적화 경험 공유
  - 새로운 CI/CD 파이프라인 구축 경험
  - 사내 코드 리뷰 문화 개선 방안
- **개발자 스터디 및 온라인 세미나 활용하기**: 개발자 스터디나 온라인 세미나에서 발표하는 것도 좋은 방법입니다. 예를 들어 모던 웹 개발 스터디 AI 엔지니어 스터디와 같은 그룹에서는 특정 기술을 학습한 후, 스터디원들 앞에서 발표하는 경우가 많습니다.

최근에는 온라인 콘퍼런스나 웨비나가 활성화되면서 개발자들이 부담 없이 짧은 발표를 경험할 수 있는 기회가 많아졌습니다. 예를 들어, AWS

User Group Korea에서는 정기적으로 기술 웨비나를 개최하며 커뮤니티 구성원들이 자유롭게 발표할 수 있도록 지원하고 있습니다.

활동 범위 넓히기

작은 무대에서 발표 경험을 쌓았다면 점차 발표 무대를 넓혀가세요. 처음에는 개발자 커뮤니티에서 활동하다가 점차 기업 콘퍼런스와 교육 기관까지 확장할 수 있습니다.

- **개발자 커뮤니티에서 발표 기회 찾기**: 첫 발표 경험을 쌓기 좋은 곳은 개발자 커뮤니티에서 운영하는 행사입니다. 대표적인 예로는 PyCon, GDG DevFest, AWS User Group, Kubernetes Korea Group 등이 있습니다. 이러한 행사들은 엄격한 심사 없이 개발자들이 자신의 경험을 공유할 수 있도록 발표자를 모집하는 경우가 많아 비교적 쉽게 발표 기회를 확보할 수 있습니다.
- **기업 콘퍼런스 발표 도전하기**: 개발자 커뮤니티에서 발표 경험을 쌓은 후에는, 기업 주최 콘퍼런스에도 도전해볼 수 있습니다. 예를 들어 SK AI SUMMIT, AWS re:Invent, Google I/O 등과 같은 대형 IT 기업들이 개최하는 콘퍼런스에서는 실제 기업 사례를 공유하는 발표가 많습니다.
- **교육기관에서 강의하기**: 더 나아가 기술 강의를 통해 전문성을 확장할 수도 있습니다. 대학교에서 진행하는 기술 특강에 초청받거나 온라인 교육 플랫폼(유데미, 인프런 등)에서 강의할 수도 있습니다.

글과 발표로 여러분의 전문성을 보여주세요. 글쓰기를 통해 자신의 지식과 경험을 기록하고 공유하면 더 많은 기회가 열립니다. 그리고 커뮤니티에 기술 글을 기고하면 더 넓은 네트워크를 형성할 수 있습니다. 마지막으로 작은 무대에서 발표 경험을 쌓고 점진적으로 확장하면 기술 콘퍼런스와 강연을 통해 더 큰 영향력을 가질 수 있습니다.

> **참고** | **작은 발표가 큰 기회로**

다음은 작은 무대에서의 발표로 시작해 점차 큰 무대로 확장하게 된 실제 개발자들의 사례입니다.

- 데이터 엔지니어 A는 'Kafka를 활용한 실시간 데이터 파이프라인 구축'이라는 주제로 스터디원들 앞에서 발표한 경험이 있었는데, 이후 이 내용을 다듬어 데보션 테크 세미나에서 발표했고, 200여 명이 모인 한국 카프카 사용자 모임 밋업에서도 강연을 하게 되었습니다.

- 개발자 B는 자신의 블로그에 썼던 깃허브 코파일럿 업무 활용기[*]라는 주제를 바탕으로 GitHub Korea Meetup에서 발표했고, 이후 같은 주제로 Microsoft-GitHub UNIVERSE24라는 행사에서 발표할 기회를 얻었습니다.

- 엔지니어 C는 '코드 리뷰 문화를 리뷰해봐요'라는 주제로 기술 블로그에 글을 작성했고 이를 기반으로 데보션 테크 데이에서 발표를 진행했습니다. 발표 후 그는 관련 업계에서 초청을 받아 여러 곳에서 비슷한 주제로 강의를 하게 되었습니다. 이후 인프런에서 온라인 강좌를 개설하는 기회까지 얻었으며 현재는 여러 행사에 강연자로서도 활발히 활동하고 있습니다.

- 한 스타트업의 CTO는 작은 개발자 커뮤니티에서 '서버리스 아키텍처 구축 사례'에 대해 발표한 후, 이를 더 발전시켜 AWS Summit에서 발표했습니다. 이 발표를 계기로 AWS 관련 기술 전문가로 인지도를 높였으며, 이후 AWS 공식 행사에서 여러 번 발표할 기회를 얻었습니다.

이렇듯 기술 발표와 강연 활동을 계속하다 보면 자연스럽게 더 많은 기회가 생기고 결국 전문가로서의 입지를 더욱 굳힐 수 있습니다.

---

[*] https://devocean.sk.com/blog/techBoardDetail.do?ID=166794

EPILOGUE

지식을 나누는 사람이 결국 가장 많이 배웁니다.

기술을 공유하고 사람들과 소통하는 삶을 선택한 뒤로, 저는 더 이상 혼자 일한다고 느낀 적이 없습니다. 오히려 함께 나눈 질문, 공유한 글 그리고 함께 회고한 순간들이 제 커리어에서 가장 소중한 자산이 되었습니다.

"내 업무는 박수받아 마땅하다."

이 말을 진심으로 믿게 된 것도 같은 길을 걷는 동료와 데보션 커뮤니티에서 얻은 힘 덕분이었습니다. 기술을 나누는 일은 결코 시간 낭비가 아닙니다. 오히려 가장 빠르고 확실한 성장의 지름길이자, 더 나은 개발자로 나아가는 진짜 여정입니다.

작은 질문 하나, 짧은 글 한 편, 소소한 발표 한 번이 더 크게 성장시킵니다. 이제 여러분의 차례입니다. 오늘의 배움을 나눠보세요. 그 순간부터 여러분은 이미 누군가에게 '고수'로 여겨질 겁니다.

CHAPTER
04

나무가 크려면
산도 커져야 한다
aka
동반 성장 개발문화

#developer culture
#tech sharing
#community building

이동현

현) 카카오페이 기술전략팀 개발문화 담당
전) 네이버 기술성장팀 개발문화 담당
전) 네이버 DBMS개발랩 테크니컬 라이터
전) 다음 커뮤니케이션 인프라기술팀 SW 엔지니어
전) 아키스 개발팀 리더

데이터베이스에 관심이 많은 개발자로 커리어를 시작했고, 한동안 국내 오픈소스 DBMS인 CUBRID의 테크니컬 라이터로 활동했습니다. 이후 사내 개발자를 위한 다양한 이벤트를 기획·운영하며 개발자의 성장과 발전을 위해 어떤 방식으로 소통하고 어떤 부분을 채워야 할지 고민해왔습니다. '개발자에게 도움이 되는 일을 하자'는 마음에서 출발해 '개발자가 곧 고객'이라는 관점으로 확장했고, 지금은 '개발자의 성장이 곧 회사의 성장으로 이어진다'는 믿음으로 시야를 넓혀가고 있습니다.

PROLOGUE

끊임없이 변화하는 기술 환경에서 성공적인 IT 서비스를 만드는 데에는 개인의 기술만큼이나 조직문화가 중요합니다. 건강한 조직문화는 구성원 각자가 역량을 최고로 발휘할 수 있도록 돕고, 이는 궁극적으로 회사의 성장으로 이어집니다. 따라서 모든 회사는 조직문화의 중요성에 공감하며 이를 발전시키기 위해 노력합니다.

저는 구성원이 조직과 함께 클 수 있는 기반을 마련해주는 것이 훌륭한 조직문화라고 생각합니다. 그렇다면 '개발문화'는 어떤 위치에 있을까요? '문화'라는 측면에서 봤을 때, 개발문화는 조직문화의 한 부분으로서 개발자들의 성장을 돕는 환경을 의미합니다.

그렇다면 '조직문화를 구축한다'는 측면에서 개발문화를 바라볼 수도 있을까요? 실제로 어떤 회사는 개발문화를 조직문화의 일부로 보고 조직문화 안에서 운영하기도 하고, 또 어떤 회사는 개발문화를 별도로 관리하며 개발 부서의 특수성을 반영하기도 합니다.

이번 장에서는 제가 사내에서 직접 개발문화를 만들고 키워온 경험을 바탕으로, 개발자(나무)가 조직(산)과 함께 성장할 수 있는 개발문화(숲)를 어떻게 조성하는지에 대해 이야기합니다.

좋은 개발문화란 무엇인지 정의하고, 좋은 개발문화를 가꾸어나가는 주체인 개발자가 성장하기 위해 갖춰야 할 행동 지침을 살펴봅시다. 더불어 개발자를 성장으로 이끄는 지식 공유의 다양한 방법과 함께하는 개발문화를 만들기 위한 테크 이벤트에 대해서도 알아봅시다.

TRACK 09

숲은 나무와 산의 조화로 만들어진다: 개발문화

_여러분이 속한 회사의 개발문화가 어떤 정의와 가치를 담고 있는지 살펴보세요.
_지금의 개발문화가 일하는 방식이나 팀의 움직임에 실질적인 영향을 미치는지 점검해보세요.
_소극적 참여자가 아니라 적극적 참여자로서 내가 할 수 있는 역할을 생각해보세요.
_'이 회사, 계속 다니고 싶다'는 생각이 들게 하는 회사의 매력이 무엇인지 곱씹어보세요.
_그런 회사를 함께 만들기 위해 지금 내가 실천할 수 있는 작은 변화가 무엇인지 생각해보세요.

큰 나무가 무성한 숲, 좋은 개발문화란

성장하는 개발자에게 중요한 것은 단지 기술뿐만이 아닙니다. 어떤 문화 속에서 일하느냐가 결국 개발자의 성장을 결정짓습니다. 개발문화는 협업, 학습, 공유 그리고 피드백의 방식까지 포함하는 개발자가 일하는 환경이자 생태계입니다.

조직문화와 개발문화

조직 내 문화는 단계적으로 자리 잡습니다. 『조직문화가 전략을 살린다』(플랜비디자인, 2019)에서는 조직문화가 다음과 같이 5단계에 따라 발전한다고 설명합니다.

- **1단계**: 이벤트(행사) – 조직문화에 대한 인식 확산
- **2단계**: 조직문화 제도화 – 조직문화 운영 시스템 정착
- **3단계**: 조직문화 조직화 – 팀 단위 조직문화 활동 확산
- **4단계**: 조직문화 확산 및 실천 – 조직의 가치 자율적 실천
- **5단계**: 조직문화 재창출 및 혁신 – 조직문화 선도, 영향력 발산

이 책에서는 조직문화가 조직에 잘 구축됐다고 보는 기준으로 '조직문화가 단위 조직의 움직임에 일정한 영향을 미치고 있는가'를 제시합니다. 조직의 최고 경영자는 많은 시간과 비용을 들여서라도 자신이 지향하는 조직문화와 단위 조직의 조직장이 지향하는 조직문화를 일치시키려 합니다.

개발 조직 또한 마찬가지입니다. 회사에서 정한 조직의 가치에 따라 조직이 일정한 패턴으로 작동한다면 개발문화가 잘 정착되었다고 볼 수 있습니다. 결국 중요한 것은 이러한 문화가 실제 개발자들의 행동에 어떤 변화를 가져오는가입니다. 그렇다면 지금 여러분의 팀이나 조직의 개발문화는 5단계 중 어느 수준에 있다고 생각하시나요?

숲은 수많은 나무들로 이루어져 있습니다. 숲이 울창하고 건강하려면 나무들이 튼튼하게 자라야 합니다. 하지만 나무가 혼자만 잘 자란다고 해서 잘 가꿔진 숲이 되는 것은 아닙니다. 산이 크고 토양이 비옥해야 더 많은 나무가 잘 자리 잡을 수 있고, 나무들이 함께 어우러져 잘 가꾸어진 숲의 모습을 완성할 수 있습니다. 각각의 나무가 튼튼하고 나무 간 조화가 이루어질 때 비로소 진정한 숲이 됩니다. 울창한 숲을 조성하는 것은 곧 개발자 간 협력과 조직이 조화를 이루는 건강한 개발문화를 가꾸는 것과 같습니다.

숲을 잘 가꾸는 것처럼, 개발문화를 잘 가꾸면 개발자들이 끈끈한 네트워킹을 형성하여 어떤 어려움에도 조직이 튼튼하게 버틸 수 있습니다. 흔히들 최고의 복지는 동료라고 말하는데요, 좋은 개발문화는 훌륭한 동료들을

모이게 하여 함께 발전하는 회사가 되는 기반을 제공합니다.

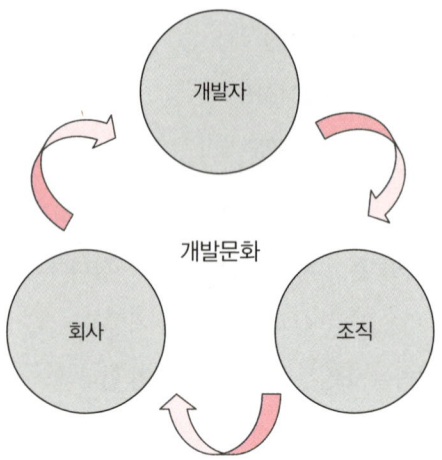

개발문화를 축으로 개발자, 조직, 회사가 서로의 성장에 영향을 끼치는 플라이휠

개발자가 성장하면 조직의 성공을 돕고, 조직이 성공하면 회사의 발전을 이끌고, 회사가 발전하면 개발자 개인의 성장을 지원하는 선순환 사이클이 완성됩니다. 그리고 이러한 선순환 사이클의 중심에는 개발문화가 자리합니다.

좋은 개발문화란

일반적으로 좋은 개발문화란 이런 문화를 말합니다.

- 실무에서 얻은 인사이트와 기술을 기꺼이 공유하려는 분위기
- 질문과 피드백이 자연스럽고 수평적인 커뮤니케이션
- 코드뿐 아니라 정책, 프로세스, 문서 등 모든 개발 행위에 대해 의미 있는 논의가 이뤄지는 환경
- 나와 동료 모두의 성장을 고민하는 문화

지금부터 제가 몸담고 있는 '카카오페이'에서 말하는 좋은 개발문화를 알아봅시다. 카카오페이에서 좋은 개발문화를 정의한 과정을 소개하며 좋은 개발문화에 대해 같이 생각하는 시간을 갖고자 합니다.*

먼저 카카오페이에서 정의한 '개발'에 대해 이야기하겠습니다. 프로그래머에게 개발이라고 하면 가장 먼저 코딩이라는 작업이 떠오르기 마련입니다. 하지만 단순히 개발 작업을 코딩으로 제한하면 개발문화가 코딩을 하지 않는 기술직군까지는 아우를 수 없게 됩니다. 개발문화가 기술직군 전체를 아우르며, 더 나아가 서비스를 개발하는 데 참여하는 모든 직원이 함께하는 문화임을 내포하기 위해 개발을 다음과 같이 정의했습니다.

- 개발은 단순히 코딩이 아니며, 개발은 서비스, 정책, 프로세스 등 카카오페이의 미션을 해결하기 위한 모든 행위이다.

한편, 카카오페이의 미션은 '누구에게나 이로운 금융 서비스를 만든다'입니다. 따라서 카카오페이에서의 개발은 '누구에게나 이로운 금융 서비스를 만들기 위해 행하는 모든 행위'이고 문화는 '생태계 또는 방향성'이라고 보았습니다. 그렇다면 카카오페이 개발문화는 다음과 같이 말할 수 있습니다.

- 카카오페이의 개발문화는 카카오페이의 미션인 '누구에게나 이로운 금융 서비스를 함께 개발하는 것'에 기반이 되는 생태계 또는 방향성이다.

다음으로 '좋은' 개발문화에 대한 정의는 다음과 같습니다.

- 카카오페이의 좋은 개발문화는 무언가를 개발할 때 좋은 정보를 공유하며 조직과 구성원이 함께 성장하는 문화이다.

여기에서 '무언가'는 서비스, 정책, 프로세스 등 카카오페이 미션을 위해

---

* 카카오페이 개발문화, 다시 고민하기
  https://tech.kakaopay.com/post/kakaopay-dr-03

행하는 모든 업무 행위라고 정의했습니다. 이를 세세한 업무 단위로 본다면 코드 리뷰, 회의/피드백, 아키텍처 공유, 애자일 업무 방식, 문서 작성, 개발 프레임워크 활용, 정보 공유 등 일상에서 크루*에게 도움을 주는 모든 행위라고 볼 수 있습니다.

그래서 카카오페이의 좋은 개발문화는 결국 다음과 같습니다.

- 카카오페이의 좋은 개발문화는 카카오페이의 미션을 달성하기 위해 서비스, 정책, 프로세스 등을 개발할 때 좋은 정보를 공유하며 조직과 구성원이 함께 성장하는 문화이다.

참여하는 개발문화를 만드는 방법

좋은 문화는 자발적인 참여로 유지됩니다. 그럼 개발문화에 크루 자발적으로 동참하게 하려면 어떻게 해야 좋을까요?

다니엘 핑크는 TED 강연**에서 내적 동기를 이루는 세 가지 요소를 정의하면서 내적 동기부여의 본질을 설명했습니다.

- **주도성**: 우리 삶의 방향을 결정하고 싶어하는 욕구
- **전문성**: 의미 있는 것을 좀 더 잘하고자 하는 욕망
- **목적**: 우리 자신보다 더 큰 무언가를 향해 기여하고 싶다는 열망

다니엘 핑크는 단순하고 목표가 분명한 업무는 인센티브가 효과적이지만, 창의적인 일을 수행할 때는 주도성, 전문성, 목적과 같은 내적 동기부여가 더 큰 동기부여를 한다는 것을 과학적 실험 사례를 통해 입증했습니다.

---

* 카카오페이를 포함한 모든 카카오 계열사에서는 함께 일하는 직장 임직원 모두를 크루(Krew)라고 지칭하고 있습니다. 이는 한 배를 타고 같은 목표를 향해 나아가는 크루(Crew)라는 의미입니다. 여기에서 C를 K로 바꾸어 카카오의 크루라는 의미를 더했습니다. 카카오페이에서는 Cafe는 Kafe, 편의점은 K-mart라고 합니다.

** https://www.youtube.com/watch?v=rrkrvAUbU9Y

카카오페이에서도 목표가 명확한 기술 공유 기여 활동에 대해 작지만 확실한 외적 동기부여를 제공하고 감사의 표현을 전하고 있습니다.

- 테크톡 발표, 기술 블로그 기고, 이프카카오 콘퍼런스 발표 등 기술 공유에 기여하는 크루에게 카카오페이 머니 지급
- 동료에게 보내는 '칭찬 메시지' 시스템을 운영하여 매달 3명에게 커피 쿠폰 제공

이러한 활동은 단순한 보상을 넘어 구성원의 기여를 회사가 소중히 여긴다는 메시지를 주기 위한 것입니다. 외적 보상은 동기부여의 시작일 뿐, 진정한 동력은 내적 동기에서 나옵니다.

당신은 이미
좋은 숲을 만드는 나무다

이 글을 읽고 있다는 사실만으로도 여러분은 이미 좋은 개발문화를 만드는 구성원입니다. 어떻게 더 성장할 수 있을지를 고민하는 그 마음이 지금의 조직을 더 좋은 방향으로 이끌어갈 것입니다. 여러분의 노력과 성장이 다른 동료들에게 긍정적인 영향을 미치고 있다는 것을 잊지 마세요. 함께 성장하는 동료들과의 관계는 숲을 더욱 풍성하게 만듭니다.

그런데 어떤 사람은 자신의 성과를 단순한 운으로 생각하고, 성과를 축소하여 생각하거나 자기 능력을 의심하기도 합니다. 이는 자신의 능력을 끊임없이 의심하는 가면 증후군imposter syndrome일 가능성이 큽니다.

칭찬과 성과를 애써 외면하지 말자. 아무리 작은 일이라도 기록해두자.

여러분의 동료도 모두 능력자들이므로 그들이 뭔가 긍정적인 얘길 해준다면 분명 그럴 만한 이유가 있었기 때문이다. 부정적인 생각은 재구성하는 연습

을 하자. (중략) 이루고 싶은 일에 대한 계획을 세우고 목표를 이뤘다면 주변에 알리자.

그러면 자신감이 더욱 높아질 것이다. *

이렇게 자신의 역량을 의심하지 않고, 자기 성과를 인정하는 사람만이 앞으로 나아갈 동력을 잃지 않을 수 있습니다.

지금 당장 실천할 수 있는 '선한 영향력'

안전벨트처럼 사람을 살리는 발명도, 세상을 바꾼 오픈소스 프로젝트도 사실은 '내가 지금 하고 있는 것을 나누고자 하는 마음'에서 출발했습니다.

1959년, 볼보는 항공 기술자 닐스 볼린을 영입해 사고가 나더라도 사람의 생명을 지킬 수 있는 3점식 안전벨트를 개발했고 해당 특허권을 포기하여 모든 차에 널리 쓰이도록 했습니다. 그리고 2015년, 구글은 자사의 딥러닝 라이브러리 텐서플로를 오픈소스로 공개해 누구나 AI 개발에 사용할 수 있도록 했습니다. 그 결과 기술 발전을 가속화했고 인공지능 생태계가 확장되었습니다. 이렇게 전 세계에 영향력을 확장한 가치 있는 일들은 회사 안에서 비롯된 경우가 많습니다.

기술 리더 타냐 라일리는 회사의 엔지니어 조직에 영향을 끼치는 선한 영향력에 대해 다음과 같이 설명합니다.

동료들이 더 아는 엔지니어가 되도록 도울 수 있다면 여러분은 더 유능한 사람들과 일하게 되는 것이다. 그리고 이것은 여러분의 일이 더 쉬워진다는 것을 의미한다.

---

* 『필독! 개발자 온보딩 가이드』(책만, 2023)

즉, 더 나은 엔지니어는 더 나은 소프트웨어를 의미하며, 이는 더 나은 사업 결과와 동의어다.*

더불어 그는 선한 영향력이 계층별 및 형태별로 발현되는 프로세스에 대해 다음 표와 같이 설명합니다.

구분	개인 차원	그룹 차원	촉진제 차원
조언	멘토링, 지식 공유, 피드백, 동료 평가	기술 조언, 문서화, 기사 작성, 발표	멘토십 프로그램, 기술 조언 강연
교육	페어링, 섀도잉, 코드 리뷰, 설계 검토, 코칭	교육, 코드랩, 수업, 워크숍	온보딩 커리큘럼 구성, 학습자가 교육자 수준에 이르도록 트레이닝하기
가드레일	코드 리뷰, 설계 검토, 변경 관리 검토	프로세스 구성, 린터(코드 분석 도구), 스타일 가이드	프레임워크, 기업문화의 변화
기회	위임, 후원, 응원, 서포트	스포트라이트 공유, 힘 실어주기	기회를 제공하는 문화 구성, 여러분의 슈퍼스타 주니어 동료들이 세상을 바꾸는 것을 자랑스럽게 지켜보기

좋은 영향력은 거창하지 않습니다. 주변 동료들에게 내가 아는 지식을 나누는 것부터 시작해보세요. 조직과 사내에 기술을 공유하는 자리를 마련하거나 더 나아가 외부 콘퍼런스 발표자가 되어 참석자가 아닌 적극적인 참여자가 되어보세요. 회사에서 하는 각종 이벤트의 적극적인 참여가 여러분의 성장과 성공을 이끕니다.

다음은 조직에서 선한 영향력을 발휘할 수 있는 방법들입니다.

---

* 『개발자를 넘어 기술 리더로 가는 길』(디코딩, 2023)

- 멘토링으로 동료의 성장을 돕기
- 자동화 도구 개발하여 업무 효율 높이기
- 회사 내 문화 개선 활동에 참여하기
- 사내 테크톡, 외부 콘퍼런스에서 발표하기
- 프로젝트 문제 해결에 자발적으로 기여하기
- 새로운 팀원을 위한 온보딩 지원하기
- 특정 업무 프로세스를 정립하고 개선하기
- 업무 지식을 문서화하기

몇 가지 항목을 좀 더 자세히 살펴보겠습니다.

1) 멘토링으로 동료의 성장을 돕기

카카오페이에서는 신규 입사 크루가 회사에 적응하도록 돕는 버디를 지정해줍니다. 먼저 입사한 '동료'로서 도움을 준다는 의미를 강조하기 위해 스승이라는 의미의 멘토보다는 동료라는 의미의 버디라는 용어를 사용합니다. 버디는 신규 입사 크루에게 8잔의 커피를 살 수 있습니다. 커피를 마시면서 먼저 입사한 버디의 경험을 공유하며 신규 입사 크루가 회사에 적응할 수 있는 시간을 마련해주는 거죠.

2) 자동화 도구 개발하여 업무 효율 높이기

사이드 프로젝트로 회사에 도움이 되는 도구를 개발하여 기여하는 경우도 있습니다. 회의 전에 미리 알림 메시지를 보내는 것은 캘린더 도구에서도 기본으로 제공하지만, 회의실 위치를 지도로 바로 확인하거나 회의 시작 후 5분이 지났는데도 안 오는 참가자에게 빨리 오라고 조르는 메시지를 쉽게 보낼 수 있다면 편하겠죠? 카카오페이 죠르디 회의 봇은 이러한 기능들을 제공합니다. 변수명을 쉽게 지어주는 봇도 모두 사이드 프로젝트를 통해 등장했습니다. 이러한 카카오페이의 사례들은 뒤에서 자세히 살펴보겠습니다.

3) 회사 내 문화 개선 활동에 참여하기

카카오페이의 크루인 '크리'는 스몰톡을 유도하는 슬랙 봇을 만들어 관심 있는 크루들이 쓸 수 있도록 배포했습니다. 스몰톡 봇은 해당 채널에 참여하는 멤버 중 한 명에게 개발/비개발 관련 질문 리스트 중 하나를 랜덤하게 던집니다. 또한 답변하는 멤버에게 호응하는 두 명의 멤버를 선택합니다. 이렇게 하여 같은 채널 안에 모인 멤버들은 답변을 통해 서로를 알아가는 시간을 가질 수 있습니다.

4) 사내 테크톡, 외부 콘퍼런스에서 발표하기

'내가 아는 지식은 남들도 알겠지' 하면서 발표를 꺼리는 분들을 많이 봐왔는데요. 내가 아는 걸 남이 모를 수도 있고, 남이 안다고 해도 남보다 내가 더 잘 설명할 수도 있습니다. 남에게 설명할 기회가 생긴다면 주저하지 말고 시도해보세요. 많은 사람 앞에서 발표하는 게 꺼려진다면 일단은 작은 스터디를 꾸려보세요. 그리고 나서 잘 정리한 내용을 테크톡으로 발표하는 겁니다. 이런 패턴으로 남에게 설명하고 발표하는 스킬이 길러지면 외부 콘퍼런스에서 발표하는 기회를 잡아보세요. 특히 내가 속한 회사에서 외부 콘퍼런스 발표 기회를 제공한다면 주저하지 말고 그 기회를 적극적으로 활용하세요. 반대로 외부 발표 기회가 없다면 외부 콘퍼런스 발표자로 나설 기회를 만들어보세요. 외부 콘퍼런스 발표는 나를 외부에 알리는 절호의 기회입니다.

회사의 인프라를 나를 성장시키는 데 최대한 활용하세요. 작은 무대에서 시작해, 점점 더 많은 무대에 설 수 있습니다. 기회는 주어지는 게 아니라 움직이는 사람에게 열립니다.

**숲이 황폐해지면
산도 무너진다**

숲이 황폐해지고 나무들이 제대로 자라지 못하면, 나무 뿌리가 서로 얽혀서 숲을 든든하게 지지해주지 않으면, 아무리 높은 산이라 할지라도 홍수가 올 때 쉽게 무너집니다. 조직도 마찬가지입니다. 개발문화가 퇴보하고 개발자들이 성장을 멈추면 조직 전체가 흔들립니다.

개발문화는 단순히 개발자 개인의 성장을 위한 양분이 아닙니다. 숲 생태계의 다양한 생물처럼 조직 구성원 모두가 서로 의지하고 협력하며 성장하는 토양입니다. 개발문화가 부족한 조직은 마치 건조한 사막과 같아서 새로운 아이디어는 싹트지 않고 작은 불씨도 큰 화재로 번질 수 있습니다. 반면, 건강한 개발문화를 가진 조직은 끊임없이 진화하고 성장하는 울창한 숲과 같습니다. 혁신적인 아이디어가 꽃피고 구성원 모두가 자신의 역량을 발휘하며 시너지를 창출합니다.

개발문화가 없거나 퇴보한 조직에서는 다음과 같은 어려움을 겪습니다.

- 프로젝트마다 프로세스가 다르고 목표도 명확하지 않아 개발자들이 혼란을 겪습니다.
- 최신 기술을 배우고 적용할 기회가 부족하고 개발자의 성장을 위한 지원이 미흡합니다.
- 개발팀과 다른 부서 간의 소통이 원활하지 않고 수직적인 조직문화가 만연합니다.
- 좋은 개발자가 떠나고 팀은 점점 약해집니다. 남은 사람들도 동기를 잃고 '여기서 더 클 수 있을까?'라는 고민을 시작합니다.

여러분이 지금 있는 그 팀은 어떤 '숲'인가요? 여러분이 성장할 기반이 있는 팀인가요? 아이디어를 제안할 수 있고, 코드 리뷰에서 배울 수 있으며, 내가 만든 문화를 후배에게도 전할 수 있는 팀인가요?

개발문화는 단순히 조직의 이미지가 아니라 여러분의 오늘과 내일을 결정짓는 중요한 환경입니다. 그리고 이 문화를 지키고 발전시켜나가려면 여러분의 역할이 중요합니다. 좋은 환경을 만들 줄 아는 사람, 함께 일하고 싶은 동료인 사람이 더 큰 기회를 얻습니다.

TRACK 10

퇴비가 있어야 토양이 비옥해진다:
개발자 성장

_ 스스로 지식 공유 모임을 만들어 성장과 네트워킹을 동시에 이뤄보세요.
_ 혼자 공부하지 말고, 함께 배우고 나누며 지속 가능한 학습 문화를 만들어보세요.
_ 회사에 기여할 수 있는 사이드 프로젝트를 주도해보세요.
_ 동료들과 함께 실패 경험담 배틀을 해보세요.

배워서 남주는 개발자들
#카카오페이의 자발적 기술 공유 문화

카카오페이에는 자발적으로 지식을 공유하는 사내 모임이 있습니다. '익혀서 남 주는 모임(익남모)' '꼬리에 꼬리를 무는 지식(꼬꼬지)'이라는 이름만 봐도 알 수 있듯 배운 것을 나누는 데 의미를 두는 모임입니다. 이들은 각각 프런트엔드 지식과 결제 서버 개발 정보를 주기적으로 공유합니다.

이 모임들은 누군가의 주도로 자연스럽게 시작됐습니다. 같은 관심사를 가진 개발자들이 모여 지속적으로 세미나와 발표를 이어가고 지금은 정기적인 활동으로 자리 잡았습니다. 이러한 모임은 처음에 어떻게 시작되었고, 현재 어떻게 운영되고 있을까요? 또한 모임을 이끌어가는 데 회사 문화는 어떤 영향을 미치고 있을까요?

익남모와 꼬꼬지를 이끌고 있는 에릭과 스노우를 인터뷰했습니다.

▼ 인터뷰

Q1. 각자 자기소개 부탁드립니다.

에릭 익남모 모임을 운영하고 있으며 카카오페이 서비스 전반의 프런트엔드 개발팀의 팀장을 맡고 있는 에릭입니다.

스노우 꼬꼬지 모임을 운영하고 있으며 카카오페이 해외 온라인 결제 서버 개발팀의 팀장을 맡고 있는 스노우입니다.

Q2. 이 모임을 시작한 계기가 뭔가요?

에릭 입사한 지 얼마 되지 않아 팀이 바뀌었는데 일이 없는 거예요. 그래서 '내가 알고 있는 지식이라도 공유하는 모임을 만들어보자' 해서 시작했는데, 코로나 시작하기 직전부터니까 19년 말에 시작해서 벌써 5년이 넘었네요. 2년 동안은 거의 온라인으로 진행하면서 녹화하고 영상 공유하고 그렇게 시작했습니다.

스노우 저희는 팀에서 3명 정도가 스터디를 하고 있었는데, 이런 내용은 우리끼리만 알고 끝내기가 너무 아쉽다, 좀 더 많은 사람에게 알려보자 해서 꼬꼬지라는 모임을 시작했어요. 참여자가 하나둘씩 늘어나기 시작하더니 어느덧 클랜* 단위의 모임이 되었네요.

Q3. 주 참여자는 누구인가요?

에릭 FE 길드**는 대부분 참여합니다. 물론 모두 오프라인으로 참여하시진 않고, 온라인으로 참여하면서 라디오처럼 듣는 분들도 계신데요, 온라인과 오프라인 참여자 모두를 합하면 거의 모든 FE 길드원이 참여한다고 보시면 됩니다.

스노우 지금은 결제 클랜에서 지식을 공유하는 모임으로 발전했어요. 이제는 클랜 장이 클랜의 한 해 계획에 꼬꼬지 모임을 언급할 정도로, 클랜의 주요 모임으로 인정받게 되었죠. 발표를 통한 참여를 권장하지만 강제하지는 않습니다.

---

* 카카오페이에서 '클랜'은 여러 개의 팀을 묶은 실 단위의 서비스 개발 조직을 뜻합니다. 서비스를 기준으로 개발/기획/디자인 등 여러 직군이 함께 일하고 있습니다.

** 카카오페이에서 '길드'는 같은 기술을 가진 개발직군끼리의 가상 조직을 뜻합니다.

Q4. 발표자와 주제는 어떻게 섭외하나요?

에릭 주변 동료에게 발표를 권하는 편입니다. 하고 있는 일과 관련하여 발표하도록 하거나 새로운 기술이 나왔을 때 스터디한 결과를 공유하는 자리를 갖도록 하기도 하고요. 꼭 기술적인 내용이 아니더라도 네트워킹하는 자리를 주기적으로 만들기 위해 비기술적인 내용, 예를 들어 여행 경험 등을 공유하도록 하기도 합니다. 익남모는 항상 사내에 오픈하여 사내 누구나 참여할 수 있습니다.

스노우 저 역시 비슷합니다. 팀에서 스터디하다가 좀 더 넓은 클랜 단위로 공유하게 되었고, 지금은 클랜 내에서 발표하실 분들을 섭외하고 있죠. 꼬꼬지 세미나도 항상 사내에 오픈하고 있어 다른 조직 분들도 참여가 가능합니다.

Q5. 운영하시면서 어려운 점이 있나요?

에릭 발표자를 찾는 게 어려워요. 가급적 발표해본 적이 없는 사람에게 발표를 유도하려고 노력하는 편이죠. 근데 발표를 두려워하는 분들은 계속 안 하려고 하고, 결국 했던 분이 또 발표하게 되는 편이에요.

스노우 저 역시 발표자를 찾는 게 어려워요. 주변에 아는 사람에게 먼저 부탁하는 편이죠.

Q6. 지금까지 어떤 주제들을 다루었나요?

에릭 2020년부터 2024년 10월까지, 무려 84회의 세미나를 진행했어요. 주로 현재 개발하면서 다루고 있는 FE 기술부터 최근의 FE 기술 소식 등을 다루고 있습니다. 때론 개발 주제를 넓혀 개발 방법론이나 아키텍처, 테스트 코드 작성 등도 다루고 있습니다. 올해 발표한 주제만 보여드리면 다음과 같습니다.

- AWS re:Invent 참석 후기
- 증권 FE 개발팀의 애자일하게 일하는 법
- 트리를 밝혀줘
- Next.js 프로젝트에서 Mocking을 해결한 방법
- 애니메이션 개발 with Framer-motion
- 나를 더 강하게 만드는 Next.js
- Docker 101
- 웹 성능 개선 사례 공유
- SSR 이야기
- 알쓸HH(알아두면 쓸 데 있길 바라는 HTTP headers)

- 바텀웹뷰로 서비스 만들기
- STATE OF CSS 2023 – Features
- HTML 스트리밍의 이해와 구현

스노우 저는 주로 시즌제로 운영하고 있어요. 자바나 코틀린, 함수형 프로그래밍에 대한 주제가 많습니다. 최근 시즌에 나온 발표의 제목을 소개해드리면 다음과 같습니다.

- 빈틈없는 코드, 빈틈없는 배포: 샌박 배포와 회귀 테스트의 마법
- 청구서 프런트 이중화로 가는 길
- Google Cloud Next '24 참관 후기
- 코틀린 코루틴 – 스레드와 디스패처 관점에서 살펴보기
- Thread Context를 사용한 운영 로그 톺아보기
- 이름을 정해주세요(새로운 언어 만들기)
- 코다기(코틀린을 다루는 기술) 스터디 3.5회 진행 후기
- 진짜 앱으로 수행하는 운영 환경! 데일리 모바일 결제 자동화 테스트
- 페이먼트 그룹 오픈소스 함께 만들어봐요!

자발적 문화는 개인의 열정만으로는 어렵습니다. 혼자가 아닌 동료와 함께 성장하는 분위기를 회사 전반에 조성하고, 사내 도서 지원 같은 제도가 이를 뒷받침하면 훨씬 쉽고 자연스럽게 만들어집니다.

> **참고** | **카카오페이의 무제한 도서 지원 제도**
>
> 카카오페이 구성원이 스스로 공부하는 문화를 조성하는 데 한몫 보태고 있는 복지 제도가 있습니다. 바로 업무 분야 도서 구매 무한정 지원 제도입니다. 이러한 제도 덕에 자기계발을 위해 도서를 구입할 때 부담 없이 사게 됩니다. 무제한 구매여서 오남용을 불러일으키지 않겠냐는 우려가 있을 수도 있겠지만, 업무 목적 외의 도서는 지원하지 않는다는 가이드가 분명하고 조직장의 승인을 거쳐야 하기 때문에 그럴 일은 없습니다.
>
> 보통 개발 조직에서 관련 도서를 다 같이 구입하여 해당 도서를 함께 스터디하는 경우가 많습니다. 도서비 지원으로 조직원의 자기계발이나 성장을 이끌어낼 수 있다면 회사 입장에서는 효율적인 투자입니다.

산드로 만쿠소Sandro Mancuso는 『소프트웨어 장인』(길벗, 2015)에서 배움의 문화를 만들기 위한 다양한 실천 방법들을 다음과 같이 구체적으로 제안합니다.

- 북클럽에 가입하기
- 테크 런치 진행하기
- 그룹 토론회에 참여하기
- 업무 교환하기
- 그룹 코드 리뷰하기
- 코딩 실습하기
- 내부 학습 모임을 만들기
- 회사에서의 펫 프로젝트 시간을 허용하기
- 외부 기술 커뮤니티와 교류하기

이처럼 다양한 방법들을 통해 배움의 문화를 만들 수 있습니다. 중요한 점은 누군가 모임을 만들어주길 기다리지 말고 직접 나서는 것입니다. 여러분이 먼저 움직이면 조직 전체에 새로운 에너지가 생깁니다. 지금부터 해보고 싶은 활동을 정해서 실천해보는 건 어떨까요?

스터디부터 사이드 프로젝트까지
#카카오페이의 자율 성장 시스템

카카오페이에는 개발자가 자발적으로 지식을 나누고 함께 성장하는 문화가 자연스럽게 자리 잡고 있습니다. 기술 영역 모임인 '길드'의 스터디와 '슬랙 봇' 같은 사이드 프로젝트까지, 개인의 작은 시도가 모여 조직 전체를 움직이는 변화를 만들고 있습니다. 지금부터 이러한 기술 공유 문화의 실제 사례와 그 중심에 있는 사람들의 이야기를 전합니다.

스터디가 만든 기술 공유 생태계

스터디를 주도하고 발표에 적극적으로 참여해보세요. 다른 사람에게 설명하는 과정에서 지식은 더 깊이 각인됩니다. 관심 있는 기술 분야나 개발 도메인을 중심으로 스터디에 참여해보는 것도 좋은 방법입니다.

카카오페이 내부에는 앞서 소개한 '익남모' '꼬꼬지'처럼 회사가 아니라 개발자 주도로 이루어지는 기술 공유 모임이 있습니다. 또한 특정 기술 주제별로 '길드'도 형성되어, 길드별로 자유롭게 세미나 스터디를 주기적으로 열고 그 결과물을 모두 공개하여 누구나 열람이 가능합니다. 프런트엔드, 결제 서버 개발 외에도 안드로이드, iOS, 기술 지원 등 다양한 조직에서 세미나를 주기적으로 진행합니다. 여기에 팀마다 자발적으로 운영하는 스터디까지 더해지면서 스스로 학습하고 공유하는 문화가 자연스럽게 정착되었습니다.

이번에는 FE, Android, iOS의 길드 장(길드의 리더)인 벤, 데미안, 헨리와의 인터뷰를 통해 카카오페이의 기술 학습 문화에 대해 나눠보려 합니다.

▼ 인터뷰

Q1. 자기소개 부탁드립니다.

벤 FE 길드 장을 맡고 있는 벤입니다. 사용자에게 더 나은 카카오페이 서비스를 제공하기 위해 FE 기술을 길드원에게 공유하고 길드원의 기술 역량을 향상시키는 것을 목표로 하고 있습니다.

데미안 Android 길드 장을 맡고 있는 데미안입니다.

헨리 iOS 길드 장을 맡고 있는 헨리입니다.

Q2. 길드에서 주도하는 세미나는 어떤 형식으로 진행하고 있나요?

벤 FE에서는 '익남모' 외에도 다양한 세미나를 진행합니다. 예를 들어 '테크한잔'은 서로 기술을 공유하는 과정에서 좀 더 깊게 보고 싶은 아티클, 기술 소개를 선정하여 각자가 해당 내용을 공부한 것을 가지고 토론하는 방식입니다. 그리고 '핸즈온'은 보다 적극적인 기술 공유로 특정 기술에 대해 실제로 코드를 작성해가며 익힐 수 있는 세미나로 반기에 한 번 정도 준비하고 있어요.

데미안 Android 길드는 거의 매달 '길드 데이'를 개최합니다. 주로 이터레이션(주기적인 배포 시점) 이후에 해당 이터레이션에서 있었던 기술적 이슈와 새로운 기술 트렌드 등을 공유하는 자리를 갖습니다. 새로운 기술을 제안했을 때 길드 데이를 통해 발표하게 해서 기술적으로 검토하기도 합니다.

헨리 iOS 길드도 Android 길드와 비슷하게 운영하고 있습니다.

Q3. 세미나 외 길드 활동으로는 어떤 게 있나요?

벤 FE 개발 직무인 입사자를 대상으로 FE 기술 온보딩을 교육하고 있습니다.

데미안 Android 역시 신규 입사자를 대상으로 Android 기술 온보딩을 교육합니다. 입사 후 코딩 과제를 통해 카카오페이의 코딩 컨벤션과 서비스 아키텍처를 익히는 3주 과정입니다. 서비스 아키텍처에 변경이 있을 때도 길드원들이 모여서 모여서 같이 논의하고 결정합니다.

Q4. 카카오페이의 길드에 대한 역사가 궁금합니다. 어떻게 시작되었나요?

벤 카카오페이에서는 서비스 개발을 중심으로 묶이는 것을 '목적 조직', 기술을 중심으로 묶이는 것을 '기능 조직'이라고 합니다. 서비스가 커지면서 기능 중심으로 구성된 기술 조직을 서비스 개발 중심의 목적 조직으로 재편하게 되었지만, 여전히 기술은 기능 중심으로 공유될 필요가 있었습니다. 이를 만족시키기 위해 기능 중심의 가상 조직인 길드가 탄생했고 지금까지 가상 조직으로서 기술 공유 역할을 충실히 하고 있습니다.

헨리 iOS 길드 조직은 사실 길드가 있기 전에 소규모 팀이던 시절 팀원 간 끈끈한 네트워킹을 유지하고 있었습니다. 팀 내에서 기술 공유가 원활히 이루어지고 있었고요. 회사가 커지고 팀 규모도 커지면서 기존의 팀 문화를 길드에도 적용하다 보니 현재의 길드도 잘 운영되는 것 같습니다. 기존 조직이 잘 다듬어둔 문화를 새로운 팀원이 합류할 때 잘 받아들이면서 그 명맥을 유지하게 되는 것 같아요.

Q5. 새로운 운영 계획이 있다면요?

헨리 길드 운영은 아니고 클라이언트실 내에서 계획 중인 모임이 있습니다. 카카오페이의 클라이언트 기술인 Android, iOS, FE가 모인 '올핸즈 미팅'을 통해 클라이언트의 기술을 다 함께 공유하는 자리도 가질 계획입니다.

길드의 긍정적인 기능이 주목받으면서 최근에는 길드 사례를 회사 내에 널리 퍼뜨리려는 움직임도 보이고 있습니다. 이는 자기 주도적인 성장이 곧 회사의 성장과도 연결된다는 믿음을 크루와 회사가 함께 공유한다는 뜻이기도 합니다.

사이드 프로젝트가 회사를 바꾼다

길드 외에도 카카오페이 개발자들은 사이드 프로젝트를 통해 회사 문화와 업무 효율 향상에 기여하고 있습니다. 특히 주요 커뮤니케이션 도구로 슬랙을 도입한 이후 개최한 '슬랙 봇 해커톤'에서는 다음과 같은 유용한 봇들이 탄생했습니다.

봇 이름	설명
춘식이 봇	• 슬랙의 주요 기능(알림, 정보 호출, 메시지 주고받기 등)을 간단한 설정만으로 활용할 수 있게 제공한 일종의 플랫폼 봇입니다. • 휴가 알림 설정, 근무 상태 변경, 짤 등록 기능이 있으며 깃허브와 연동됩니다. • 춘식이 어드민 기능을 통해 메시지를 주고받는 기능을 자바스크립트로 구현할 수 있는 환경을 제공합니다.
죠르디 봇	• 회의 10분 전에 미리 안내하거나 회의실 위치, 지각자 호출 기능을 제공합니다.
앙몬드 봇	• 슬랙 정보 채널을 아카이빙하여 개발자 뉴스레터 발행 시 불필요한 복사/붙여넣기 작업을 자동화합니다. • TIL(Today I Learned) 기록 및 공유 기능을 제공합니다.

사전 봇	• 구글 시트에 저장된 사내 기술 용어를 쉽게 검색하고 기록하기 쉽도록 입출력 기능을 제공합니다.
너의 변수명은 봇	• 개발자들이 고통스러워하는 변수명 작성을 도와줍니다.
스몰톡 봇	• 매일 하나의 질문으로 자연스러운 정보 공유를 유도하는 커뮤니케이션 봇입니다. • 질문은 자유롭게 정할 수 있으며 답변 또한 자유롭게 합니다. 너무 바쁘면 답변하지 않아도 됩니다. 바쁜 일상에서 잠깐 쉬어가는 시간을 제공합니다.

일부 봇의 개발 과정은 카카오페이 기술 블로그인 Tech Log[*]에 소개하고 있으니 참고해보세요.

이 중 어떠한 대가도 없이 자발적으로 개발한 봇도 있고, 꾸준히 업그레이드되어 전사 커뮤니케이션 도구로 자리 잡은 봇도 있습니다. 이렇게 업무 효율이나 개발문화 개선에 도움이 되는 사이드 프로젝트를 통해 회사에 기여할 수 있는 기회는 얼마든지 열려 있습니다.

성장은 개인에서 시작되어 조직으로 확장됩니다. 사이드 프로젝트를 통해 회사에 기여하는 것이 바람직한 모습이라는 점을 잊지 않았으면 좋겠습니다. 개인의 성장이 조직의 성장을 가져온다는 공식을 스스로 증명하지 않으면 회사는 지원의 손길을 거둘지도 모릅니다. 여러분도 팀 내 기술 스터디를 제안하거나 자동화 봇 아이디어를 구체화하는 것부터 시작해보세요.

단, 본업에 충실해야 한다는 점을 잊지 마세요. 본업에 책임을 다하는 가운데 사이드 프로젝트가 시너지를 내야 조직도, 여러분도 지속 가능한 성장을 이룰 수 있습니다.

---

[*] 죠르디 봇: https://tech.kakaopay.com/post/pay-meeting-bot-story
앙몬드 봇: https://tech.kakaopay.com/post/slack-angmondbot
사전 봇: https://tech.kakaopay.com/post/dictionary-bot
너의 변수명은 봇: https://tech.kakaopay.com/post/variable-name-bot-haero-sery-bread

성장은
실패와 회고의 반복에서 온다

실패를 다루는 개발자, 회고하는 팀이 오래 갑니다.

우리는 대부분 일을 할 때 실패를 최소화하려고 노력합니다. 그래서 검증된 사례best practice를 찾아 따르고 손실 비용을 최소화하기 위해 일을 작은 단위로 나눠서 단계별로 진행합니다. 이는 워터폴waterfall 개발 방식인데요, 과거의 소프트웨어 개발 방식으로 마치 폭포수가 한 단계씩 떨어지듯 각 단계가 완료되어야 다음 단계로 넘어갈 수 있습니다.

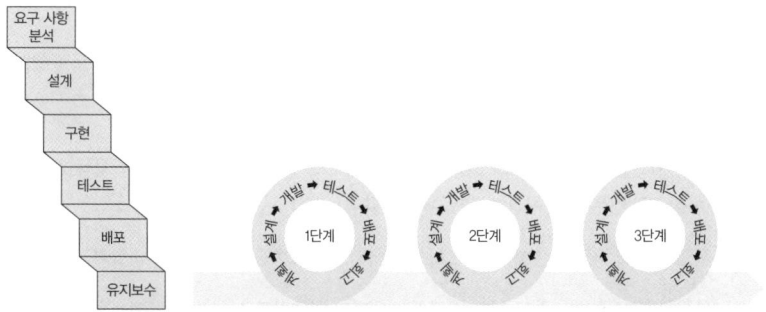

워터폴 개발 방식(좌)과 애자일 개발 방식(우)

전통적인 워터폴 개발 방식과 달리, 애자일agile 개발 방식은 반복적iterative이고 점진적incremental으로 진행하여 여러 번의 시행착오를 거치면서 더 발전된 다음 버전을 내놓습니다. 애자일 방식의 핵심은 짧은 개발 주기sprint를 통해 소프트웨어를 반복적으로 개발하고 개선하는 것입니다. 또한 애자일은 실패를 두려워하지 않고 빠른 학습과 지속적인 개선을 통해 더 나은 결과를 얻는 것을 목표로 합니다. 빠르게 실패를 여러 번 겪으면서 더 나은 버전을 만들어가는 것이죠. 최근 대부분의 IT 서비스 개발 회사에서 애자일 개발 방식을 채택하여, 작은 실패를 반복하면서 성장한 결과물을 만들어내고 있습니다.

『이펙티브 엔지니어』(길벗, 2022)에서는 '빨리 실패하는 시스템을 만들라'고 합니다. 문제를 더 빨리 직접적으로 드러내서 실패할수록 이를 빠르게 수정할 수 있으므로 소프트웨어 유지보수와 디버깅에 드는 시간을 줄일 수 있다는 의미입니다. 프로그램이 멈추지 않고 계속 작동하는 우회로가 생기면 소프트웨어가 '느리게 실패'한다는 것인데요. 이러한 우회로는 해독하기 어려운 버그로 발전하게 됩니다. 이 책에서는 빨리 실패하기의 예를 다음과 같이 제시하고 있습니다.

- 시작할 때 설정 오류를 발견하면 바로 종료하기
- 소프트웨어 입력 확인하기(오랜 시간이 지난 후 사용되지 않을 예정이라면 더욱 중요)
- 다룰 줄 모르는 외부 서비스에서 발생한 오류를 무시하지 말고 표시하기
- 컬렉션과 같은 자료 구조의 특정 변경이 반복자와 같은 종속 자료 구조를 사용할 수 없는 상태로 만든다면, 최대한 빨리 예외를 발생시키기
- 주요 데이터 구조가 손상됐을 때 시스템 내부 손상을 차단하고 예외 발생시키기
- 복잡한 로직 전후에 주요 불변 값이 유지된다고 단언하고 자세한 오류 메시지 첨부하기
- 유효하지 않거나 일관성이 없는 프로그램 상태를 개발자에게 최대한 빨리 경고하기

최종 결론에 다다를 때까지는 여러 번의 시도와 실패를 반복하면서 더 나은 방법을 찾아야 합니다. 사실 일에 있어서 실패란 없습니다. 실패라고 부르는 몇 번의 테스트를 거치고 나면 성공에 이를 수 있기 때문입니다.

카카오페이에서도 실패를 당당하게 공유하는 문화를 만들기 위해 '오늘의 실패는 내일의 성공'이라는 제목으로 다음 세션을 열었습니다.

- AB Test? 입 벌려 BDA 실패 비법 들어간다!
- 카카오페이 서비스 실패 탐지 및 실패 원인 분석
  - 고객의 실패 탐지하기: 클라이언트 기반 모니터링(real user monitoring)
  - 디펜던시에서 찾는 실패의 원인: 모니터링 표준안(fullstack monitoring)
- Testcraft 사용 방법 안내(실패 사례를 곁들인)

그런데 '실패로만 끝난 이야기'를 발표하겠다고 나서는 사람은 없었습니다. 이렇게 실패를 드러내기 어려워하는 이유는 개인의 실패가 아닌 팀의 실패로 인식될 때, 팀 전체의 책임으로 비춰질까 염려하는 마음 때문일 것입니다. 이처럼 아직은 실패를 완전히 수용하기 힘들고 실패를 공유하는 것에 대한 심리적 부담은 여전히 존재합니다.

한편, 동일한 실패가 반복되지 않고 의미 있는 경험으로 만들기 위해서는 반드시 회고가 필요합니다. 회고 과정에서 다음 질문들을 먼저 생각해봐야 합니다.

- 목표를 달성했는가?
- 결과의 품질은 어떠했는가?
- 다음 단계는 무엇인가?

대부분의 회사에서는 분기별 또는 반기별로 목표 설정, 성과 평가 그리고 회고의 과정을 반복하며 잘한 점과 아쉬운 점을 기록합니다. 여기서 특히 중요한 것은 '아쉬운 점'입니다. 이 부분이 다음 단계 계획을 수립하는 단서가 되기 때문입니다.

실패를 숨기지 말고 기록하고 공유하며, 회고하는 과정을 성장의 발판으로 삼으세요.

TRACK 11

오직 갖고 싶은 것은 높은 개발문화의 힘:
조직 성장

_여러분의 지식을 말이나 글로 구조화해 주변 동료들에게 공유해보세요.
_경험 많은 선배 개발자와의 1:1 대화를 통해 혼자서는 얻을 수 없는 인사이트를 얻어보세요.
_동료를 칭찬하며 동료와 친밀감을 쌓게 되는 기회를 놓치지 마세요.
_칭찬 메시지, 축제, 네트워킹 등 관계를 쌓는 작은 실천이 개발자로서의 성장을 가속화합니다.

지식 나눔으로 함께 자라는 숲 만들기
#공유

지식 공유의 수혜자에서 출발해 공유의 주체자로 나아가는 과정에서 '함께 자라는 조직'이라는 울창한 숲을 만들 수 있습니다. 지식 공유는 단지 남을 위한 일이 아니라, 나의 관점을 확장하고 성장의 깊이를 더해 주는 도구입니다.

카카오페이는 이런 공유 기반의 성장을 실현하기 위해 여러 플랫폼을 운영하고 있습니다. 지금부터 소개하는 사례들이 여러분이 속한 조직에서도 어떤 방식으로 지식 공유를 설계할 수 있을지에 대한 실마리가 되길 바랍니다.

카카오페이에서는 개인이 혼자 성장하지 않고, 팀과 조직의 일원으로 함께 자랄 수 있도록 다양한 형태의 지식 공유 플랫폼을 운영합니다.

- **스터디**: 함께 지식 성장을 추구합니다.
- **하우스키핑 데이**: 미뤄두었던 일을 처리합니다.
- **테크톡**: 기술 경험을 공유하면서 스스로 지식 성장을 이룹니다.
- **기술 블로그**: 글쓰기를 통해 외부와 소통하며 퍼스널 브랜딩과 채용에 기여합니다.
- **테크북과 용어 사전**: 기술적 지식을 한곳에서 모아 효율을 높입니다.
- **기술 온보딩**: 사내에서 사용하는 기술을 전반적으로 다룹니다.

이 중에서 특히 낯설 수 있는 두 가지, 하우스키핑 데이와 용어 사전을 더 자세히 소개하겠습니다. 이 플랫폼들이 어떻게 개인과 조직의 성장을 돕는지 함께 살펴보세요.

하우스키핑 데이

다음은 카카오페이의 하우스키핑 데이에 대해 소개한 글[*]입니다.

> 바쁜 업무 일정으로 정리해야 할 업무가 구석에 쌓여있는 모습, 익숙하지 않으신가요? 카카오페이는 올 4월부터 우선순위에 밀려 쌓여있는 기술 부채를 해소하고 정리하자는 의미에서 하우스키핑 데이를 마련해 매월 마지막 주 목요일 대청소를 하고 있습니다.
>
> 첫 하우스키핑 데이 전에는 '하루 혹은 반나절이라는 시간을 청소하는 데 쓸 수 있을까?'라는 크루들의 걱정이 많았습니다. 하지만 한 번 청소를 해본 크루들은 '하우스키핑 데이를 통해 팀원들과 온/오프라인에서 모여 그동안 미처 정리하지 못했던 업무들을 정리할 수 있어서 좋았다' '나중에~ 여유 있을 때 하자고 말만 했던 업무들을 처리할 수 있게 되어 너무 좋다' 등 긍정적인 피드백을 주셨습니다. 그리고 기술직군 대상으로 시작한 하우스키핑 데이는 점차 PM 직군 등 여러 직군이 모여 함께 청소하는 모습까지 보이기 시작했습니다.

---

[*] https://tech.kakaopay.com/post/kakaopay-dr-01

> 카카오페이 하우스키핑 데이에서 크루들은 다음과 같은 것들을 청소합니다.
> - **해도 해도 끝이 없는 문서**: Wiki 현행화, Wiki 구조 정리, README 작성
> - **더 이상 사용하지 않는 것들**: Deprecated API, 테이블, Git 브랜치 등
> - **잊고 지내던 Jira**: 쌓여 있는 티켓 청소, 중복 제거
> - **기타 이슈**: 바빠서 들여다보지 못했던 이슈 딥다이브
>
> 더 이상 청소할 게 없어서 카카오페이가 반짝반짝해지는 그날까지 하우스키핑 데이는 계속됩니다. 팀 상황에 맞게 온/오프라인에서 다양한 모습으로 청소하고 있는 크루들의 모습을 남기며 하우스키핑 데이 소개를 마치겠습니다.
>
> 청소는 집에서도, 카카오 아지트에 모여서 할 수도, 카페에서 할 수도 있습니다. 시간과 장소 구애 없이 크루들만 있다면 우리 모두 청소할 수 있어요!

이처럼 하우스키핑 데이에는 정말 다양한 업무가 수행되는데요, 그간 쌓였던 기술 부채를 해소하는 일뿐만 아니라 팀 그라운드 룰 정하기, 특정 기술 세션을 함께 시청하고 소감 나누기, 사용하고자 하는 도구들을 비교 분석하고 시연하기, 시스템 이관하기, 모니터링 강화하기, 가이드 개선하기 등 평소에 우선순위를 미뤄두었던 일을 재정비하는 시간으로 활용됩니다.

춘식이 사전

다음은 카카오페이의 용어 사전인 춘식이 사전 관련 공지 글[*]입니다.

> **춘식이 사전이 카카오페이 용어를 품었어요!**
>
> 아셨어요? 춘식이 사전 봇으로 카카오페이 용어 찾기가 가능하다는 사실! 뿐만 아니라 내가 종종 찾는 업무 관련 사이트의 URL도 찾아준다는 사실!

---

[*] https://tech.kakaopay.com/post/dictionary-bot

> 카카오페이 내부에서 사용하는 용어, 구글 시트나 wiki로 정리해두었는데 막상 필요할 땐 찾기 힘드시죠?
>
> 우리가 가장 많이 사용하는 도구인 슬랙에서 카카오페이 내부 용어를 쉽게 검색해볼 수 있는 기능을 제공하여, 원활히 협업하는 데 조금이나마 도움을 드리고자 합니다. 또한 '가끔 찾아보는 사내 사이트 URL이 뭐였더라?' 할 때 쉽게 찾아주고자 합니다.
>
> 춘식이 사전 봇의 주요 기능은 다음과 같아요.
> - **카카오페이 용어 찾기**: 카카오페이 내부 용어집에서 원하는 용어 찾기
> - **(없는 용어는) 내가 직접 넣는다!**: 단어, 사이트 추가하기
> - **(잘못된 용어는) 내가 직접 수정한다!**: 용어집 구글 시트에서 바로 수정하기

춘식이 사전 봇은 새롭게 생긴 용어나 회사 내에서만 쓰는 줄임말들을 찾는 데 유용합니다. 사내 문서에 용어 정의가 없는 경우가 종종 있는데, 이럴 때 사전이 큰 도움이 됩니다. 실제로 신규 입사자가 입사할 때마다 봇의 사용 로그가 증가하는 것을 보면, 특히 신규 입사자에게 많은 도움이 되고 있음을 알 수 있습니다. 또한 기존에는 구글 시트로만 용어를 공유해 접근성이 떨어졌지만, 이제는 슬랙과 연동하여 쉽게 검색할 수 있게 되었고 검색 로그를 분석함으로써 신규 입사자가 자주 찾는 새로운 용어가 무엇인지 확인한 후 추가할 수 있게 되었습니다.

'원소스, 멀티유즈'란 말은 누구나 알 것입니다. 자신이 가진 콘텐츠를 사내 문서로 작성하고, 테크톡에서 발표하고, 기술 블로그에 기고하고, 콘퍼런스 발표로 확장하는 등 다양한 방식으로 공유해보세요. 어느덧 같이 성장해 있는 나와 조직을 보게 될 것입니다.

> **dan.dy(댄)/기술전략팀** 10:00 PM
> .. 이터레이션
>
> **척척박사 춘식이** APP 10:00 PM
> 춘식이가 얼른 찾아올게요~
>
> **단어 "이터레이션"을 찾았어요! ^O^**
>
> 동의어
> 이터
>
> 범주
> 프로덕트
>
> 설명 (참고URL)
> 카카오톡, 페이앱의 Native 영역의 정기적인 배포 주기를 의미하며, 프로덕션 프로세스에서 과제 형태로 관리하고 있음
>
> 관련단어
> iteration, 논이터레이션, non-iteration
>
> 유사단어
> 논이터, 논이터레이션
>
> [춘식이 사진 열기] [위키 검색하기] [단어 추가] [사이트 추가] [문의하기]

춘식이 사전 봇

선배는 나무의 성장에 영양제가 된다
#성장

  개발자는 혼자서도 얼마든지 지식을 쌓을 수 있습니다. 참고할 문서도 많고 강의도 넘쳐납니다. 하지만 지혜는 혼자서 얻기 어렵습니다. 경험에서 우러나오는 통찰과 결정의 무게, 실패에서 배운 균형 감각 같은 것들은 시간을 지나온 사람에게만 나타납니다. 카카오페이는 이러한 경험 기반의 성장을 위해 리더와의 원온원 미팅, CTO와의 오피스 아워라는 제도를 운영하고 있습니다.

원온원 미팅

원온원 미팅은 팀 리더와 팀원이 정기적으로 1:1로 미팅을 진행하며, 가벼운 근황으로 시작해 업무의 어려움, 우선순위, 협업 이슈 등을 보다 깊이 나누는 시간입니다. 평소 리더는 팀원 각자에게 집중하기 어려운데, 원온원이 이를 해결해줍니다.

리더는 원온원을 본인의 주요 업무 중 하나로 인지하고 주기적으로 시간을 내어 미팅을 진행합니다. 미팅 주기는 팀의 규모나 환경에 따라 다른 편인데요, 제가 속한 팀에서는 3주에 한 번, 30분씩 진행하고 있습니다. 리더 입장에서도 원온원은 단순한 상담이 아닙니다. 구성원을 더 잘 알게 되는 가장 효율적인 방법이며 동시에 팀의 흐름을 조율하는 수단이기도 합니다. 물론 원온원이 이렇게 동작하려면 회사가 리더에게 단지 '성과를 내는 사람'이 아니라 '사람을 성장시키는 사람'으로서의 역할도 같은 비중으로 인정해 줘야 합니다.

원온원을 하며 업무 진행 과정을 같이 살펴보고 방향이나 성과 기준에 대해 동의하고 명확히 할 수 있습니다. 업무 성과에 대한 직접적인 피드백을 할 수도 있고요. 피드백이 자주 오가므로, 반기나 연말이 되어야 드러나던 팀장과 팀원 간의 성과 인식의 차이를 미리 해소할 수 있습니다.

원온원 미팅을 할 때 보통 본인의 고충을 털어놓기도 하지만, 내가 팀장을 돕는다는 입장으로 오히려 팀장의 업무 고민을 이해하고 해결 방법을 제안하는 기회로도 삼을 수 있습니다.

『실리콘밸리에선 어떻게 일하나요』(더퀘스트, 2022)에서는 '상사를 돕는다'는 개념의 매니지업manage up을 다음 세 가지 측면에서 설명합니다.

- **정보 제공**: 상사가 알아야 할 정보를 먼저 제공한다.
- **도움 요청**: 상사에게 받아야 할 도움을 스스로 요청한다.
- **피드백 요청과 제공**: 상사에게 먼저 피드백을 요청하고 또한 제공한다.

이렇게 팀장을 돕는다는 마음으로 원온원을 통해 매니지업을 하다 보면 팀 전체 성과가 올라가고, 회사 생활이 만족스러워지며, 나의 성과가 공정하게 평가될 수 있습니다.

오피스 아워

오피스 아워는 CTO와 1:1로 대화할 수 있는 시간입니다.

우리는 누구나 자신의 성장을 고민합니다. 그 성장의 방향을 기술의 정점에 있는 CTO에게 들을 수 있는 기회가 열려 있다는 것은 생각보다 큰 혜택입니다. 특히 연차가 낮을수록 CTO와 대면할 기회가 적은데, 이 기회를 활용하여 기술직군 선배의 경험을 배울 공식적인 기회가 됩니다.

오피스 아워 후기를 소개합니다.

- "업계에 오래 몸담은 한 명의 선배로서 그리고 오랫동안 함께 일해온 상사로서 두 가지 측면에서 조언을 구했습니다. 큰 도움이 되었고 앞으로 커리어를 쌓고 업무를 수행하는 데 큰 도움이 될 것이라는 확신이 들었습니다."
- "회사 규모가 커짐에 따라 CTO를 쉽게 만나기 어려운데 별도의 시간을 내어 뵐 수 있어서 좋았습니다. 카카오페이의 CTO가 생각하는 회사의 방향, 기술적 성장에 대한 진솔한 생각을 들을 수 있어서 유익했습니다."
- "말단 크루로서 CTO와 대화를 해볼 만한 기회를 가지기 쉽지 않은데, CTO로서 고민하시고 신경 쓰고 계신 부분이나 제가 페이 크루로서 가지고 있는 고민에 대한 것들 등 다양한 주제에 대하여 편하게 대화할 수 있어서 너무 유익하고 좋았습니다."
- "선배 개발자의 커리어와 경험에서 배울 게 많다고 생각합니다. CTO뿐만 아니라 다른 시니어 개발자분들의 이야기도 들을 수 있는 기회가 마련된다면 좋을 것 같아요."

이러한 경험은 대화를 넘어서 중장기 커리어를 계획하는 데 있어 중요한 이정표가 되어줍니다.

가장 무섭게 성장하는 나무는 서로 얽혀 자라는 칡넝쿨이다
#네트워킹

개발자로서의 성장은 개인 역량만으로는 한계가 있습니다. 기술 스킬뿐 아니라 협업 능력, 시야, 영향력의 범위까지 확장되어야 성장을 가속화시킬 수 있습니다. 같은 기술을 다뤄도 누구와 일하느냐, 어떤 대화를 주고받느냐에 따라 성장의 밀도는 완전히 달라집니다.

저는 네트워킹의 시작이 '친밀감 형성'이라고 생각합니다. 개발자 네트워킹은 결국 개발자 간의 친밀감을 높이고 함께 배우며 성장할 수 있는 관계를 만드는 과정입니다. 카카오페이는 이런 관계의 밀도를 높이기 위해 '칭찬 메시지 보내기'와 '개발자 축제'라는 두 가지 장치를 활용하고 있습니다.

칭찬 메시지 보내기

동료 간의 칭찬은 서로의 친밀감을 높여주고 성장의 강력한 원동력이 됩니다. 카카오페이에서는 칭찬하는 문화를 조성하기 위해 매달 칭찬 메시지를 가장 많이 보낸 사람과 가장 많이 받은 사람을 선정하여 커피 카드를 제공합니다. 이는 단순한 보상을 넘어 동료들과 커피를 나누며 소통하는 시간을 장려하기 위함입니다.

한편, 카카오페이는 일상의 개발문화에 기여하는 크루에게 칭찬 메시지를 보내도록 장려하는 더욱 발전된 시스템을 준비 중입니다. 여기서 '일상의 개발문화'란, 평소 개발 업무를 통해 기여하는 모든 활동을 뜻합니다. 코딩, 코드 리뷰, 스터디 발표, 조언 등 업무 과정에서 종종 발생하지만 밖으로는 드러나지 않는, 그래서 동료의 칭찬으로만 드러날 수 있는 소중한 기여입니다. 즉, 개발자로서의 기여와 성장을 더욱 구체적으로 칭찬하는 거죠.

예를 들어, 다음과 같은 다섯 가지 개발 활동을 중심으로 칭찬을 활성화할 수 있습니다.

- 코드 품질 유지 및 개선
    - 코드 리뷰, 버전 관리, 통합 테스트, 버그 수정 및 디버깅, 보안 취약점 분석 및 개선 등 코드의 질을 유지하고 개선하는 데 집중합니다.
    - 예시: "A님의 꼼꼼한 코드 리뷰 덕분에 몇몇 실수를 미리 잡을 수 있었습니다. A님의 세심한 주의가 우리 프로젝트의 품질을 한층 높여주었습니다."
- 시스템 성능 개선 및 안정적 운영
    - 시스템 최적화, 장애 대응, 성능 모니터링으로 시스템의 안정적인 운영을 보장하고 성능을 지속적으로 개선하여 사용자 경험을 향상시킵니다.
    - 예시: "오늘 새벽에 발생한 시스템 장애를 신속하게 대응해주셔서 감사합니다. A님의 빠른 대응 덕분에 우리 서비스는 큰 위기를 모면할 수 있었습니다."
- 적극적인 사용자 피드백 기반의 서비스 개선
    - 사용자로부터의 직접적인 피드백을 관리하고 이를 제품 개선에 적극적으로 반영합니다.
    - 예시: "사용자 피드백을 세심하게 해석하고 프로젝트에 반영해주신 A님의 노력이 빛을 발하고 있습니다."
- 새로운 기술을 탐색 및 적용하여 서비스 혁신 주도
    - 기술 리서치 및 적용, 프로젝트 및 기능 개발, 지식 공유 및 멘토링 등으로 새로운 기술을 탐색하고 적용하여 제품이나 서비스의 혁신을 주도하고, 개인 및 팀의 기술적 성장을 지원합니다.
    - 예시: "새로운 프레임워크를 프로젝트에 도입한 것은 정말 혁신적인 아이디어였습니다. 우리 프로젝트가 더욱 발전할 수 있는 기회를 제공해주셨습니다."

- **효율적인 프로젝트 관리 및 팀 간 협업 촉진**
    - 프로세스 개선, 이슈 체크, 문서화 작업, 회의 중 좋은 피드백으로 프로젝트의 효율적인 관리와 팀 간 협업을 촉진하여 개발 프로세스를 강화합니다.
    - 예시: "오늘 회의에서 A님께서 제공해주신 피드백은 정말 가치 있었습니다. 우리가 놓칠 뻔한 몇 가지 중요한 점들을 지적해주셔서 감사합니다."

이렇게 칭찬 메시지는 단순한 감사의 표현을 넘어 문화의 방향성과 일치하는 행동을 강화하는 긍정적인 피드백 루프를 형성합니다.

카카오페이의 '칭찬 메시지 보내기' 시스템에 대한 구체적인 사례와 데이터는 충분한 시간이 축적된 후 카카오페이 기술 블로그를 통해 공개할 예정입니다.

개발자 축제

다음으로 카카오페이의 개발자 축제를 소개합니다.

카카오페이 개발자 축제는 줄여서 ㅋㅍㄱㅍ*라고 하는데요, 기술직군 전체가 모여 잘한 사례와 실패한 사례를 공유하기도 하고, 지난 1년을 회고하며 올해 목표를 공유하기도 합니다. 기술직군의 축제이지만 기술에 관심 있는 비기술직군의 참여도 환영하고 있습니다.

다음은 ㅋㅍㄱㅍ 안내 글입니다.

> 기다리고 기다리던 상반기 ㅋㅍㄱㅍ를 드디어 진행합니다!!!
> 카카오페이 개발자 페스티벌의 핵심 키워드는 공유와 성장입니다. 기술직군 업무에 도움이 되는 유익한 내용을 공유하고, 더불어 모두가 한자리에 모인 만큼 즐거운 네트워킹 시간을 가지려고 해요 :) 많은 관심 부탁드려요.

---

* ㅋㅍㄱㅍ라고 쓰고 카페개페라고 읽습니다. '카카오페이 개발자 페스티벌'을 줄인 말입니다. https://tech.kakaopay.com/post/2023-july-kakaopay-developer-festival

- 일시: 7월 13일 목요일 오후 14:40~18:10
- 장소: 15층 올핸즈(Kafe)
- 주제: 카카오페이 플랫폼 안정화
- 프로그램
  - CEO 오프닝 인사
  - CTO 기술 조직 상반기 회고 및 플랫폼 안정화 전략
  - Q&A
  - 함께 나누기 기술 조직 상반기 좋은 사례 공유
  - O, X 퀴즈, 카카오페이 개발자 페르소나 맞춰보기 게임 및 경품 추첨
- ※ 케이터링과 음료 제공(기술직군 크루들이 직접 만들어주는 하이볼, 버드와이저 생맥주, 우주라이크 캔커피 등)

단순히 행사만으로 끝나는 것이 아니라 소속감과 연결감이 강화될 수 있도록 다양한 요소들을 배치했습니다. 간단한 스낵과 음료를 제공하고, 동료가 칵테일을 만들어주거나 상품을 지급하는 활동들을 통해 자연스럽게 조직 구성원으로서의 정체성을 강화합니다.

이처럼 우리는 서로 얽혀 있는 상태일 때 가장 빠르고 깊게 성장합니다. 이때 중요한 건 그 얽힘을 위해 동료들이 함께하는 자리를 의도적으로 마련해주어야 한다는 거죠. 칭찬의 말 한마디, 축제라는 자리 그리고 그 안에서 발생하는 대화와 네트워킹이 동료 간의 얽힘을 만들어내는 것입니다.

결국 동료들 간에 친밀해지고 칡넝쿨처럼 얽혀 자랄수록 더 빠르고 무섭게 자라날 수 있습니다.

ㅋㅍㄱㅍ 현장

EPILOGUE

홍성태 교수는 『브랜드로 남는다는 것』(북스톤, 2022)에서 '주인의식'에 대해 다음과 같이 강조합니다.

> "주인의식이란 '주인의 관점에서 업에 대한 콘셉트를 가진다'는 뜻이야.
> 동네 작은 가게라도 주인은 전체적인 그림을 머릿속에 그리니까.
> 요새 자율경영, 수평 조직, 워라밸 이런 말이 많이 나오는데,
> 이 좋은 것들도 구성원들의 주인의식이 없으면 백날 시도해봐야 소용없어.
> 무엇보다 조직이 성장할 때는 구성원 자신도 성장한다는 느낌이 들어야 해."

많은 사람이 '주인의식'이란 단어를 오해하고 부담을 느낍니다. 주인의식은 진짜 '주인'이 갖는 거고, 월급도 정해져 있고 결정권도 제한된 '직원' 입장에서는 아무래도 주인의식이 생길 수 없다고 생각하지요.

그러나 우리는 우리가 하는 일에 '프로'가 되어야 하지 않겠습니까. 프로는 아마추어보다 더 많은 돈을 받고 일하지요. 돈을 더 받는 만큼 내가 만든 결과물에 '책임'을 져야 합니다. 내가 하는 일에 책임지기 위해선 그 일에서 최고가 되기 위해 노력해야 하고요.

우리는 '어떤 태도로 내 커리어를 대할 것인지'를 스스로 선택할 수 있습니다. 주인의식을 '사장님 마인드'가 아닌 '프로로서의 태도'로 받아들여보세요. 내 일의 전체 맥락을 이해하려고 노력하고, 더 나은 방법을 제안하거나 실험해보고, 때로는 동료에게 칭찬하고, 배움의 기회를 만들고, 내가 속한 조직이 더 좋은 환경이 되도록 기여하는 일들이 바로 '주인의 관점'으로 이어집니다.

결국 성장한다는 것은 주인의 관점에서 업을 바라볼 줄 아는 통찰력을 갖추는 것입니다. 여러분도 주인의식을 가지고 회사와 함께 꾸준히 성장하는 방법을 찾아보세요.

PART 03

Define yourself

Lead culture

커리어 도약을 위한 퍼스널 브랜딩 기술

Become the brand

CHAPTER 05

'나'라는 브랜드를 만드는 개발자 퍼스널 브랜딩 전략

#personal branding
#side project
#networking

이상아

현) 우아한형제들 글로벌DR팀 Developer Relations 담당
전) 웅진씽크빅 Udemy사업팀 콘텐츠 담당
전) 야나두 콘텐츠기획팀 콘텐츠 담당

콘텐츠 기획자로 커리어를 시작해 영어 교육과 IT 교육을 거쳐, 테크 브랜딩과 Developer Relations 분야로 확장해왔습니다. 현재는 글로벌 테크 조직에서 다양한 문화권의 동료들과 협업하며 개발자와 조직을 잇는 프로젝트를 만들고 있습니다.

기술과 사람을 연결하는 일에 관심이 많고 콘텐츠와 커뮤니케이션을 기반으로 개발자의 성장을 돕는 일을 좋아합니다. 과정과 결과 모두에 책임을 다하며, 긴 호흡으로 실력을 쌓아가는 사람이고 싶습니다.

PROLOGUE

기술 블로그 하나로 '비즈니스 전략까지 이해하는 백엔드 개발자'라는 평판을 얻은 분이 있습니다. 이분은 코드나 기술만 공유하지 않고 기술 결정이 어떤 비즈니스 목표와 연결되는지 설명했죠. 또 다른 분은 커뮤니티 발표에서 '디자인 감각까지 갖춘 풀스택 개발자'로 강한 인상을 남겼습니다. 사용자 경험을 개선한 간단한 디자인 노하우를 공유한 덕분이었습니다. 온라인 강의로 프런트엔드 기술을 공유하며 '기술을 쉽고 명확하게 가르치는 개발자'로 인정을 받은 분도 있습니다.

이들의 공통점은 자신의 강점을 발견하고, 드러내고, 증명한 것입니다. 그리고 이것이 바로 오늘날 개발자에게 '퍼스널 브랜딩'이 필요한 이유입니다.

기술을 따라잡는 것만으로도 바쁜데 브랜딩까지 해야 한다니, 부담스럽게 느껴질 수 있습니다. 하지만 제가 여러 개발자와 함께 일하며 느낀 점은 분명합니다. '나'를 브랜딩하는 과정은 단지 나를 알리기 위한 것이 아니라, 내가 어떤 가치를 줄 수 있는 사람인지 세상에 증명하는 길이라는 점입니다.

이 책을 통해 제가 바라는 건, 여러분이 단지 유명해지는 것을 넘어 '더 많은 가능성을 열 수 있는 개발자'가 되는 것입니다. 내가 가진 기술과 강점 그리고 경험을 명확히 보여줌으로써 더 좋은 협업 제안을 받고, 더 나은 커리어 옵션을 확보하고, 더 의미 있는 연결을 만들 수 있습니다. 결국 브랜딩을 통해 '함께 일하고 싶은 사람' '다른 사람을 도와줄 수 있는 사람'으로 기억될 수 있습니다.

퍼스널 브랜딩은 거창한 게 아닙니다. 내 강점과 가치를 찾고 그것을 일관되게 표현하는 작은 발걸음에서 시작됩니다. 기술 블로그 한 편, 발표 한 번, 작은 코드 공유 하나가 여러분을 기억하게 만드는 첫 순간이 됩니다. 중요한 것은 꾸준히 기록하고 내 이야기를 만들어가는 것입니다.

자, 이제 여러분의 이야기를 만들어볼 차례입니다. '기회가 찾아올 이름'이 될 준비가 되었나요?

TRACK 12

우물 안 개구리, 우물 밖을 뛰어넘다:
퍼스널 브랜딩

_퍼스널 브랜딩은 내 이름의 가치를 명확히 하는 것에서 시작됩니다.
_'어디서 일했는지'보다 '어떤 개발자인지'가 진짜 경쟁력입니다.
_나만의 스토리를 가진 개발자가 더 오래 기억된다는 사실을 잊지 마세요.
_내가 잘하는 것을 꾸준히 기록하고 일상적으로 공유하는 것이 퍼스널 브랜딩의 시작입니다.
_동료에게 신뢰를 얻고 업계에 긍정적인 인상을 남긴다면 이름값은 자연스럽게 따라옵니다.

내 명함엔 회사 이름보다
내 이름이 더 크게 보인다

누군가에게 명함을 건네면 보통 사람들은 '회사 이름'을 가장 먼저 확인합니다. 하지만 우아한형제들의 명함은 다릅니다. 명함의 90%를 차지하는 큼지막한 이름과 구석에 작게 자리 잡은 회사 로고. 이 명함을 본 사람들은 왜 이렇게 이름이 크냐고 묻습니다.

그 질문에 우리는 이렇게 답하곤 하죠.

"사람이 더 중요하니까요."

이제는 이름값 시대

여러분은 개발자로서 이런 질문을 스스로에게 던져본 적이 있나요?

"내 이름은 어떤 의미를 가질까?"

과거에는 어느 회사에 다니는지가 경력의 핵심이었습니다. 삼성, 구글, 카카오와 같은 이름난 회사에서 일한다고 하면 그 자체만으로 인정받을 수 있었죠. 물론 지금도 유명한 회사의 이름은 내 커리어에 든든한 힘이 되고 나의 신뢰도를 높입니다.

하지만 빠르게 변화하는 IT 업계에서는 한 회사에 오랫동안 머물며 커리어를 유지하는 것이 더 이상 당연하지 않습니다. 이제 스타트업의 흥망성쇠나 대기업의 구조조정을 심심찮게 볼 수 있죠. 회사가 나를 대신 설명해주던 시대는 끝났다는 것입니다. 빠르게 변화하는 환경, 짧은 프로젝트 중심의 업무 구조 그리고 예측할 수 없는 조직 변화 속에서 회사는 더 이상 나의 미래를 보장해주지 않습니다.

결국 당신을 기억하는 건 회사가 아니라 함께 일했던 사람들입니다. 팀원, 동료, 협업한 파트너들이 당신이라는 개발자의 이름과 가치를 기억할 때 비로소 의미가 있습니다.

다음 두 가지 소개를 비교해봅시다.

- "저는 A 회사에서 5년간 백엔드 개발자로 일했습니다."
- "저는 '속도가 곧 최고의 경쟁'이라는 신념을 가진 A 회사 백엔드 개발자로서, 5년간 끈질긴 성능 최적화를 통해 서비스 응답 속도를 2배 이상 개선하며 사용자 경험과 비즈니스 성장에 기여했습니다."

어떤 사람이 더 강력한 인상을 남길까요? 당연히 후자입니다. 회사에서의 경력만으로 나를 설명하기보다는 내가 그 회사에서 어떤 역할을 했고, 어떤 성과를 만들었는지 구체적으로 표현했습니다.

중요한 질문은 이것입니다.

"내 이름을 들었을 때 사람들이 어떤 이미지를 떠올리길 바라는가?"

개발자 콘퍼런스나 밋업에서 받은 수많은 명함 중 당신의 명함이 기억에 남으려면 명함 자체가 아니라 이 명함을 건넨 사람이 누구인지를 중심으로 메시지를 만들어야 합니다. 예를 들어 '이분은 성능 최적화에 특화된 백엔드 개발자였지' '코드 리뷰할 때 정말 날카로운 인사이트를 주셨던 분이네'라는 식입니다. 이렇게 떠오르는 인상은 평소 당신이 보여준 기술적 성과와 커뮤니케이션에서 비롯됩니다.

회사의 명함 디자인과 로고는 바꿀 수 없지만, 당신의 이름에 실리는 기술적 역량과 신뢰, 가치는 얼마든지 확장될 수 있습니다. 누군가에게 '이 개발자 정말 실력 있네' '저 회사가 좋은 사람을 보유하고 있군'이라고 생각하게 할 수 있다면 그건 회사의 브랜드가 아니라 당신이 만든 결과입니다.

회사는 나를 설명하는 수단이 아니라, 내 가치를 보여줄 수 있는 하나의 무대가 되어야 합니다. 그 무대 위에서 어떤 퍼포먼스를 선보였는지, 어떤 역할을 맡고 어떤 결과를 만들었는지가 당신이라는 개발자를 나타냅니다.

회사나 팀이 바뀌어도 흔들리지 않고, 당신이라는 개발자가 가진 고유한 가치와 정체성을 증명해야 합니다. 명함 위의 이름은 단순한 식별 표시가 아닙니다. 기술력, 성과, 동료들과의 관계를 담은 상징입니다. 이름이 브랜드가 되는 순간, 회사의 명성뿐 아니라 당신 자신이 빛나는 개발자로 자리 잡을 수 있습니다.

명함을 건넬 때마다 내 이름이 이 명함 너머로 어떻게 기억되기를 바라는지를 스스로에게 물어보세요. 당신은 이제 누구의 직원이 아니라, '이 분야에 강한 사람' '이런 문제를 잘 해결하는 사람' '어떤 가치를 만들어내는 사람'으로 설명되어야 합니다.

퍼스널 브랜딩, 그게 뭔가요?

아마존 초대 CEO인 제프 베이조스Jeff Bezos는 다음과 같이 말합니다.

> "브랜드는 당신이 자리에 없을 때 사람들이 당신에 대해 말하는 것입니다."

퍼스널 브랜딩이란 개발자로서 나만의 고유한 가치를 세상에 알리는 일입니다. 단순히 나를 알리는 것이 아니라 다른 사람과 나를 구분 지을 수 있는 나만의 강점을 찾아 명확히 보여주는 과정입니다.

퍼스널 브랜딩을 어렵게 생각할 필요는 없습니다. 본질은 단순합니다.

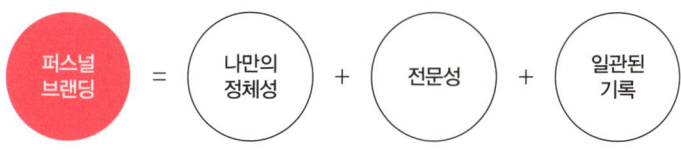

다음은 실제로 이를 실천하여 분명한 차이를 만들어낸 사례들입니다.

- **기술 블로그를 꾸준히 운영한 개발자**: 기술적 시행착오와 해결 방법을 블로그에 기록 → 검색을 통해 노출되고 많은 동료 개발자에게 도움 제공 → '기술 공유 전문가'라는 이미지 형성
- **오픈소스 프로젝트에 기여한 개발자**: 깃허브에 코드 리뷰 → 오픈소스 커뮤니티에서 실력을 인정받고 주목함 → 글로벌 프로젝트 협업 기회 확보
- **밋업과 콘퍼런스에서 발표한 개발자**: 초기에는 작은 밋업에서 자신의 경험을 나누는 데서 시작 → 업계 콘퍼런스에서 연사로 초대 → 네트워킹 기회 확장

이들의 공통점은 경험에 그치지 않고, 그것을 외부에 어떻게 전달하고 증명했는가입니다.

이쯤에서 이렇게 생각하실 수도 있습니다.

> "그냥 기술만 잘하면 되는 거 아닌가요?"
> "사이드 프로젝트나 SNS는 시간 낭비 같은데요?"

하지만 기술력은 기본입니다. 기술력만으로 차별화되던 시대는 지났고 잘하는 개발자는 넘쳐납니다. 이제는 '그 기술력을 어떻게 보여주고, 얼마나 효과적으로 사람들에게 닿게 하는가'가 더 큰 경쟁력이 되었습니다.

퍼스널 브랜딩은 자기 자랑이 아닙니다. 단순히 나를 자랑하는 게 아니라 내 기술적 경험과 가치를 객관적으로 증명하는 과정입니다. 한마디로 "나 잘났어요" "나 대단해요"라고 외치는 게 아니라 내가 어떤 사람인지, 무엇을 잘하는지 그리고 어떤 가치를 줄 수 있는지를 세상에 알리는 것입니다.

그렇기 때문에 진정성과 전문성이 필수입니다. 허세는 금방 들통나고, 진짜 실력과 스토리를 가진 사람만이 오래 기억에 남는 이름이 될 수 있거든요. 그렇다면 우리는 퍼스널 브랜딩을 어떻게 시작하면 좋을까요?

1) 나를 진단하자

퍼스널 브랜딩의 출발은 '나에 대한 이해'입니다. 나를 알기 위해 다음 질문에 답해보세요.

강점	• 내가 가장 자신 있는 기술 스택은 무엇인가요? (예시: 리액트 최적화, 데이터베이스 설계) • 어떤 문제를 해결할 때 가장 큰 성취감을 느끼나요? • 팀원들이 나를 어떤 개발자로 기억하나요? (예시: 팀의 생산성을 높이는 협업형 개발자)
가치	• 개발자로서 내가 중요하게 생각하는 가치는 무엇인가요? (예시: 클린 코드 작성, 개발 효율성, 팀과의 소통)
경험	• 가장 즐겁게 일한 혹은 의미 있었던 프로젝트는 무엇이었나요? • 어떤 도전을 해결했나요? • 결과적으로 무엇을 배웠나요?
키워드	• 내가 어떤 개발자인지 키워드로 정리한다면? (예시: 퍼포먼스 최적화 전문가, 문제 해결과 자동화에 강한 백엔드 개발자, 기술을 나누는 프런트엔드 개발자)

2) 기록을 시작하자

자신에 대한 정리가 끝났다면 기록을 시작합니다. 중요한 건 꾸준함입니다. 지금 당장은 주목받지 않더라도 시간이 지나면 그 기록이 당신의 신뢰 자산이 됩니다.

다음과 같은 방법으로 작게 시작해보세요.

- **기술 블로그 운영**: 문제 해결 경험, 코드 리뷰, 새로운 기술 학습기 등을 정리해보세요.
- **기술 지식 공유**: 개인 프로젝트든 업무든 기록하고 공유하면 누군가에게 도움이 됩니다.
- **SNS 활용**: X(구 트위터)나 링크드인에 기술적 경험과 생각을 부담 없이 공유하세요.

디지털 시대는 우리 모두에게 기회를 줍니다. 세상 어디서든 당신을 검색할 수 있으니까요. 채용 담당자든 협업 파트너든 당신의 이름을 검색할 수 있고, 실제로 이 기록을 바탕으로 개인을 평가하기도 합니다.

예를 들어 당신이 이직을 준비할 때 채용 담당자가 당신의 이름을 검색했다고 가정해봅시다. 당신의 기술 블로그나 깃허브 프로젝트, 강연 영상이 검색되는 경우와 아무것도 나오지 않는 경우 어느 쪽이 더 신뢰감을 줄까요? 당연히 전자입니다. 결국 퍼스널 브랜딩이란 당신이 자리에서 일어나지 않아도 스스로를 증명하게 만드는 수단입니다.

퍼스널 브랜딩이 개발자에게 꼭 필요한 이유

개발자는 기본적으로 기술력으로 평가받는 직업입니다. 그러나 뛰어난 기술력을 갖춘 이들이 넘쳐나는 시대에 나만의 스토리까지 더한다면 그 자체가 강력한 경쟁력이 됩니다. 퍼스널 브랜딩은 단순히 나를 드러내기 위한 활동이 아닙니다. 기회를 만들고, 경쟁력을 높이며, 자신의 성장을 기록하는 전략적 도구입니다. 개발자에게 퍼스널 브랜딩이 왜 중요한지, 개발자의 관점에서 구체적으로 살펴보겠습니다.

1) 기회는 준비된 사람에게 온다

퍼스널 브랜딩은 예상치 못한 기회를 가져다줍니다. 기술 블로그에 올린 포스트, 강의나 사이드 프로젝트를 통해 공유한 지식이 '문제를 해결할 수 있는 사람'임을 보여줍니다. 누군가가 '이런 해결 방법이 있었구나!' 하고 당신을 기억하는 순간, 당신의 글과 경험은 그 사람의 머릿속에 신뢰 자산으로 남게 됩니다. 그 결과로 강연 제안을 받기도 하고, 새로운 협업이나 프로젝트 제안 등으로 이어집니다. 결국 당신의 콘텐츠는 '기술을 넘어서 가치를 전달할 줄 아는 개발자'임을 보여주는 증거가 됩니다.

2) 이직과 협업의 경쟁력이 된다

이제 이력서만으로는 부족합니다. 채용 담당자는 당신의 이름을 검색합니다. 그 결과로 깃허브 기록, 기술 블로그, 강연 영상이 나온다면 이는 곧바로 당신이 어떤 개발자인지를 증명하는 훌륭한 디지털 포트폴리오가 됩니다. 직접 만나보지 않아도 당신이 어떤 기술을 다루고 어떤 문제를 해결해 왔는지, 얼마나 진정성 있게 커리어를 만들어가고 있는지를 보여주는 증명 수단이 되는 것이죠.

3) 성장 로그는 나를 증명하는 힘이 된다

퍼스널 브랜딩은 타인을 위한 활동이 아니라, 결국 나를 위한 성장 기록입니다. 개발 과정에서 막혔던 문제와 해결 과정, 그로부터 얻은 배운 점 등을 기록하면 그것이 바로 나만의 성장 히스토리가 됩니다. 처음에는 단순한 오류 해결 팁일지 몰라도 시간이 지나면 복잡한 문제 해결 능력과 기술적 통찰이 담긴 아카이브가 됩니다. 과거의 기록을 보며 '이전의 나는 이 문제를 이렇게 해결했네' '지금은 더 나아졌지!'라고 생각하며 자신감을 키울 수 있고, 더 나은 개발자로 나아가는 원동력이 됩니다.

퍼스널 브랜딩은 단순한 자기 홍보가 아니라, 나의 경험과 가치로 나를 증명하는 과정입니다. 회사 이름이 아닌 내 이름으로 나라는 브랜드를 구축하세요. 그러면 어느 순간, 그 이름이 당신의 명함이 되고 최고의 추천서가 될 것입니다.

"당신의 이름을 검색하면 어떤 결과가 나오길 원하나요?"

링크드인 프로필, 깃허브 프로젝트, 기술 블로그 또는 콘퍼런스 발표 영상이 나타나길 기대하나요? 아직 그 어떤 것도 없다면, 지금부터 당신의 이름을 세상에 어떻게 알릴지 고민해보세요. 이 질문이 당신의 퍼스널 브랜딩 여정을 시작하는 첫걸음이 될 것입니다.

모두의 기억 속에 각인되는
My Own Story 설계법

왜 사람들은 '이야기'에 끌릴까요? 숫자와 기술 스택은 머리로 이해되지만, 이야기는 공감으로 남습니다. "저는 Node.js 개발자입니다"라고 말하는 것보다 "빠른 API 구현과 최적화에 집착하는 Node.js 개발자입니다"라고 소개하는 순간, 당신은 '가치 있는 개발자'로 각인됩니다.

왜일까요? 이야기는 감정과 경험을 연결하기 때문입니다. 기술을 나열하는 대신 '왜 나는 이것을 잘하게 되었는지'에 관해 배경과 맥락을 더하면 기억에 더 오래 남습니다.

자기소개하던 순간을 한번 떠올려보세요. 이렇게 시작하지 않나요?

"저는 개발자 ○○○입니다."
"3년 차 백엔드 개발자고요, Spring과 Node.js를 다룹니다."

이제 여기에 이야기를 더해봅시다. 어렵지 않아요. 'My Own Story'를 만드는 3단계를 따라가면 됩니다.

STEP 1 퍼스널 브랜딩 체크리스트

먼저, 현재의 나를 객관적으로 점검해보세요. 다음 질문 중 해당하는 항목에 체크합니다.

나의 강점 파악하기	나는 '어떤 문제를 해결하는 개발자'인지 한 문장으로 정의할 수 있다.	☐
	내가 가장 자신 있는 기술 스택과 핵심 강점을 알고 있다.	☐
	개발자로서의 정체성을 한마디로 표현할 수 있다.	☐
나만의 스토리 만들기	내 개발 여정을 이야기로 풀어낼 수 있다.	☐
	가장 인상 깊었던 프로젝트나 도전 경험을 설명할 수 있다.	☐
	내가 해결한 문제와 배운 점을 공유할 수 있다.	☐
브랜드 자산 구축하기	내 경험과 강점을 보여줄 수 있는 깃허브, 블로그, 발표 자료가 있다.	☐
	내가 참여한 프로젝트, 기술 발표, 오픈소스 기여 등의 기록이 온라인에 남아 있다.	☐
	내 이름을 검색하면 내 활동을 보여주는 디지털 흔적이 검색된다.	☐

결과 해석하기

- **0~3개**: 잘 오셨습니다. 이 책이 바로 여러분에게 필요한 이유가 여기 있습니다. '나는 어떤 문제를 잘 해결하는 개발자인가?' 이 질문부터 시작해, 하나씩 기록하고 정리하다 보면 어느새 여러분만의 강력한 브랜드가 만들어질 거예요. 부담은 잠시 내려두고 하나씩 따라가다 보면 브랜딩의 첫 단추가 자연스럽게 채워질 거예요.
- **4~6개**: 좋은 시작입니다! 지금도 충분히 잘하고 있지만, 여기서 멈추지 마세요. 잘하고 있는 부분과 조금 아쉬운 부분을 나눠보고, 이제부터 '나만의 퀘스트'를 하나씩 정리하며 레벨업을 이어가세요. 앞으로의 성장이 더 기대됩니다.
- **7~9개**: 당신은 이미 퍼스널 브랜딩 고수! 여러분만의 스토리를 효과적으로 전달하고 있습니다. 혹시 강의 오픈 계획 없으세요? 제가 제일 먼저 등록할게요!

STEP 2 나만의 스토리 설계하기

이제 본격적으로 나만의 이야기를 설계할 차례입니다. 다음 단계를 따라가며 여러분만의 색깔을 가진 스토리를 만들어봅시다. 다음 질문에 편하게 답해보세요.

1) 시작점 찾기: 나는 누구인가

❶ **처음 개발을 시작하게 된 계기가 무엇인가요?**
(정답은 없습니다. 아주 사소한 이유도 괜찮아요!)
- 예시: 고등학교 때 게임을 너무 좋아해서 게임을 만들어보고 싶어 개발을 시작했어요.
- 예시: 비전공자였는데 우연히 블로그를 만들다 보니 HTML, CSS에 흥미가 생겼습니다.

❷ **지금 나의 핵심 강점은 무엇인가요?**
(동료나 친구에게 물어보는 것도 좋은 방법이에요. 기술 외 성격이나 태도도 좋아요!)
- 예시: 아직 코딩은 서툴지만, 한 번 붙잡으면 포기하지 않는 끈기가 제 장점입니다.
- 예시: 모르는 걸 바로 물어보고 동료들과 적극적으로 소통해서 문제를 해결하는 성격이 장점이에요.

❸ 개발자로서 일할 때 어떤 순간에 가장 큰 성취감이나 보람을 느끼나요?
(어떤 유형의 문제나 상황에서 만족감을 느끼는지 편하게 답해보세요.)
- 예시: 복잡한 기술적 문제를 끝까지 해결했을 때 가장 큰 만족을 느낍니다.
- 예시: 팀원들이 어려움을 겪던 문제를 함께 해결하고 고마움을 들었을 때 가장 뿌듯합니다.

2) 도전과 성장의 순간 떠올리기: 문제 해결 경험 및 성취 사례

❹ 지금까지 했던 프로젝트 중 가장 기억에 남는 순간을 자유롭게 써보세요.
- 예시: 스타트업에서 웹사이트 론칭 전 서버가 계속 다운되어 며칠 동안 너무 고생했어요.
- 예시: 프론트엔드 작업 중 CSS가 잘 안돼서 스트레스를 받았는데, 결국 팀원들과 밤새워 해결했어요.

❺ 그때 가장 어려웠던 문제는 무엇이었나요?
- 예시: 갑자기 몰린 트래픽으로 서버가 다운되는 문제가 발생했어요.
- 예시: 디자인이 원하는 대로 구현되지 않아 계속 시간만 가고 힘들었어요.

❻ 문제를 해결하기 위해 어떤 노력을 했나요?
- 예시: 구글 검색을 엄청 했고, 선배 개발자에게 조언을 받아 서버 설정을 최적화했어요.
- 예시: 선배들에게 자주 질문하고, 함께 페어 프로그래밍을 하면서 원인을 찾아냈어요.

❼ 문제를 해결한 후 어떤 기분이었나요? 무엇을 배웠나요?
- 예시: 정말 힘들었지만 해결하고 나니 스스로에 대한 믿음이 생겼고, 앞으로는 혼자 고민하지 않고 팀과 소통하는 게 중요하단 걸 배웠어요.
- 예시: 혼자 힘들어하지 않고 주변에 적극적으로 도움을 청하는 게 더 효율적이라는 걸 깨달았습니다.

3) 나의 현재와 미래 연결하기: 전문성과 앞으로의 목표

❽ 현재: 나는 어떤 기술과 가치를 가진 개발자인가요?
- 예시: 경력이 길지는 않지만 항상 포기하지 않고 문제를 끝까지 해결하는 개발자입니다.
- 예시: 혼자 문제를 해결하는 것도 좋아하지만, 팀원과 적극적으로 소통하며 함께 성장하는 것을 중요하게 생각하는 개발자입니다.

⑨ 미래: 앞으로 어떤 개발자가 되고 싶나요?
- 예시: 복잡한 문제를 만나더라도 포기하지 않고 끝까지 해결 방법을 찾는 끈기 있는 개발자로 성장하고 싶습니다.
- 예시: 팀에서 먼저 도움을 요청받고 신뢰받는 든든한 개발자로 성장하고 싶어요.

4) 스토리 다듬기: 한 문장으로 압축하는 나

⑩ 지금까지의 경험과 성장을 바탕으로 나를 표현하는 한 문장을 작성해보세요.
- 예시: 문제가 생기면 혼자 고민하지 않고 동료들과 적극적으로 소통하며 해결하는 협업형 백엔드 개발자입니다.
- 예시: 아직 부족한 점이 많지만, 끈기와 열정으로 문제 해결에 적극적으로 도전하는 초보 프런트엔드 개발자입니다.
- 예시: 새로운 기술을 만나면 두려움보다 호기심이 앞서며 혼자서 깊이 파고드는 탐구형 백엔드 개발자입니다.
- 예시: 아직 경험은 부족하지만 꾸준히 배우고 기록하면서 점점 더 나은 코드를 쓰고 싶은 주니어 개발자입니다.

5) 완성된 스토리 합치기

이제 답변들을 자연스럽게 연결하여 자기소개나 포트폴리오에 바로 활용할 수 있는 형태로 정리해봅시다. 내용을 연결할 때는 자연스럽게 나의 진솔한 경험이 드러나도록 문장을 부드럽게 이어보세요. 과장하지 않고 사실 그대로 써도 좋습니다. 처음부터 잘 쓰기보다는 여러 번 읽으면서 자연스럽게 다듬어보세요.

- 협업 중심 예시

  초안 처음에는 취업이 잘 된다고 해서 별생각 없이 개발을 시작했어요. 입사 후 작은 웹사이트를 만들었는데, 중간에 에러가 계속 생기니까 정말 막막하고 포기하고 싶었어요. 혼자 몇 날 며칠을 끙끙대다 구글링과 동료들에게 질문하며 결국 해결했는데 그때 정말 성취감을 느꼈습니다. 아직 부족하지만 문제를 붙잡고 해결하는 걸 잘하는 개발자가 되고 싶습니다.

  개선한 글 처음 개발은 남들이 좋다고 해서 시작했지만, 실제 팀 프로젝트를 경험하면서 협업의 중요성을 깨달았습니다. 혼자 문제를 해결하는 것도 의미 있지만, 동료들과 적극적으로 소통하고 협력할 때 가장 큰 성장을 느꼈습니다. 앞으로도 팀과 함께 성장하는 개발자가 되고 싶습니다.

- 기술적 성장 중심 예시

  `초안` 대학교에서 우연히 코딩 수업 듣고 재밌어서 시작했어요. 첫 개인 프로젝트에서 데이터베이스 연동이 어려웠는데, 결국 스택오버플로에서 답을 찾아 너무 기뻤습니다.

  `개선한 글` 처음엔 우연히 접한 코딩 수업이 재밌어서 개발자의 길에 들어섰습니다. 개인 프로젝트에서 데이터베이스 연동 문제로 어려움을 겪었지만, 끈기 있게 검색하고 자료를 찾아 결국 해결했습니다. 이 경험을 통해 어려운 문제도 스스로 해결할 수 있다는 자신감을 얻었고 앞으로도 기술적 도전을 즐기는 개발자로 성장하고 싶습니다.

STEP 3 나만의 브랜드가 되기

이제 여러분의 이야기를 구체화해볼 차례입니다. 다음 실습들을 하나씩 따라 하다 보면 자연스럽게 나만의 브랜드 스토리가 완성될 거예요. 어렵지 않으니 부담 갖지 말고 가볍게 시작해봅시다.

1) 가장 자랑스러운 프로젝트 돌아보기

❶ **프로젝트 이름 정하기**: 프로젝트의 성격과 특징을 짧고 쉽게 드러낼 수 있게 이름을 붙여보세요.
  - 예시: 첫 트래픽 폭탄 대응 프로젝트

❷ **프로젝트 배경 설명하기**: 왜 이 프로젝트를 시작하게 됐나요? 이유를 적어보세요.
  - 예시: 우리 서비스가 갑자기 인기를 얻으면서 사용자 수가 급증했고, 그로 인해 서버가 계속 다운되기 시작했어요.

❸ **핵심 목표 설정하기**: 당시 프로젝트를 통해 이루고 싶었던 목표를 구체적으로 표현해보세요.
  - 예시: 서버가 안정적으로 유지될 수 있도록 트래픽 분산 처리 기능을 구현하고 싶었습니다.

❹ **문제 해결 과정 간단히 나열하기**: 복잡하지 않아도 좋습니다. 무엇을 했는지 순서대로 써보세요.

- 예시: 구글에서 트래픽 분산 방법을 검색하기, 선배 개발자와 협의해서 AWS에서 로드 밸런서를 적용하기, 주기적으로 부하 테스트 진행하기
❺ **결과와 성과 돌아보기**: 문제 해결 후 어떤 성과가 있었는지 수치나 명확한 결과로 표현해보세요.
- 예시: 서버 다운 횟수가 하루 평균 5회에서 0회로 줄었고, 서비스 안정성이 높아져 사용자 만족도가 올라갔습니다.
❻ **배운 점 정리하기**: 개인적으로 깨달은 점이나 기술적으로 성장한 부분을 적어보세요.
- 예시: 트래픽 분산을 위한 로드 밸런싱의 중요성과 동료들과 협업하는 것이 문제 해결에 가장 빠르다는 것을 배웠습니다.

2) 문제 해결 스토리 구체화하기

❶ **가장 크게 고민했던 문제 상황 되짚어보기**
- 예시: 페이지 로딩 속도가 너무 느려져 사용자들이 계속 이탈했어요.

❷ **문제 해결을 위해 시도한 방법 돌아보기**
- 예시: 구글링으로 비슷한 문제 사례 찾기, 팀 내 기술 선배에게 질문하고 조언받기, 기존 코드 분석하고 최적화 방안 찾기

❸ **문제 해결 결과 공유하기**
- 예시: 로딩 속도가 평균 3초에서 1초 이내로 개선되어 사용자 만족도가 올라갔어요.

❹ **감정과 배운 점 공유하기**
- 예시: 처음엔 당황했지만 해결 후 뿌듯했고, 혼자 고민하는 것보다 빠르게 주변 사람들에게 도움을 요청하는 태도를 갖게 됐습니다.

3) 나를 소개하는 한 문장 완성하기

❶ **핵심 강점 정리하기**: 자신이 가진 강점을 간략히 정리해보세요.
- 예시: 어려운 문제를 끝까지 놓지 않고 해결하는 집요함

❷ **나의 전문성 강조하기**: 내가 주력하는 기술 분야나 관심 분야를 넣어보세요.
- 예시: 빠르고 효율적인 API 개발을 위해 계속 고민하는

❸ **나만의 차별화 포인트 추가하기**: 남들과 다른 나만의 특별한 장점을 생각해보세요.
  - 예시: 동료들과 적극적으로 소통하고 아이디어를 나누는 것을 좋아하는

❹ **최종 한 문장 만들기**: 앞에서 나온 내용을 자연스럽게 연결하여 나를 소개하는 한 문장으로 정리해보세요. 자신이 자주 사용하는 기술이나 프로젝트 경험을 기반으로 핵심 강점과 앞으로의 목표를 자연스럽게 연결해보세요. 이 한 문장이 바로 여러분을 기억하게 만드는 첫 번째 브랜드 메시지가 될 거예요!

- 백엔드 개발자
  - 예시: 트래픽 급증이나 예측하지 못한 장애 상황에서도 당황하지 않고 로그 분석과 동료들과의 협업을 통해 끝까지 문제를 해결하는 안정적인 백엔드 개발자입니다.
  - 예시: 빠른 API 응답 속도와 효율적인 리소스 관리에 대한 열정으로 서버 성능 최적화를 통해 사용자와 비즈니스 모두에게 신뢰받는 백엔드 엔지니어로 성장하고 있습니다.
  - 예시: 사용자의 목소리에 귀 기울이고 데이터 기반의 의사 결정을 통해 기술을 비즈니스 성장으로 연결해내는 비즈니스 감각이 있는 백엔드 개발자입니다.

- 프런트엔드 개발자
  - 예시: 새로운 프레임워크나 라이브러리를 빠르게 흡수하고 사용자 입장에서 직관적인 UI를 구현하는 유저 중심의 프런트엔드 개발자입니다.
  - 예시: 눈에 보이는 화면 그 이상을 고민하며 유지보수성과 팀의 코드 일관성까지 고려하는 리더십을 갖춘 프런트엔드 개발자입니다.
  - 예시: 디자이너, 기획자와의 협업을 통해 완성도 높은 제품을 만들어가는 협업에 강한 프런트엔드 개발자입니다.

- 풀스택 개발자
  - 예시: 프로젝트의 처음부터 끝까지 책임지고 프런트와 백을 유기적으로 연결하며 제품 전체를 보는 시야를 갖춘 풀사이클 풀스택 개발자입니다.
  - 예시: 기술 스택을 넘나들며 다양한 팀원과 적극적으로 소통하고 문제 상황에 먼저 나서는 솔루션 메이커형 풀스택 개발자입니다.
  - 예시: 빠르게 변화하는 환경 속에서도 적응력이 뛰어나고 새로운 기술을 두려워하지 않는 학습 민첩성이 강한 풀스택 개발자입니다.

개발자들의 개발자,
네임드 고수들의 브랜딩 비법

이미 기술력 좋은 개발자들이 넘쳐나는 상황에서 내 이름을 어떻게 알려야 할지 고민하는 것은 당연합니다. 이럴 때 가장 현실적인 힌트는 이미 자신만의 브랜드를 만들어낸 개발자들의 실제 이야기에서 찾을 수 있습니다.

이름만 들어도 고개를 끄덕이는 이른바 '네임드 개발자'들이 있습니다. 유명한 걸 넘어서 동료로부터 깊은 신뢰와 존경을 받으며 자신의 가치를 꾸준히 키워 이름값을 만든 사람들이죠. 이들이 어떻게 성장하고 어떤 습관을 이어왔는지 따라가다 보면, 우리에게 필요한 브랜딩의 본질이 자연스럽게 보일 겁니다.

앞서 우리는 회사 이름이 아니라 내 이름을 기억하게 만드는 법 그리고 사람들이 오랫동안 기억하는 '나만의 스토리'를 설계하는 법을 배웠습니다. 그렇다면 네임드 개발자들은 어떻게 브랜딩을 시작했을까요? 각자의 방식으로 강력한 브랜드를 만들어낸 '개발자들의 개발자' 세 분을 만나보았습니다.

- **박미정 – 기록과 소통으로 브랜딩한 '공감형 리더'**
  현재 당근마켓 개발팀 리드로 일하고 있으며, 이전에는 배달의민족 베트남 법인의 개발팀을 이끌었습니다. 『개발자 원칙』(골든래빗, 2024)의 공동 저자로서, 자신의 개발 경험과 리더십 이야기를 자연스럽고 진솔하게 기록하고 공유해 많은 개발자로부터 공감을 얻으며 개인 브랜드를 키워왔습니다.

- **이동욱(향로) – 꾸준한 기록과 공유로 성장한 '지식 공유형 개발자'**
  비전공자 출신으로 10년 넘게 개인 블로그를 운영하며 개발과 커리어에 대한 경험을 지속적으로 기록했습니다. EO 유튜브 출연을 계기로 이렇게 쌓아온 콘텐츠가 더 많이 알려졌고, 현재는 인프랩 CTO이자 개발바닥 유튜브 채널 운영자로서 신뢰와 지지를 꾸준히 얻고 있습니다.

- **이주현(호돌맨) – 솔직함과 유쾌함으로 각인된 '소통형 개발자'**
  스타트업 '반려생활'의 CTO로서 개발팀을 리드하며, 이전 우아한형제들에서 쌓아온 경험을 바탕으로 동료들과 소통하고 협업하는 모습을 꾸준히 보여왔습니다. 특히 이동욱 CTO와 함께 운영하는 개발바닥 유튜브 채널에서 유쾌하고 진솔한 소통으로 수많은 개발자의 지지와 신뢰를 얻었습니다.

이들이 어떻게 꾸준한 기록과 자연스러운 공유로 퍼스널 브랜딩을 완성했는지, 그 생생한 이야기를 통해 퍼스널 브랜딩의 본질적인 힌트를 얻어봅시다.

▼ **인터뷰**

Q1. 개인 브랜드는 어떻게 시작하셨나요?

박미정 리드 "자연스럽게 기록하고 공유하는 습관 덕분이에요."

처음부터 개인 브랜딩을 목표로 했던 건 아니에요. 성장에 대한 갈증으로 여러 세미나와 컨퍼런스에 참여하고 경험 많은 선배들과 소통한 내용을 자연스럽게 기록하고 공유했던 게 시작이었어요. 처음엔 그저 성장하고 싶다는 열망과 호기심 때문이었는데, 시간이 지나면서 이 기록과 공유가 사람들과 연결되는 좋은 창구가 되었어요. 이후 인터뷰나 강연, 책 출간 같은 기회들이 자연스레 따라왔고, 이 활동들이 모여 지금의 저를 만든 것 같아요.

이동욱 CTO "개인 블로그 활동이 가장 큰 힘이 되었어요."

주니어 시절부터 꾸준히 개인 블로그(jojoldu.tistory.com)를 운영한 것이 결정적이었어요. 2015년에 개설해서 10년 넘게 글을 써오면서 총 629개의 글을 올렸고, 누적 조회수가 어느새 1,129만 회를 넘어섰어요. 국내에서 이 정도 규모로 기술 블로그를 운영한 사례가 많지 않은 건 사실인 것 같아요. 특히 저는 비전공자라 남들보다 더 열심히 공부해야 했는데, 공부한 내용을 설명하듯 블로그 글을 작성할 때 더 깊이 이해할 수 있었고 선배 개발자들께서 주시는 피드백 덕분에 성장할 수 있었죠. 결국 꾸준한 기록과 공유의 습관이 지금의 저를 만들어준 것 같습니다.

이주현 CTO "처음부터 개인 브랜딩을 하려던 건 아니었지만, 유튜브가 결정적이었죠."

사실 처음부터 '개인 브랜딩을 해야겠다'라고 생각했던 건 전혀 아니었어요. 좋아하던 팟캐스트가 종료된 게 너무 아쉬워서 '내가 직접 해볼까?'라는 가벼운 마음으로 시작했거든요. 그렇게 이동욱 님과 함께 개발 이야기를 나누는 유튜브 채널 개발바닥을 시작하게 되었어요. 처음에는 당시 소속 회사의 브랜드 덕분에 관심을 받을 수 있었지만, 스타트업으로 이직하면서 상황이 달라졌습니다. 이제 회사 이름으로는 저를 설명할 수 없게 되면서 오로지 제 이름과 제가 만든 콘텐츠로 신뢰를 얻어야 했죠. 본격적으로 개인적인 기록과 유튜브 활동에 집중한 덕분에 회사의 유명세와 상관없이 저 자신만의 브랜드를 만들어갈 수 있었습니다. 이 경험을 통해 회사 이름보다 제 이름과 스토리가 더 강력한 경쟁력임을 직접 느낄 수 있었어요.

> | Insight | 개인 브랜딩은 화려한 유명세가 목적이 아니라 내가 좋아하고 잘할 수 있는 것을 꾸준히 나누는 자연스러운 과정입니다. 결국 중요한 건 브랜드라는 거창한 말보단 일단 작게 시작해서 꾸준히 기록하고 공유하는 습관을 만드는 겁니다. 그렇게 진심을 담아 나를 표현하다 보면 사람들이 내 가치를 알아봐줄 거예요!

Q2. 회사 업무와 개인 활동을 어떻게 꾸준히 병행할 수 있었나요?

박미정 리드 "회사 업무와 연결된 콘텐츠로만 한정했어요."

초반에는 저도 욕심이 많았어요. 다양한 주제를 다루고 싶었는데, 회사 업무와 무관한 주제를 다룰수록 지속하기가 어렵더라고요. 특히 업무와 육아를 함께하는 상황에선 시간이 더 부족하니까요. 그래서 지금은 개인적으로 글을 쓰거나 강연할 때 꼭 제가 회사에서 하는 일과 직접 연결되는 주제만 다뤄요. 또 한 번 이야기한 주제로는 활동하지 않기로 원칙을 세웠어요. 이런 원칙을 정하니 제 개인 활동이 단순한 허영이 아니라, 진짜 제 성장과 업무에까지 긍정적으로 연결되더라고요.

이동욱 CTO "매일 아침, 출근 전 1~2시간을 철저히 개인 시간으로 확보했어요."

회사 생활을 하면서 가장 빨리 깨달은 게 하나 있어요. 바로 퇴근 시간은 절대 예측할 수 없다는 거였죠(웃음). 그래서 저는 업무 외 개인 콘텐츠를 만드는 시간을 반드시 아침에 확보해야 한다고 생각했어요. 지금도 매일 아침 7시부터 9시까지는 저만을 위한 시간이자, 공부나 블로그 글쓰기를 위한 고정 시간이에요. 또 주말에는 와이프가 많이 배려해줘서, 긴 시간 동안 카페에 앉아서 집중할 수 있는 날이 많았어요. 이렇게 명확히 구분된 개인 시간을 확보하는 게 업무도 놓치지 않고 꾸준히 콘텐츠를 만들어낼 수 있었던 비결이에요.

이주현 CTO "유연하되 '일단 부딪혀보는' 게 제 방식이에요."

처음 유튜브를 시작했을 때는 무조건 꾸준해야 한다는 생각에 매 주말을 편집과 촬영에 쏟았고 강의도 밤늦게까지 준비했어요. 그런데 이렇게 무리한 루틴은 결국 스트레스가 되더라고요. 지금은 최대한 유연하게 운영하고 있어요. 떠오르는 아이디어가 있으면 평일 저녁이라도 바로 촬영하고, 미리 정해놓은 일정이나 루틴에 얽매이지 않아요. 고민만 오래 하는 것보다 바로 실행하고 부딪혀서 얻는 작은 경험들이 결국 더 큰 결과로 쌓였던 것 같아요. 무엇보다 꾸준함의 가장 큰 원칙은 결국 '내가 즐겁게 할 수 있는 방식'이라고 생각해요.

> **| Insight |** 세 분 모두 회사 일과 개인 콘텐츠를 오래 꾸준히 병행할 수 있었던 이유로 '자기만의 확실한 원칙'을 꼽았어요. 결국 핵심은 남들의 방식을 그대로 따라가기보단 나의 생활 패턴과 업무 스타일에 딱 맞는 방법을 찾는 것입니다.

Q3. 개인 브랜딩 활동을 할 때 특히 중요하게 생각하는 자신만의 원칙이 있나요?

박미정 리드 "내 개인 활동이 회사를 대표하는 말이 되지 않도록 주의해요."

개인 활동을 할 때 제가 마치 회사를 대표하는 사람인 것처럼 오해하지 않도록 항상 신경써요. 개인 브랜드 활동은 철저히 개인의 경험과 생각을 공유하는 것이지, 회사 전체를 대표하는 것이 아니라고 명확하게 구분하려 노력하죠. 예전에 한 인터뷰에서 회사에서 개선하면 좋을 점을 솔직히 이야기한 적이 있는데, 그 내용이 기사화되면서 마치 회사에 심각한 문제가 있는 것처럼 비친 적이 있었어요. 그 이후로는 제가 외부에서 말하는 내용이 회사 입장에서 어떻게 보일지 반드시 고민하고, 필요하면 회사 내부 검토를 거치고 있어요. 개인 브랜딩은 반드시 회사에 긍정적이거나 적어도 피해를 주지 않는 선에서 이루어져야 한다는 게 제 확고한 원칙입니다.

이동욱 CTO "부끄럽지 않은 개발자가 되는 게 제 원칙이에요."

제가 가장 중요하게 생각하는 개인 브랜딩의 원칙은 '부끄럽지 않은 개발자'가 되는 거예요. 개인 브랜딩 활동은 회사의 성장이나 채용에 도움을 줄 수 있지만, 사실 개인적인 욕심이 섞여 있는 것도 사실이에요. 가끔은 '이 발표가 회사에 도움이 될 거야'라는 핑계를 대며, 실제로는 개인의 욕심 때문에 활동을 하는 경우도 있죠. 저는 이럴 때 스스로에게 최대한 솔직해지려고 노력해요. 회사에 실제로 기여할 수 있는 활동인지 아니면 나 개인의 욕심인지 명확히 구분하려는 거죠. 결국 제가 함께 일했던 동료들이 '다시 함께 일하고 싶은 개발자'로 저를 기억해주는 것, 즉 '부끄럽지 않은 커리어'를 만드는 것이 가장 중요한 기준입니다.

이주현 CTO "조직과 개인 활동 사이의 균형을 철저히 지켜요."

저는 개인 콘텐츠 활동을 할 때 '회사 업무에 부정적인 영향을 주지 않는 것'을 가장 중요하게 생각해요. 개인 활동을 하다 보면 의도치 않게 회사 업무에 소홀해지거나 콘텐츠 내용이 회사의 보안이나 신뢰에 영향을 줄 수 있거든요. 그래서 저는 콘텐츠를 만들 때마다 이 활동이 회사나 함께 일하는 동료들에게 조금이라도 부정적인 영향을 줄 수 있는 가능성을 철저히 점검해요. 아무리 좋은 개인 브랜딩 활동이라도 회사와 동료들에게 피해를 주거나 부끄러운 일이 되어서는 절대 안 된다는 것이 제가 지키는 확고한 기준이에요.

> **| Insight |** 세 분 모두 개인 브랜딩 활동에서 자신만의 확실한 기준을 강조해요. 결국 좋은 개인 브랜딩은 자신과 조직 모두에게 당당하고 떳떳한 기준을 세우고 실천하는 데서 나옵니다.

Q4. 콘텐츠 제작을 지치지 않고 오래 지속하는 노하우가 있나요?

박미정 리드 "내 일을 돌아보는 회고가 콘텐츠로 연결돼요."

저는 항상 일을 더 잘하고 싶은 사람이에요. 어제보다 나은 오늘이 되고 싶다는 생각에 자연스럽게 업무를 돌아보며 회고하게 되죠. 그런데 이 회고의 결과를 정리해서 글로 쓰고 외부에 공유하면 자연스럽게 콘텐츠가 돼요. 즉, 콘텐츠 제작 자체에 많은 에너지를 따로 쓰지 않고, 평소에 하던 회고 습관을 그대로 콘텐츠화하는 거예요. 이렇게 하면 큰 에너지 소모 없이도 꾸준히 콘텐츠를 만들 수 있더라고요. 결국 콘텐츠 제작의 지속 가능성은 '내가 원래 하던 일에서 출발하는 것'이 핵심인 것 같아요.

이동욱 CTO "하루 만족도를 높이는 게 번아웃 예방의 핵심이에요."

저는 번아웃을 겪으면 회복하기가 정말 어렵다고 생각해서 번아웃에 빠지지 않도록 애초에 예방하는 편이에요. 예를 들어 하루를 마치고 누웠을 때 바로 잠 못 들고 자꾸 휴대폰을 만지작거리면 '오늘 하루가 만족스럽지 않았구나'라고 느껴요. 그렇게 하루가 만족스럽지 않은 날들이 계속되면 결국 무기력해지고 번아웃이 올 수밖에 없죠. 그래서 저는 매일 아침 최소 30분이라도 꼭 내 의지대로 사용할 수 있는 개인 시간을 확보해서 만족스러운 하루를 만드는 데 집중해요. 이 시간에 책을 읽거나 글을 쓰거나 짧게라도 코드를 작성하며 하루를 긍정적으로 시작하죠. 또 월요일과 토요일 오전에는 반드시 헬스장에 가서 몸과 마음의 밸런스를 유지해요. 이런 방식이 제가 꾸준히 콘텐츠를 제작할 수 있는 비결이라고 생각해요.

이주현 CTO "좋은 사람들과 함께하고, 시청자의 피드백이 큰 힘이에요."

혼자서 콘텐츠를 제작했다면 아마 오래가지 못했을 거예요. 함께 개발바닥을 운영하는 이동욱 님 같은 좋은 동료가 있고, 콘텐츠를 보고 반응해주시는 구독자분들이 있어 가능했던 일이죠. 특히 동욱 님은 제가 지치거나 고민할 때마다 먼저 녹화 일정을 잡고 주제를 제안하며 꾸준히 할 수 있도록 도와주셨어요. 그리고 '개발바닥 덕분에 이직에 성공했어요' '성장하는 데 큰 도움을 받았어요' 같은 댓글과 응원이 정말 큰 동기부여가 됩니다. 결국 사람들과의 유대감과 공감이 콘텐츠를 지치지 않고 지속하는 가장 중요한 힘인 것 같아요.

| Insight | 콘텐츠 활동을 지속하려면 '내가 가장 잘하고 즐거운 방식'을 찾는 것이 핵심입니다. 세 분 모두 콘텐츠 제작을 일상과 자연스럽게 연결했다는 공통점이 있습니다. 박미정 님은 평소의 업무 회고를 콘텐츠로 만들었고, 이동욱 님은 하루의 만족도를 높이는 자신만의 리추얼(ritual)을 구축했으며, 이주현 님은 좋은 사람들과의 협업과 피드백에서 힘을 얻었습니다. 결국 콘텐츠를 지치지 않고 지속하는 비결은 억지로 하는 꾸준함이 아니라 나만의 루틴과 사람들과의 상호작용을 통해 자연스럽게 유지하는 것입니다.

Q5. 개인 브랜딩 활동을 하며 얻은 가장 의미 있는 기회는 무엇인가요?

박미정 리드 "생각지도 못했던 글로벌 커리어와 책 출간의 기회를 얻었어요."

가장 기억에 남는 기회는 배달의민족 베트남 법인의 초기 멤버로 합류하게 된 일이에요. 정말 예상하지 못했던 일이었죠. 해외에서 일하고 싶다는 막연한 목표를 가지고 있었는데, 당시 배민의 CTO, CEO님이 제가 올린 글을 기억하고 먼저 연락해주셨죠. 덕분에 저는 베트남에서 완전히 새로운 서비스를 바닥부터 만들어보고 글로벌한 환경에서 조직을 키워나가는 특별한 경험을 했어요. 또 하나는 『개발자 원칙』이라는 책에 공동 저자로 참여한 일이에요. 그동안 제가 블로그에 꾸준히 기록했던 커리어 고민과 조직 운영 경험들이 자연스럽게 책 출간이라는 기회로 연결되어 커리어 기회를 만들어준 소중한 사례입니다.

이동욱 CTO "꾸준한 블로그 덕분에 예상치 못한 폭발적인 인지도를 얻었어요."

제가 개인 브랜딩 활동 중에서 가장 의미 있게 생각하는 건 역시 블로그 활동이에요. SNS나 다른 플랫폼과 다르게 블로그는 저의 진짜 생각과 경험을 있는 그대로 표현할 수 있는 곳이죠. 덕분에 기술적인 글뿐 아니라 리더십이나 조직 관리에 대한 경험까지 자연스럽게 담게 되었고, 저라는 사람을 알고 싶어 하는 분들이 가장 먼저 찾는 '본진'으로 자리 잡았어요. 그런데 재미있는 건, 저라는 사람을 짧은 시간에 가장 널리 알리게 된 계기는 EO 유튜브 채널에 출연한 인터뷰 영상이었어요. 이 영상이 조회수 100만 회를 기록하며 빠르게 퍼졌고 이후 함께 진행한 개발바닥 채널도 구독자 4만 명을 넘어서며 많은 분에게 알려지게 됐죠. 블로그가 오랜 시간 저의 탄탄한 기반이었다면, 유튜브는 저를 더 많은 사람들에게 빠르게 알려준 결정적 계기였던 것 같아요.

이주현 CTO "콘텐츠 덕분에 존경하던 사람들과 깊은 인연을 맺을 수 있었어요."

개발바닥을 운영하면서 예상하지 못했던 특별한 인연들을 맺을 수 있었어요. 특히 기억에 남는 건, 제가 정말 존경했던 분들과 깊은 대화를 나눌 수 있었던 순간이에요. 그중 하나는 우아한형제들 대표님이셨던 김범준 대표님과의 인터뷰였어요. 같은 회사에서 근무

했지만 개인적으로 깊이 있는 이야기를 나눈 적이 없었는데, 이 인터뷰를 통해 개발자로서 성장 과정부터 조직을 이끌며 느꼈던 고민들까지 진솔하게 나눌 수 있었죠. 또 다른 기억에 남는 순간은 『토비의 스프링』을 집필하신 이일민 님과의 인터뷰였어요. 이일민 님은 제가 콘텐츠 제작을 꿈꾸게 만든 팟캐스트 '나는 프로그래머다'의 마지막 출연자셨거든요. 팟캐스트를 들으며 언젠가 만나고 싶다고 막연히 생각했는데, 그 꿈이 실제로 이루어진 순간이었죠. 이처럼 콘텐츠를 통해 제가 존경하던 분들과 깊은 인연을 만들 수 있었던 게 저에게는 가장 큰 의미였어요.

> **| Insight |** 개인 브랜딩 활동은 결국 '진정성과 꾸준함'이 만들어 낸 기회로 이어집니다. 세 분의 사례는 단지 유명해지기 위한 활동이 아니라, 진심을 담은 기록과 공유가 뜻밖의 소중한 기회로 이어질 수 있다는 걸 보여줍니다.

Q6. '브랜딩을 잘하는 개발자'의 공통점을 무엇이라 생각하나요?

박미정 리드 "자기 업무에 진심으로 몰두하며 책임감을 가지고 업계에 선한 영향력을 주는 사람이에요."

제가 정말 브랜딩을 잘한다고 느낀 개발자들은 자신의 업무에 깊게 고민하는 사람들이었어요. 개인의 유명세나 조회수 같은 것들을 목표로 삼지 않고, 실제로 하는 일에 책임감을 가지고 꾸준히 깊이 있는 경험과 시야를 나누는 사람들이죠. 단발성으로 유행하는 콘텐츠가 아니라, 오랜 기간 일관된 주제와 깊이를 유지하며 업계 전체에 좋은 영향을 주는 분들을 보면 '진짜 브랜딩을 잘하는 사람'이라는 생각이 들어요. 결국은 개인의 이름이 아니라 그 사람이 하는 일의 깊이와 진정성이 자연스럽게 드러나면서 좋은 브랜드로 연결되는 것 같아요.

이동욱 CTO "같이 일했던 동료들이 다시 함께 일하고 싶어 하는 사람이 최고의 브랜드예요."

저는 브랜딩을 정말 잘하는 개발자는 외부적인 유명세가 아니라, 같이 일하는 동료들이 신뢰하고 인정하는 사람이라고 생각해요. 외부에서 아무리 유명해져도 실제로 함께 일한 동료들이 좋지 않은 평가를 내린다면 좋은 브랜드라고 할 수 없겠죠. 제가 우아한형제들에 입사한 계기도, 회사에서 꾸준히 경험을 나누고 동료들을 진심으로 돕는 개발자 선배들이 그 회사에 있었기 때문이에요. 그런 분들은 동료들에게 신뢰를 얻으면서 자연스럽게 좋은 브랜드로 기억되고, 외부 브랜딩도 더 탄탄해지더라고요. 내부에서의 신뢰와 인정이 외부의 유명세보다 더 중요하다는 점을 꼭 강조하고 싶어요.

이주현 CTO "자기만의 언어로 꾸준히 진정성을 전달하며 신뢰를 쌓는 사람이에요."

브랜딩을 잘하는 개발자는 자신만의 독특한 언어와 꾸준한 진정성으로 사람들과 소통하는 사람이에요. 유명해지기 위한 콘텐츠보다는 시간이 지나도 일관되게 자기의 경험과 고민을 공유하는 사람이 진정한 브랜드를 만든다고 생각해요. 제가 옆에서 지켜본 이동욱 님은 블로그에 실제 겪은 기술 문제와 조직 관리 고민을 10년 가까이 쉬지 않고 공유하고 계세요. 덕분에 많은 개발자가 자연스럽게 동욱 님의 콘텐츠를 신뢰하며 계속 찾고 있죠. 또 김영한 님은 『자바 ORM 표준 JPA 프로그래밍』 책과 강의를 통해 복잡한 기술을 누구나 이해할 수 있는 방식으로 전달하며 특유의 친근한 말투와 설명력을 자신만의 독특한 브랜드로 만드셨어요. 이런 분들처럼 자신만의 개성을 꾸준히 유지하면서 진정성 있게 소통하는 개발자들이 결국 사람들의 기억에 오래 남는 브랜드를 만드는 것 같아요.

| Insight | 세 분 모두 '진정성 있는 꾸준함'을 브랜딩을 잘하는 개발자의 공통점으로 강조했습니다. 단지 유명해지기 위한 활동이 아니라, 깊이 있는 고민과 꾸준한 소통으로 동료와 업계에 신뢰를 쌓는 사람이 결국 지속 가능한 브랜드를 만든다는 것이죠. 결국 브랜드란 화려한 포장보다는 꾸준히 자신의 경험을 진솔하게 나누고 신뢰를 얻는 과정이라는 점을 기억하면 좋겠습니다.

Q7. 회사 안팎으로 브랜드를 키우고 싶은 개발자에게 한마디씩 조언해주세요.

박미정 리드 개인 브랜딩이 꼭 멋지고 완벽한 성공 이야기일 필요는 없어요. 오히려 개발자로 일하면서 겪게 되는 다양한 고민과 실패를 솔직하게 공유하고, 그런 경험들을 통해 어떻게 성장했는지 이야기해보세요. 우리는 결국 혼자가 아니라 팀과 함께 일하며 문제를 해결하는 사람들이잖아요. 동료들과의 협업, 팀에서의 고민, 성장 과정 같은 진정성 있는 소통이 가장 매력적인 브랜드를 만들 거라고 생각해요.

이동욱 CTO 개발자로서 가장 훌륭한 브랜딩은 내가 속한 조직과 동료들의 성장에 진심으로 기여하는 거예요. 때로는 개인 브랜딩이 본인의 욕심과 연결되기도 하지만, 본인의 성장이 조직의 성장과 일치할 때 진짜 강력한 브랜드가 만들어져요. 조직과 동료들이 성장할 수 있도록 진정성 있게 고민하고 행동하면 시간이 흐른 뒤, 누구나 함께 일하고 싶어 하는 개발자로 기억될 거예요. 그게 결국 진정한 의미의 개인 브랜드 아닐까요?

이주현 CTO 개발자는 단지 기술만 다루는 존재가 아니라 결국 사람과 소통하고 협업하는 사람입니다. 그래서 저는 개발자로서 기술 역량뿐만 아니라 자기만의 개성과 강점을 꾸준히 표현하는 것이 중요하다고 생각해요. 남들과의 비교가 아니라 자신만의 독특한 스타일이나 소통 방식을 찾아 꾸준히 드러내세요. 그것이 누군가에게 기억되고, 오랫동안 공감할 수 있는 개발자 브랜드로 성장하는 가장 좋은 방법이라고 생각해요.

세 명의 네임드 고수와 이야기를 나누며 분명히 느낀 것이 있습니다. 이들이 특별한 이유는 단지 뛰어난 실력이나 유명한 회사 경력 때문만은 아니었습니다. 처음엔 그저 용기를 내어 작은 기록부터 시작했을 뿐입니다. 부담 없이 내 이야기를 조금씩 꾸준히 나누는 습관이 어느새 특별한 '이름'을 만들어낸 것이죠.

결국 퍼스널 브랜딩은 화려하거나 거창한 활동이 아닙니다. 중요한 것은 바로 시작하는 용기와 꾸준함입니다. 회사의 타이틀도 물론 중요하지만, 회사라는 울타리를 벗어나도 흔들리지 않고 나를 지킬 수 있는 힘 역시 필요합니다. 내 이름 자체로 기억되는 개발자가 되고 싶다면 어렵게 생각하지 말고 지금 내가 잘하는 것, 좋아하는 것부터 편하게 드러내보세요. 그렇게 쌓인 작은 이야기가 모여 여러분만의 특별한 브랜드가 완성될 테니까요.

자, 이제 여러분 차례입니다. 지금까지 꾸준히 쌓아온 이야기를 어떻게 더 매력적으로 다듬고 확장할 수 있을지 구체적인 방법을 함께 살펴볼까요?

TRACK 13

퍼스널 브랜딩 로드맵:
강의부터 멘토링과 커뮤니티, 네트워킹까지

_모두를 위해 만든 콘텐츠, 현실감 없는 콘텐츠로는 공감을 얻기 어렵습니다.
_개발자는 직접 참여하고 소통할 때 비로소 몰입합니다.
_시작은 10분짜리 초간단 콘텐츠면 충분합니다. 가볍게 시작해보세요.
_네트워킹의 가치는 인원수가 아니라 '같은 방향을 바라보는 사람'과의 연결에서 나옵니다.
_한 번의 만남보다 작은 접점을 꾸준히 이어가는 지속적인 연결이 중요합니다.

강의 제작 사례로 알아보는
콘텐츠 기획 A to Z

사이드 프로젝트를 시작해보려는 마음이 생겨도 막상 실행으로 옮기려 하면 막막합니다. 아이디어는 떠오르지 않고 무엇부터 시작해야 할지 몰라 벽에 부딪히는 경우가 많죠. 하지만 이미 잘 구축된 온오프라인 플랫폼을 잘 활용하면 이 막막함을 효과적으로 해결할 수 있습니다.

그중에서도 막막함을 정면 돌파할 수 있는, 제가 가장 추천하는 방법은 바로 강의를 만들어보는 것입니다. 처음엔 강의를 만든다는 것이 부담스러울 수 있지만, 강의를 제작하고 나면 단순히 '가르치는 사람'을 넘어 '전문성을 인정받고 업계에서 신뢰받는 개발자'로 자리 잡을 놀라운 기회를 얻게 됩니다.

강의 제작으로 얻을 수 있는 실질적인 이점은 다음과 같습니다.

- **지식의 구조화**: 개발자로서 일하며 배운 지식은 머릿속에 산발적으로 흩어져 있기 마련입니다. 강의를 준비하며 내용을 정리하고, 효과적으로 전달하기 위해 구조화하다 보면 지식이 더욱 체계화되고 명확해집니다.
- **개발자로서의 브랜딩 형성과 신뢰 구축**: 강의를 통해 내 이름이 알려지면 자연스럽게 '특정 주제에 전문성을 가진 사람'으로 자리 잡게 됩니다. 이는 나를 신뢰하는 동료와 수강생이라는 네트워크가 형성되는 효과도 있습니다.
- **새로운 기회의 확장**: 강의 자체가 수익이 될 수 있을 뿐 아니라, 이를 통해 얻은 신뢰와 인지도 덕분에 헤드헌팅, 협업 제안, 해외 진출 등의 다양한 기회가 자연스럽게 따라옵니다.
- **지속 가능한 자기계발과 성장**: 강의를 제작하고 수강생의 피드백을 받으면서 내가 몰랐던 부족한 점을 발견하고, 이를 지속적으로 보완하면서 끊임없이 성장할 수 있는 자극을 얻습니다.
- **커뮤니티와 영향력 확장**: 강의를 중심으로 형성된 커뮤니티를 통해 더 많은 사람에게 긍정적인 영향을 미치고, 나의 성장과 함께 업계의 발전을 이끄는 선순환 구조를 만들 수 있습니다.

개발자를 위한 강의 제작 지원 프로그램

모든 걸 혼자 할 필요는 없습니다. 다양한 온라인 플랫폼에서 개발자를 위한 콘텐츠 제작 프로그램을 운영하고 있습니다. 인프런과 유데미의 프로그램을 소개합니다.

1) 인프런 - 지식공유자 챌린지

인프런은 국내 개발자들의 특성과 시장 환경을 잘 반영한 '지식공유자 챌린지' 프로그램을 운영합니다. 밀착형 지원과 소통 중심의 콘텐츠 제작이 특징입니다. 환경에 최적화된 콘텐츠를 만들고 싶거나 밀착형 지원을 통해 빠르게 자신감을 얻고 싶은 개발자들에게 추천합니다.

지식공유자 챌린지의 주요 지원 내용은 다음과 같습니다.

- **10주간의 밀착 지원**: 주제 선정부터 콘텐츠 제작, 편집, 홍보까지 인프런 전문 MD들이 1:1로 지원합니다.
- **현실적인 고민과 어려움 해결**: '내가 강의를 할 수 있을까?'라는 심리적 부담부터 현실적 고민까지 MD들의 적극적인 지원으로 쉽게 극복할 수 있습니다.
- **실질적인 콘텐츠 제작 전략**: 화려한 영상 편집보다 수강생에게 필요한 정보를 명료하게 전달하는 콘텐츠를 만드는 방법에 집중합니다.
- **수강생과 소통 중심의 성공 사례**: 인프런의 인기 강사들은 수강생과의 지속적인 피드백과 소통을 통해 콘텐츠를 발전시켰고, 결과적으로 높은 전문성과 인지도를 얻었습니다.

2) 유데미 - 강사 챌린지

유데미는 지난 몇 년간 '강사 챌린지'라는 이름으로 글로벌 강의 시장에 맞는 명확하고 단계적인 가이드를 제공해왔습니다. 특히 초보자들이 체계적으로 콘텐츠 제작을 경험할 수 있도록 구성되어 있으며, 전 세계 수강생들과 연결되는 소중한 경험도 얻을 수 있습니다.

두 플랫폼 중 여러분의 목표와 환경에 맞는 방법을 선택해, 개발자로서의 개인 브랜드와 전문성을 멋지게 확장해보길 바랍니다.

강의 콘텐츠 기획 성공 사례

실제 강의를 기획하고 운영했던 개발자들의 사례를 통해 무엇이 강의를 성공으로 이끄는지를 살펴보겠습니다. 주제 선정과 기획, 커리큘럼 구성, 운영 방식 등의 관점에서 각각 살펴봅시다. 그들의 선택과 시행착오 속에 여러분의 기획에 적용할 수 있는 실질적인 힌트가 숨어 있을지도 모릅니다.

사례 1) 김동현 강사의 유데미 강의 제작기
– 전문성은 꾸준한 기록과 실행에서 시작된다

김동현 강사님은 리눅스 시스템 소프트웨어 분야에서 10년 넘게 활동해 온 개발자입니다. 현업에서의 다양한 경험을 유튜브와 블로그에 꾸준히 정리하며 콘텐츠 자산을 쌓았고, 이를 바탕으로 '초보 시스템 소프트웨어 개발자'라는 주제로 유데미에서 첫 강의를 제작했습니다. 이 강의는 유데미의 '강사 챌린지' 프로그램에 참여하여 제작했으며 출시 일주일 만에 100명 이상의 수강생을 모집하면서 성공적으로 출발했습니다. 이후에도 강의를 지속적으로 개선하며 콘텐츠의 완성도를 높이고 있습니다.

주제 선정과 기획	'리눅스 커널 개발'이라는 다소 어렵게 느껴질 수 있는 주제를, '초보 시스템 소프트웨어 개발자'를 위한 입문 강의로 재구성한 것이 핵심이었습니다. 오프라인 세미나와 블로그 글 등의 콘텐츠 자산이 어느 정도 있었기 때문에 빠르게 기획할 수 있었고, 실무에서 막막함을 느끼는 초보 개발자들의 고민에 실제로 도움이 되는 내용을 중심으로 구성했습니다. **TIP** 누구를 위한 콘텐츠인지를 먼저 생각해보세요. 내가 잘 아는 주제라도 누군가에게는 꼭 필요한 첫걸음이 될 수 있습니다. 특히 처음 강의를 기획할 때는 '예전에 내가 막막했던 시점'을 떠올리며 타깃을 잡는 것이 좋습니다.
커리큘럼 구성	기존 세미나 자료를 바탕으로 유데미에 적합하게 짧고 명확한 강의 단위로 나누어 구성했습니다. 수강생이 강의를 참고서처럼 필요할 때 찾아볼 수 있도록 각 세션을 구성했고, 실무에서 바로 적용 가능한 내용을 중심으로 구성해 높은 만족도를 이끌었습니다. **TIP** 처음에는 짧고 실용적인 콘텐츠가 훨씬 더 효과적입니다. 강의 길이를 짧게 나누고 실제로 바로 써먹을 수 있는 예시나 실습 중심으로 구성해보세요. 실무에서 바로 쓸 수 있다면 그것만으로도 큰 가치를 줍니다.
운영 방식	유튜브 채널과 블로그 등 자신이 오랜 시간 축적해온 채널을 통해 강의 소식을 자연스럽게 알렸습니다. **TIP** 강의를 처음 시작할 때 가장 강력한 무기는 이미 쌓아둔 나의 콘텐츠입니다. 블로그 글 하나, 유튜브 영상 하나라도 쌓아두면 강의를 홍보할 때 큰 자산이 됩니다. '기록의 힘'을 믿어보세요.

브랜딩과 커리어 확장	이 강의를 계기로 김동현 강사님은 '시스템 소프트웨어 분야의 신뢰할 수 있는 전문가'라는 인식을 얻었고 이후 책 출간, 세미나 초청, 다양한 강의 제안 등 풍부한 커리어 기회를 얻게 되었습니다. 유데미 플랫폼을 통해 글로벌 수강생들과도 연결되며 콘텐츠의 확장 가능성과 지속 가능성을 동시에 입증했습니다. **TIP** 강의는 단지 수익을 얻기 위한 수단이 아닙니다. 자신의 전문성을 브랜딩할 수 있는 가장 직접적인 방법이 될 수 있습니다. 꾸준히 만들고 다듬는 과정에서 자연스럽게 성장도 따라옵니다. 전문가란 타고나는 사람이 아니라 만들어지는 사람입니다.

사례 2) '개발자 영어' 유데미 강의 제작기
– 명확한 니치 선정이 콘텐츠 성패를 좌우한다

'개발자 영어' 강의는 기술 문서와 글로벌 커뮤니케이션에서 어려움을 겪는 개발자들을 위해 제작됐습니다. 구글링, 스택오버플로 활용법, 코드 내 영어 표현 등을 중심으로 개발자가 실제 업무에서 자주 접하는 영어 문제를 해결할 수 있도록 돕습니다.

주제 선정과 기획	개발자의 언어는 코드와 영어라는 콘셉트에서 출발해 많은 개발자가 겪는 언어 장벽이라는 실질적인 문제를 해결하고자 했습니다. 기술 영어 관련 콘텐츠가 거의 없던 당시, 이 주제는 뚜렷한 차별성을 가졌고 현업 개발자들의 공감을 이끌어냈습니다. **TIP** 콘텐츠 기획은 나의 고민에서 출발하세요. '예전의 나'에게 가장 필요했던 내용을 정리해보면 같은 고민을 가진 다른 개발자들에게 큰 도움이 될 수 있습니다. 너무 넓은 주제가 아니라, 작고 명확한 문제 하나를 해결해보세요.
커리큘럼 구성	수강생이 강의를 들은 다음 날 바로 업무에 적용할 수 있도록 커리큘럼을 구성했습니다. 문서 독해, 깃허브 커뮤니케이션 등 실무 중심의 상황을 기준으로 내용을 설계해 수강생의 만족도를 높였습니다. **TIP** 실용성은 콘텐츠의 생명입니다. 실무에서 자주 부딪히는 문제 하나만 명확히 해결해줘도 강의의 가치는 충분합니다.

운영 방식	개발자 커뮤니티, SNS 채널, 뉴스레터 등을 활용해 강의를 알리고 할인 쿠폰을 통해 수강 장벽을 낮췄습니다. 또한 라이브 세션, Q&A, 관련 블로그 글 등 파생 콘텐츠로 수강생과 지속적으로 소통하며 강의를 확장했습니다. 특히 공지 기능을 적극 활용하여 콘텐츠 업데이트 시 지속적으로 강의가 개선되고 있음을 알림으로써 수강생의 만족도를 높였습니다. **TIP** 강의 하나만으로 끝내지 마세요. 블로그 글, Q&A 모임, 간단한 이메일 뉴스레터 등 다양한 형식으로 콘텐츠를 확장해보세요. 작게 나누어도 강력한 연결고리가 됩니다.

사례 3) '뽑히는 개발자의 포트폴리오' 웨비나 제작기
– 현업의 목소리를 담아 현실적인 고민을 해결하다

이 웨비나는 '왜 내 포트폴리오는 뽑히지 않을까?'라는 개발자들의 고민에서 출발했습니다. 실제 채용 과정에 참여했던 현업 개발자들의 피드백과 JD 분석을 바탕으로, 실시간 피드백 중심의 웨비나 형태로 기획된 콘텐츠입니다.

주제 선정과 기획	처음부터 큰 규모의 콘텐츠를 만들기보다는 주변 현업 개발자들의 이야기를 수집하고, 소규모 세션으로 빠르게 시도한 것이 핵심입니다. 현실적인 고민을 중심으로 콘텐츠를 설계했고 첫 참가자들의 반응과 피드백을 통해 점점 발전시켰습니다. **TIP** 콘텐츠 시작이 막막하다면 당장 옆에 있는 동료에게 물어보세요. '이런 콘텐츠가 있으면 좋겠다' '이런 게 왜 없지?'라는 말에서 모든 기획이 시작될 수 있어요.
커리큘럼 구성	실제 포트폴리오 사례를 중심으로 현업 개발자가 평가 시 중요하게 생각하는 포인트를 알려주는 방식으로 구성했습니다. 참여자들이 받은 피드백을 곧바로 반영하고 개선할 수 있도록 실습 중심의 실시간 구성을 적용했습니다. **TIP** 실시간 피드백은 콘텐츠의 몰입도를 높이는 핵심 요소입니다. 라이브로 소통할 수 있는 환경을 만드는 것만으로도 콘텐츠가 살아납니다. Q&A 타임 하나만 잘 활용해도 강의가 훨씬 풍부해져요.

운영 방식	디스코드에 전용 채널을 개설해 수강생 간의 소통을 유도했고, 처음엔 작은 세션으로 시작해 좋은 피드백을 바탕으로 점차 콘텐츠를 확장했습니다. 수강생 개개인에게 맞춤 피드백을 제공하며 높은 만족도를 끌어냈습니다.
	TIP 커뮤니티는 운영이 아니라 돌봄의 영역입니다. 질문에 답해주고 관심을 보여주는 작은 행동이 수강생을 계속 머무르게 만듭니다. 콘텐츠보다 사람을 먼저 기억하게 되죠.

각 사례의 출발점은 모두 다르지만, 콘텐츠 기획에서 중요한 본질은 같았습니다. 작게 시작하고, 구체적으로 실행하며, 피드백을 반영해 발전시키는 것. 여러분도 이 사례들을 참고해 자신만의 강의와 콘텐츠를 기획해보세요. 중요한 건 완벽한 기획이 아니라, 일단 시작해보는 용기와 꾸준함입니다.

개발자와 세상을 연결하는
또 다른 기회들

개발자로서 개인 브랜드를 키우는 방법이 꼭 강의 제작만 있는 것은 아닙니다. 강의가 부담스럽다면 멘토링과 커뮤니티 활동부터 시작해보세요.

멘토링과 커뮤니티 활동

멘토링은 강의처럼 혼자 일방적으로 준비해야 하는 콘텐츠가 아니라, 상대방과의 소통을 통해 자연스럽게 자신의 전문성을 나누는 방법입니다. 처음부터 거창한 콘텐츠를 준비할 필요 없이 주변 개발자들이 겪고 있는 실제 고민에 답변하거나 간단한 코드 리뷰, 커리어 조언처럼 가벼운 형태로 시작할 수 있습니다.

또한 개발자 개인 브랜드는 결국 커뮤니티 속에서 자연스럽게 만들어집니다. 부담 없이 시작할 수 있는 가장 쉬운 방법은 개발자 커뮤니티에서 활발히 활동하며 진정성 있게 소통하는 것입니다. 자신의 생각이나 배운 내용을 가볍게 공유하거나 동료 개발자들의 질문에 친절하게 답변하는 작은 활동으로도 충분히 좋은 시작이 될 수 있습니다. 이렇게 커뮤니티에 꾸준히 참여하다 보면 여러분은 자연스럽게 특정 분야의 신뢰받는 전문가로 자리 잡을 수 있게 됩니다.

멘토링과 커뮤니티 활동은 별개의 활동으로 보이지만, 서로 밀접하게 연결되며 자연스럽게 전문성을 확장시킵니다. 커뮤니티에서 활동하며 얻은 신뢰는 멘토링 기회로 연결되고 멘토링에서 얻은 긍정적인 결과들은 다시 커뮤니티 내 신뢰를 키우는 선순환을 만듭니다.

지속 가능한 홍보 전략

콘텐츠를 만들었다면 다음 단계는 효과적이고 지속 가능한 홍보입니다. 콘텐츠가 아무리 좋아도 알리지 못하면 무의미합니다. 하지만 개발자에게 마케팅은 익숙하지 않죠. 그래서 더 현실적인 전략이 필요합니다.

다음과 같이 멘토링, 커뮤니티 활동 그리고 홍보를 통해 누구나 부담 없이 개인 브랜드를 성장시킬 수 있습니다.

1) 작은 성공 경험으로 시작하기

처음에는 소규모 무료 세션이나 간단한 웨비나로 시작해보세요. 개발자들이 자주 모이는 커뮤니티나 슬랙, 디스코드 서버 등에 '최근 배운 기술을 공유하는 간단한 라이브 세션을 열 예정이에요. 관심 있는 분들은 편하게 참여해주세요!'와 같이 올립니다. 소수의 수강생이 오더라도 진정성 있게 소통하고 피드백을 적극적으로 수집하세요. 그들과 나눈 피드백은 자연스러운 추천으로 이어지고 콘텐츠 홍보의 가장 강력한 기반이 됩니다.

2) 한 가지 SNS 채널부터 활용하기

처음부터 여러 SNS 채널을 모두 다 관리할 필요는 없습니다. 편하게 느끼는 하나의 채널을 골라 간단한 팁이나 개발 경험을 부담 없이 공유하세요. 가벼운 콘텐츠들이 쌓이면 더 많은 사람에게 자연스럽게 전달되고 장기적으로 개인 브랜드를 탄탄히 만들어줄 것입니다.

3) 꾸준한 피드백 관리로 콘텐츠 업그레이드하기

완벽한 콘텐츠를 만들기보다는 피드백을 받아들여 작은 업데이트를 꾸준히 하는 것이 중요합니다. 수강생과 커뮤니티의 피드백을 반영하면 콘텐츠의 완성도, 수강생의 신뢰와 만족도가 높아집니다.

4) 꾸준함과 진정성으로 신뢰 쌓기

결국 개인 브랜드의 핵심은 꾸준함과 진정성입니다. 오랫동안 일관된 메시지를 전하며 진심으로 소통하면 어느 순간 여러분은 신뢰받는 개발자이자 콘텐츠 제작자로 자리 잡게 됩니다.

10분짜리 강의 콘텐츠 제작법

작은 콘텐츠 하나를 완성하는 경험부터 시작하는 것도 좋습니다. 실제로 제가 기획하고 제작했던 유데미의 '개발자 영어' 강의를 예시로 들어 콘텐츠 제작의 흐름을 함께 살펴봅시다.

1) 주제 선정과 기획

가장 효과적인 주제 선정 방법은 내가 잘 알고 있는 기술이나 경험 중 '남들이 궁금해하는 포인트'를 찾는 것입니다. 즉, 내가 아는 것과 사람들의 궁금함이 만나는 지점을 찾는 거죠.

'개발자 영어' 강의를 기획할 당시, 많은 개발자가 영어 기술 문서나 API 문서를 제대로 이해하지 못해 고민하고 있었습니다. 특히 코드 작성 시 변수 이름 짓기나 깃허브 README 작성법에 어려움을 겪었습니다. 이 니즈를 정확히 공략해 '개발자의 언어는 코드와 영어다'라는 콘셉트를 잡고 강의를 기획했습니다.

실천 TIP 지금 바로 다른 개발자들이 자주 묻는 질문 중, 여러분이 쉽게 해결할 수 있는 문제를 적어보세요(예: 변수 이름을 영어로 자연스럽게 짓는 방법). 주변 개발자들이 슬랙이나 커뮤니티에 자주 질문하는 내용을 관찰해보면 도움이 됩니다.

2) 촬영 · 편집 · 디자인

처음 콘텐츠를 만들 때 흔히 빠지는 함정은 완벽한 퀄리티에 대한 집착입니다. 하지만 개발자 콘텐츠는 화려함보다 정확한 정보 전달이 훨씬 중요합니다. 가장 간단하고 빠르게 촬영하는 방법은 스마트폰과 무료 녹화 앱을 활용하는 것입니다. 스마트폰의 기본 화면 녹화 기능이나 인기 앱(XRecorder, AZ Screen Recorder, 모비즌 등)을 활용하면 별도의 장비 없이 빠르게 영상을 녹화할 수 있습니다. 설명할 코드 화면이나 간단한 슬라이드를 스마트폰에 띄운 뒤, 녹화를 시작하고 마이크가 달린 이어폰이나 핀마이크로 또렷한 음성을 녹음하면 초보자도 손쉽게 콘텐츠를 완성할 수 있습니다.

실천 TIP 스마트폰과 화면 녹화 앱을 이용해 선정한 작은 주제를 10분 이내로 녹화해보세요(예: 깃허브에서 자주 쓰는 영어 표현 세 가지). 스마트폰의 기본 화면 녹화 기능만으로도 충분합니다. 음성 녹음은 이어폰이나 핀마이크로 더욱 깔끔하게 만들 수 있습니다.

3) 초간단 슬라이드 제작

복잡한 PPT 대신 챗GPT, 감마, 캔바 등의 AI 도구로 간결한 슬라이드 3장을 만들어보세요. 제목 슬라이드, 주요 팁 슬라이드, 마무리 슬라이드면 충분합니다.

예를 들어 '개발자 영어'라는 주제의 콘텐츠라면 다음과 같이 구성할 수 있습니다.

- **제목 슬라이드**: 깃허브에서 자주 헷갈리는 영어 표현 TOP 3
- **주요 팁 슬라이드**: Commit vs. Push 정확한 차이점은? / Pull Request의 명확한 의미 / Issue와 Discussion, 언제 쓸까?
- **마무리 슬라이드**: 추가 자료 안내 (더 자세한 자료는 PDF 파일이나 노션 등으로 제공)

실천 TIP AI 도구로 선정한 주제의 슬라이드 3장을 빠르게 만들어보세요.

4) 홍보 · 마케팅

콘텐츠를 알릴 때 가장 효과적인 방법은 첫 수강생 10명이 팬이 되도록 적극 소통하는 것입니다. 강사는 평소 운영하던 기술 블로그에 강의 소식을 알리며 일부 내용을 공개해 기존 독자를 초반 수강생으로 확보했으며, 주변 인맥에도 추천을 요청하는 등 적극적으로 홍보했습니다.

실천 TIP AI 도구로 선정한 주제로 슬라이드 3장을 빠르게 만들어보세요. 자주 가는 커뮤니티나 SNS에 콘텐츠를 공유하고 피드백을 요청해보세요. 작은 커뮤니티나 오픈채팅방을 적극 활용해 수강생의 피드백을 반영하면 홍보 효과가 더욱 높아집니다.

5) 피드백 수렴과 콘텐츠 관리

피드백을 통해 업데이트하는 것까지가 콘텐츠 제작의 완성입니다. '개발자 영어' 강의 역시 수강생 피드백을 정기적으로 반영하여 완성도를 높였습니다. 수강생의 만족이 콘텐츠 추천을 높이는 가장 효과적인 방법입니다.

실천 TIP 콘텐츠 공개 후 받은 피드백 중 쉽게 반영할 내용부터 즉시 업데이트하세요. 콘텐츠 마지막에 짧은 설문이나 댓글 참여를 유도하면 효과적으로 피드백을 받을 수 있습니다.

N^{n}번의 커리어 확장 기회를 만드는
네트워킹 전략

개발 실력을 키우고 퍼스널 브랜딩까지 갖췄다면 이제 그 브랜드를 널리 알리고 기회를 넓힐 차례입니다. 아무리 뛰어난 브랜드도 알리지 않으면 의미가 없으니까요.

네트워킹은 단순히 많은 사람과 친분을 맺는 것이 아닙니다. '나'라는 브랜드를 효과적으로 알리고 다양한 기회를 얻는 전략적인 도구입니다. 실제로 많은 개발자가 지인 추천으로 직장을 구합니다. 네트워킹이 단순한 친목 활동이 아니라 커리어 전략의 일부라는 뜻이죠. 잘 준비된 관계는 기회를 능동적으로 만들어내는 힘이 됩니다.

개발자를 위한 네트워킹 방법

네트워킹의 본질은 가치를 주고받는 관심에서 시작됩니다. 기술 블로그에 대한 피드백을 주거나 관련 자료를 공유하는 것만으로도 네트워킹이 시작될 수 있습니다. 네트워킹을 위한 다음 리스트를 실천해봅시다.

1) 현재 가진 관계부터 활용하기

네트워킹은 반드시 처음 만나는 사람과만 하는 게 아닙니다. 이미 알고 있는 동료, 협업하는 타 팀 사람들, 예전 프로젝트에서 함께했던 개발자 등의 관계 속에도 충분한 기회가 숨어 있습니다. 사내에서 기술을 공유하거나 사이드 프로젝트를 함께하며 자연스럽게 신뢰를 쌓는 것이 오히려 가장 강력한 네트워크가 되기도 합니다. 실제로 사내 네트워크가 탄탄한 사람일수록 중요한 업무나 성장 기회를 먼저 받는 경우가 많습니다.

2) 네트워킹의 목표 정하기

단순히 '사람을 많이 만나기'보다는 내 커리어에 도움이 될 네트워킹 목표를 설정하는 것이 중요합니다. 예를 들어 연말까지 기술 콘퍼런스에서 3명과 의미 있는 대화 나누기, 한 달에 한 번 링크드인에서 새로운 개발자와 교류하기처럼요.

3) 온라인 네트워킹 활용하기

블로그, 링크드인, X(구 트위터) 등 SNS에 기술적인 경험을 공유하고 다른 개발자들의 글에 피드백을 남기는 것만으로도 네트워킹이 시작됩니다. 스택오버플로, 깃허브, 오픈소스 프로젝트 등에서 본 기술 글에 댓글을 달아 보세요. 또는 링크드인에서 한 명에게 메시지를 보내 대화를 시도해보세요. 짧은 인사, 피드백 한 줄로 자연스럽게 인맥을 만들 수 있습니다.

4) 오프라인 네트워킹으로 더 깊은 연결 만들기

행사나 밋업, 스터디, 오픈소스 프로젝트, 관심 있는 콘퍼런스에 적극 참여해보세요.

5) 네트워킹을 습관화하기

관심 있는 분야의 사람들에게 정기적으로 감사의 말을 전하고, 상대방을 먼저 도와줄 방법을 고민하세요. 작은 대화라도 꾸준히 이어가다 보면 시간이 지나 관계가 깊어집니다.

전략적 네트워킹 방법

네트워킹의 핵심은 얼마나 많은 사람을 아느냐가 아니라, 내가 가고 싶은 방향과 맞는 사람들과 연결되어 있느냐입니다. 즉, 네트워킹은 목표를 향해 함께 나아갈 수 있는 사람들을 선택적으로 만나고 관계를 맺는 전략적인 과정인 거죠.

성공적인 네트워킹의 시작은 '누구를 만나야 하는가'를 명확히 하는 것입니다. 관심 분야, 지향점, 고민의 결이 비슷한 사람들과 소통할수록 대화는 깊어지고 관계가 더 오래갑니다. 그리고 그렇게 만들어진 네트워크는 단순한 연락처 목록이 아니라, 내 성장을 함께 만들어가는 협력자가 됩니다. 나와 같은 길을 걷는 사람들과 연결될 수 있도록 네트워킹의 방향성을 설계해보세요.

1) 커리어 목표와 네트워크 정렬하기

내가 1년 후, 3년 후, 5년 후에 어떤 개발자가 되고 싶은지 생각해보세요. 그런 다음 그 목표를 이루기 위해 어떤 사람들과 연결되어야 하는지 정리합니다. 예를 들어 스타트업 창업을 꿈꾼다면 VC, 창업자, 성장 마케팅 전문가와의 네트워킹이 중요할 것이고, 대기업에서 성장하고 싶다면 기술 리더, 테크 리크루터, 선배 개발자들과의 연결이 도움이 될 겁니다.

2) 롤모델과의 연결 시도하기

많은 사람이 업계 인플루언서들은 바쁠 거라는 생각에 연락을 주저하는 경우가 많습니다. 우리가 존경하는 멘토들도 처음엔 우리와 같은 출발점에 서 있었습니다. 중요한 건 의미 있는 방식으로 접근하는 것입니다.

먼저 다양한 SNS에서 롤모델의 콘텐츠를 팔로우하고, 그들의 생각을 정성껏 읽고 이해해보세요. 그리고 그들의 글이나 강연에 대한 인사이트를 공유하면서 자연스럽게 질문을 던지거나 메시지를 보내보세요. 또는 롤모델의 오픈소스 프로젝트에 기여하거나 스터디 그룹, 작게는 내가 남긴 진심 어린 응원 댓글로도 간접적으로 연결될 수 있습니다. 이렇게 작은 관심과 대화부터 시작하면 관계는 자연스럽게 깊어집니다.

3) 한 번의 만남을 지속적인 관계로 발전시키기

네트워킹은 계속해서 관계를 유지하는 것이 핵심입니다. 콘퍼런스, 행사, 온라인에서 연결된 사람들에게 '지난번 ○○ 콘퍼런스에서 뵙고 이야기 나눴었는데, 좋은 인사이트가 많았습니다. 다음에 기회가 되면 또 이야기 나누고 싶습니다'와 같은 짧은 메시지를 보내보세요.

또 네트워킹을 협업으로 발전시켜보세요. 네트워킹은 처음 만난 날이 아닌 그 이후의 꾸준한 소통부터가 진짜 시작입니다. 다음과 같은 활동을 통해 지속적으로 연결될 수 있습니다.

- 공동 블로그 글 게시
- 스터디 그룹 운영
- 사이드 프로젝트 진행
- 콘퍼런스 발표 지원 또는 패널로 참여

'I' 유형을 위한 네트워킹 방법

"저는 낯을 가려서 네트워킹이 어려워요."
"네트워킹은 MBTI 'E' 분들이 잘하는 거 아닌가요?"

이런 생각 한 번쯤 해보셨나요? 저도 전형적인 I 유형의 사람으로서 사람 만나는 걸 좋아하면서도 낯선 환경에서는 어떻게 대화해야 할지 고민하는 스타일입니다. 하지만 네트워킹은 꼭 외향적인 사람만 잘하는 게 아닙니다. 자신에게 맞는 방식으로 접근하면 I 타입도 충분히 강력한 네트워크를 구축할 수 있습니다.

1) 작은 그룹에서 시작하기

대형 콘퍼런스에서 처음 보는 사람들과 인사를 나누는 게 부담스럽다면 소규모 모임부터 시작해보세요. 스터디, 기술 밋업, 오픈소스 프로젝트 기여 같은 작은 공간에서 관계를 쌓는 걸 의미합니다. 저도 처음엔 콘퍼런스에서 누구에게 말을 걸어야 할지 몰라 머뭇거렸어요. 그런데 작은 모임에서 자연스럽게 알게 된 사람들이 점점 늘어나면서, 나중에는 "어? 지난번에 뵀던 분이네요!" 하며 대화가 시작되었습니다. 핵심은 부담 없는 환경에서 친숙한 관계를 만드는 것입니다.

2) 콘텐츠로 나를 먼저 보여주기

말로 하는 네트워킹이 어렵다면 기록을 통해 자신을 알리는 방법도 있습니다. 기술 블로그, SNS, 오픈소스, 뉴스레터 그리고 IT 업계 인플루언서들이 활발하게 활동하는 공간인 X(구 트위터)와 링크드인 등에 남기는 글이나 좋은 질문을 통해 '나'를 보여줄 수 있습니다. 또는 코드 리뷰나 기여를 통해 자연스럽게 대화를 시작할 수 있습니다. 기술적인 경험을 공유하면서 자연스럽게 비슷한 관심사를 가진 사람들과 연결되어보세요.

3) 좋은 질문을 하고 귀 기울이기

네트워킹에서 중요한 건 말을 많이 하는 게 아니라 상대가 나와의 대화를 기억하게 만드는 겁니다. "이런 문제를 해결할 때 보통 어떤 접근 방식을 사용하세요?" "최근에 가장 흥미로운 프로젝트가 있었나요?"와 같은 좋은 질문을 던지는 것만으로도 '이 사람과의 대화가 즐거웠다'라는 인상을 남기고 상대방은 나와의 대화를 긍정적으로 기억하게 됩니다.

4) 사전 준비하기

즉흥적으로 대화를 시작하는 게 어렵다면 미리 준비해보세요. 행사 전에 관심 있는 발표자나 참석자 목록을 살펴보고 대화 주제를 정리해본다거나 SNS에서 먼저 교류한 후 오프라인에서 자연스럽게 대화해보세요. 같은 글을 읽고 공감한 부분을 이야기하는 것도 좋은 방법입니다.

네트워킹에서 가장 중요한 것은 친절함입니다. 사람들은 단순히 실력이 뛰어난 사람이 아니라 함께 일하고 싶은 사람, 함께할 때 기분 좋은 사람을 기억합니다. 협업을 잘하고 사람들과 원활히 소통하는 사람이 조직 내에서도 더 많은 기회를 얻고 더 신뢰받는 동료로 자리 잡습니다.

상대방을 내 커리어를 위한 수단으로 보지 말고, 함께 성장할 수 있는 파트너로 바라보세요. 먼저 배려하고 작은 도움을 건네는 습관이 더 큰 신뢰와 기회로 돌아올 것입니다.

EPILOGUE

이름값을 키우는 커리어 게임, 모두 클리어하셨나요?

퍼스널 브랜딩이라는 주제를 처음 마주했을 때 '난 그런 거 못 해' '그건 인플루언서들이나 하는 거지'라고 생각하셨을지도 모릅니다. 하지만 여러분은 이 책의 5장까지 완주했고 '브랜딩 만렙'을 찍을 준비를 마친 상태입니다.

> "브랜딩은 내가 가진 실력을 더 넓은 기회로 연결하는 일이다."
> "브랜딩은 거창한 자기 홍보가 아니라, 나를 제대로 설명하는 기술이다."

돌아보면 우리가 했던 건 결코 거창하지 않았습니다. 짧은 블로그 글이나 발표 하나, 커뮤니티에서 나눈 조언 몇 마디가 여러분의 이름을 각인시키는 행동들이었습니다. 그저 꾸준히 기록하고 나만의 스토리를 솔직하게 만들어갔을 뿐입니다. 그리고 이 과정에서 여러분은 기술력 이상의 무기를 얻고 회사라는 울타리를 넘어 스스로가 브랜드가 되는 작은 변화를 만들어냈습니다.

이제 더는 회사의 이름이나 직함으로만 여러분을 설명하지 마세요. 여러분의 이름이 곧 브랜드가 될 수 있습니다.

혹시 아직도 '퍼스널 브랜딩이 나한테 꼭 필요한 걸까?'라는 의문이 남아 있어도 괜찮습니다. 이어지는 6장을 읽으면 여러분이 왜 나만의 브랜드를 만들어야 하는지 더 명쾌하게 이해하게 될 거예요. 나라는 사람 자체를 주목받게 하는 팁과 재밌는 에피소드들이 가득하니까요.

CHAPTER 06

이력서 없이도 주 1회 스카웃을 부르는 커리어 설계

#portfolio building
#knowledge sharing
#developer communication

차지현

현) 무신사 채용 프로덕트 매니저
전) 토스 엔지니어 채용 브랜딩 매니저
전) AWS 엔지니어 소싱 담당
전) 아모레퍼시픽 비전지원팀 사내복지 및 커뮤니케이션 담당

개발과는 거리가 먼 문과생이었지만, HR로 커리어를 시작해 수많은 개발자를 만나며 개발자 채용의 최신 트렌드를 온몸으로 경험했습니다. 뛰어난 역량을 갖추고도 퍼스널 브랜딩에는 관심이 없는 개발자들을 발굴하고, 이들의 성과와 경험을 외부에 적극적으로 알릴 수 있는 '판'을 만드는 일을 즐깁니다.

개인 또는 팀의 배움을 글, 영상, 인터뷰, 발표 등의 형태로 공유하는 것이 개발자 생태계의 발전뿐 아니라 기업의 홍보와 채용에도 긍정적인 영향을 준다고 믿습니다. '매력적인 개발자'란 무엇인지 고민하고, 사내 개발자를 적극적으로 알리기 위해 수단과 방법을 가리지 않습니다. IT 기업에서 유능한 개발자를 잘 채용하는 일의 가치를 널리 알리고 싶습니다.

PROLOGUE

요즘 개발자들은 어떤 방식으로 취업하고 이직을 준비할까요? 내 경험을 가장 매력적으로 포장하려면 나의 커리어를 어떻게 정리해야 할까요? 또 어떤 사람들에게 나를 노출해야 더 좋은 기회를 잡을 수 있을까요?

커리어 고민에는 끝이 없습니다. 한편으로 기업들이 앞다퉈 개발자를 찾는 시대인데, 왜 여전히 많은 기업이 채용난을 겪고 있다고 하는지 이해가 안 되기도 하죠. 중요한 건, 결국 나를 어떻게 '셀링'하느냐입니다.

이 장에서는 토스에서 4년 넘게 개발자 채용과 브랜딩을 담당하며 수많은 개발자를 만나온 제가 직접 경험한 '잘하는 개발자들'의 비밀을 소개합니다. 이력서를 잘 쓰는 방법부터 링크드인 프로필 최적화하기, 현업 담당자에게 자연스럽게 연락하기, 개발자 커뮤니티에 참여해 네트워크 넓히기, 기술 블로그를 활용해 내 고민 알리기, 콘퍼런스 발표로 영향력 확장하기 그리고 업계 내 영향력 있는 사람들과 의미 있는 관계를 형성하는 방법까지 모두 담았습니다.

여러분이 더 적극적으로 자신을 노출하고 더 많은 기회를 만드는 경험을 통해 '원하는 곳을 골라 가는' 경험을 하길 바랍니다.

자, 일주일에 한 번씩 입사 제안을 받을 준비가 되셨나요?

TRACK 14

기업이 원하는 인재는 따로 있다:
개발자 취업/이직

_관심 있는 기업이 어떤 사람을 원하는지 알고 싶다면 채용 공고에 반복되는 키워드를 찾아보세요.
_문제 해결 역량은 모든 기업이 공통으로 중요하게 여기는 능력입니다.
_사내 추천으로 연결될 수 있는 현업 개발자에게 먼저 연락하여 조언을 구해보세요.
_채용 담당자가 나를 찾을 수 있도록 링크드인 프로필을 전략적으로 채워두세요.
_지원하고 싶은 회사의 담당자와 일촌을 맺고 나의 존재감을 자연스럽게 드러내보세요.

요즘 핫한 기업에서 데려가는 개발자

몇 년 전만 해도 많은 기업이 공개채용을 선호했습니다. 신입부터 경력직까지 일정을 정해두고 대규모로 지원자를 모집했죠. 이는 중장기적인 인력 계획을 세우고, 여러 지원자를 비교 평가하여 가장 적합한 인재를 찾는 방식이었습니다.

하지만 최근에는 공개채용이 사라지는 분위기입니다. 절대적인 채용 규모가 줄어든 것도 있지만, 그보다 더 중요한 변화는 정해진 시기에 많은 사람을 뽑는 것보다 진짜 필요한 사람을 맞춤형으로 찾고자 하는 경향이 생겼다는 것입니다. 수시채용이 표준처럼 자리 잡았고, 심지어 신입 채용조차 수시로 진행하는 기업들이 늘어나고 있습니다. 채용 일정에 맞추기 어려운 우수 인재를 놓치지 않기 위한 선택이기도 하죠.

이런 변화는 이력서와 자기소개서의 의미도 바꾸었습니다. 이전에는 남들과의 비교에서 돋보이기 위해 이력서나 자기소개서가 중요했지만, 이제는 채용이 언제 열리고 마감될지 그리고 나의 경쟁자가 언제 지원할지 예측하기가 어려운 상황이 되었죠. 그렇다면 이럴 때는 어떤 역량을 강조해야 할까요?

이제는 '경험'이 곧 무기입니다. 내 이야기를 애써 포장하지 않아도 하나의 프로젝트로 나를 설명할 수 있습니다.

요즘 채용 공고의 공통점

취업 또는 이직을 고민하고 있다면 내 경험을 어떤 내러티브로 써내려가야 할지 막막할 수 있습니다. 어떤 팀에 지원해야 할지, 어떤 공고가 나에게 맞을지 확신하기 어렵기 때문이죠.

이때 가장 먼저 관심 있는 회사와 그 회사와 유사한 산업의 다른 회사들의 채용 공고를 모아보세요. 꼭 내 직무가 아니더라도 관련 있는 역할까지 포함해서 자주 등장하는 단어나 표현을 찾아보는 겁니다. 그렇게 하면 같은 단어나 문장 혹은 비슷한 형태의 '지원자에게 바라는 점'을 발견할 수 있고, 공통적으로 강조하는 키워드가 눈에 들어오기 시작합니다.

예를 들어 토스의 여러 개발자 채용 공고에는 이런 문장들이 반복됩니다.

- 맡은 서비스의 개발과 관련된 모든 의사 결정을 진행하고, 우선순위를 정해 일해요.
- 누구보다 빠른 이터레이션을 경험할 수 있어요.
- 고객의 삶에 가치를 더하기 위해 치열하게 몰입해본 경험을 가장 중요하게 생각해요.
- 제품의 품질과 안정성에 높은 책임감을 가지고 주도적이고 지속적으로 개선한 경험이 필요해요.
- 어려운 문제라도 끈기를 가지고 해결한 경험이 있는 분, 결국 일이 되게 만드는 근성을 가진 분이 필요해요.

기술 스택이나 특정 직무에 한정되지 않는 공통의 메시지가 보이지 않나요? 바로 '문제 해결 역량'과 '끈기 있고 주도적인 태도'입니다. 실제로 이 두 가지 역량은 서류 전형뿐만 아니라 인터뷰 그리고 입사 후 실제로 업무를 할 때도 토스에서 매우 중요하게 여기는 가치입니다. 따라서 이력서를 준비할 때 단순히 '무엇을 했다'는 식의 나열이 아니라, '어떤 문제를 어떻게 해결했다'를 중심으로 이야기를 재구성해야 합니다. 이 흐름은 서류 전형뿐만 아니라 면접과 입사 후의 업무까지 이어지는 평가 기준이 되기도 합니다.

개발 능력보다 더 중요한 문제 해결 능력

개발자에게 가장 필요한 역량이 코딩 실력이나 기술적 전문성이라고 생각할 수 있습니다. 하지만 진짜 중요한 것은 문제를 발견하고 해결하는 역량입니다. 요즘 기업들이 찾는 개발자는 기능 구현자가 아니라, 팀원들과의 대화를 통해 능동적으로 문제를 발견하고 문제를 정의하며 해결책을 찾기 위해 액션 플랜을 만드는 문제 해결형 개발자입니다.

다음 질문들에 대해 얼마나 깊이 고민해봤는지가 중요합니다.

- 팀이 직면한 문제가 무엇인가
- 문제의 크기는 어느 정도이고, 얼마나 긴 시간을 가지고 문제를 풀어야 하는가
- 이 문제가 우리 회사에 얼마나 중요한가
- 문제를 해결하려면 각 팀원에게 어떤 전문성이 필요한가
- 문제를 해결했을 때 비즈니스에 어떤 영향을 미치는가

작은 프로젝트라도 이런 사고의 흐름이 담긴 경험이라면 결코 작지 않은 가치로 재조명될 수 있습니다.

한 대학생 지원자의 경험을 소개합니다.

A는 재미 삼아 날씨를 예측하는 앱을 만들었습니다. 처음에는 그저 변덕스러운 날씨 때문에, 우산을 진짜 챙겨야 하는지를 좀 더 정확히 알기 위해 만든 서비스였습니다. 그런데 알고 보니 이 앱을 필요로 하는 같은 대학교 학생들이 정말 많았습니다.

A가 다니던 학교는 강원도 산간 지역에 있는 농업 대학교였던 탓에, 날씨가 학생들에게 매우 큰 영향을 미쳤던 겁니다. 비가 자주 오는 해에는 농작물이 쉽게 상했고, 더위가 길어지는 해에는 갑작스럽게 추워질 겨울에 미처 대비하지 못해 손해가 컸죠. 지방의 특수성 때문에 기존의 일기예보로는 날씨를 정확하게 예측하기 어려운 상황이었습니다.

A는 자신이 만든 앱이 학교에 재학 중인 약 5천 명의 삶을 확실히 바꿀 수 있다고 믿었고, 학교 전체에 앱을 배포했습니다. 결과적으로 몇 년 후에는 그 대학이 국내 최고의 농업 대학으로 이름을 알리는 데 기여했습니다.

어떤가요? 이 학생을 만나보고 싶지 않나요? 이 이야기에서 중요한 포인트는 '문제 해결'입니다. 문제 해결력을 내 경험에 잘 녹여내는 것이 중요한 이유는, 그것이 곧 '어떤 일을 마주하더라도 해결할 수 있는 사람'이라는 이미지를 주기 때문입니다.

한 사람이 모든 분야에 전문성을 갖추기란 불가능합니다. 그래서 기업은 어떤 분야에서든 빠르게 문제를 발견하고 해결할 수 있는 사람을 찾습니다. 특정 분야에 대한 전문성은 부족할 수 있어도 지금 해결해야 할 문제가 무엇인지, 어떤 시도를 해보면 좋을지 등 현재 해결해야 하는 문제를 정확하게 파악하고 논리적으로 접근할 수 있는 사람이 필요하니까요.

토스가 먼저 찾는 문제 해결형 개발자

토스는 애자일 조직입니다. 하나의 서비스 혹은 제품을 만들 때 여러 직무의 담당자가 모여 한 팀을 이루죠. 예를 들어 송금 서비스를 만드는 팀이라면 기획자, 프런트엔드 개발자, 서버 개발자, 디자이너, 데이터 분석가가 모입니다.

이때 기획자는 일방적으로 다른 팀원들에게 기획 방향을 지시하지 않습니다. 우리 고객이 어떤 제품을 원할지에 대해 모두가 함께 고민합니다. 기획자뿐만 아니라 누구든 아이디어를 낼 수 있는 환경이죠. 지금 당면하고 있는 문제가 무엇인지, 이 문제를 해결하려면 제품을 어떻게 만들어야 할지 고민하는 것부터 출발합니다.

이런 기업문화를 가지고 있다 보니, 개발자들은 항상 깊이 공부하고 고민하는 과정을 거쳐 개발합니다. 예를 들어 어떤 형태로 코드를 구현해야 하는지, 개발하려는 기능이 실제 문제를 해결하지 못한다면 그 기능을 어떻게 걷어내야 하는지, 다른 기능과의 의존성을 최소화하려면 코드를 어떻게 작성해야 하는지 그리고 향후 확장 가능한 구조로 엔지니어링하려면 어떤 방식으로 구성해야 하는지를 끊임없이 고민하죠. 더 나아가 이 문제를 반드시 이런 방식으로 풀어야 하는 것인지에 대한 근본적인 의문까지 생각합니다.

그런데 이러한 고민을 왜 개발자가 해야 할까요? 프로덕트 매니저, 개발자, 디자이너, 데이터 분석가는 각자의 고유한 관점과 시각을 가지고 있습니다. 만약 프로덕트 매니저 혼자서 기획을 전담하면 기술적으로 구현하기 까다롭거나 불편한 형태로 제품이 개발될 수 있습니다. 반대로 필요 이상으로 복잡하고 과도한 스펙이 요구되는 오버엔지니어링overengineering 상황이 발생할 수도 있죠. 이는 장기적으로 봤을 때 유지보수와 기능 업데이트, 다른 제품과의 결합에는 부정적인 영향을 미칠 수 있습니다. 결국 제품을 빠르게 만들기 위해 깊은 고민 없이 개발하면 제품의 지속 가능한 발전에는 기여하기 어렵습니다. 그뿐만 아니라 개발자로서의 성장에도 도움이 되지 않죠. 좋은 개발자는 언제든지 유지보수가 가능한 그리고 지속 가능한 코드를 짜는 개발자이기 때문입니다. 제품에 대한 깊은 고민은 전문 분야에서 목소리를 내기 위함이기도 하지만, 동시에 개인의 개발 역량 성장을 위해서도 꼭 필요하다는 사실을 기억해야 합니다.

제가 토스의 채용 홈페이지를 기획할 당시 담당 프런트엔드 개발자와 나누었던 대화가 기억납니다.

> **기획자** 특정 포지션의 경우 설정된 시간에 채용 공고를 마감하는 기능이 필요해요.
>
> **개발자** 꼭 특정 포지션이어야만 하는 이유는 무엇일까요? 해당 포지션임을 알 수 있는 구분자가 들어가야 할 것 같은데, 채용 담당자분들이 이걸 수기로 채우시는 걸까요? 나중에 히스토리가 유실되었을 때 사용자가 저희가 의도한 대로 기능을 사용하지 못할 수도 있어서 최대한 간단하고 직관적으로 기능을 사용할 수 있도록 해야 할 것 같아요.
>
> **기획자** 그럼 on/off를 선택할 수 있는 구분자를 모든 포지션에 넣죠. 오류가 발생하진 않을까요?
>
> **개발자** 프런트에서 처리한 성공 건을 같은 시간에 시스템에서 받지 못할 수도 있기 때문에 서버는 프런트보다 15분 늦은 시간에 닫을 수 있도록 처리할게요. 보통 닫는 시간을 보니 자정이 가장 많은 것 같아 자정을 디폴트 값으로 설정하는 게 좋을 것 같아요.

저는 이 개발자 덕분에 문제를 아주 간단하고 쉽게 해결했습니다. 과도한 기능 없이, 사용자가 직관적으로 해석할 수 있으면서도 언제든지 유지보수가 가능한 형태로 개발했죠. 그리고 이 경험으로 '이 개발자는 어떤 문제든 더 나은 방향으로 문제를 해결할 수 있는 사람'이라는 확신이 들었습니다.

결국 요즘 핫한 개발자는 바로 '문제 해결 중심의 사고방식을 가진 사람' 입니다. 지금 이 글을 읽으며 여러분이 주도적으로 문제를 해결한 경험이 떠올랐다면, 주저하지 말고 바로 원하는 기업의 채용 공고를 찾아 지원서를 작성해보세요. 기획자, 디자이너, 데이터 분석가 등의 다른 직무 담당자와 함께 문제를 해결한 경험이라면 더욱 좋겠죠.

이력서 대신 네트워킹으로 승부하자
#추천 채용 전략

채용 담당자가 하나의 지원서를 검토하는 데 들이는 시간은 얼마나 될까요? 길어야 3분, 지원자가 많을 때는 1분도 채 되지 않습니다. 이 짧은 시간에 모든 지원자의 포트폴리오와 자기소개서를 꼼꼼히 읽는 건 사실상 불가능에 가깝습니다.

물론 특정 직무, 예를 들어 디자이너나 기획자처럼 결과물의 기획 의도나 완성도를 보여줘야 하는 직군은 포트폴리오나 자기소개서가 중요합니다. 하지만 개발직군이라면 이야기가 조금 달라집니다. 개발한 프로젝트의 코드를 서류에 모두 녹여낼 수 있는 상황이 아니다 보니, 대부분 작업물을 잘 보여줄 수 있는 깃허브나 개인 블로그 링크를 첨부하고는 합니다. 코드의 품질이나 아키텍처에 대한 판단은 정량적 서류보다 깃허브 같은 실질적인 작업물이 더 효과적이기 때문입니다. 그렇더라도 서류 전형에서 무조건 통과한다는 보장은 없습니다. 과연 내가 이력서를 잘 쓰지 못한 탓일까요?

아닙니다. 이건 이력서의 문제가 아니라, 채용 시장의 룰이 바뀌었다는 사실을 모르고 있었기 때문입니다. 지금은 개발자 시장도 수요와 공급의 곡선이 한쪽으로 급격히 쏠린 상황입니다. 지원자는 많고 기업은 아주 구체적인 조건에 딱 맞는 사람만 뽑고 싶어 합니다. 이 지점에서 우리가 선택할 수 있는 전략은 바로 '추천 채용'입니다.

추천 채용은 아직 한국 기업문화에선 다소 낯설게 느껴질 수 있지만, 점점 더 보편화되고 있는 방식입니다. 요즘은 많은 기업이 사내 추천 리워드를 제도화하고 있으며, 일부 회사에서는 약 300~500만 원까지 리워드를 지급합니다. 그만큼 추천 채용을 통해 입사하는 인재의 정착률과 만족도, 업무 적합도가 높다는 거죠. 기업은 포지션에 적합한 사람을 빠르게 찾고 싶은데, 해당 기업에 이미 다니고 있는 구성원이라면 기업의 핏과 요구 사항을 보다 정확하게 알고 있을 확률이 높습니다. 그런 구성원이 주변에 있는 지인을 추천한다면 당연히 일반 채용보다는 합격률이 높을 수밖에 없습니다. 기업 입장에서도 경제적인 선택이라는 뜻입니다.

누군가에게 추천을 받았다고 해서 절대적인 가산점이 주어지진 않지만, 분명히 한 번 더 들여다보게 만드는 힘이 있습니다. 이게 바로 비슷한 수준의 이력서가 여러 개 있을 때 그 속에서 내가 빛날 수 있는 무기입니다.

그런데 내가 지원하고 싶은 기업에 아는 사람이 단 한 명도 없다면, 포기해야 할까요? 그렇지 않습니다. 요즘은 채용 플랫폼과 커뮤니티, SNS, 링크드인 등에 회사 이름과 포지션 조합으로 검색하면 해당 기업에 재직하고 있는 구성원을 찾을 수 있습니다. 이 중 한두 명에게만 메시지를 보내봐도 생각보다 쉽게 이어질 수 있다는 걸 알 수 있습니다.

중요한 건 접근 방식입니다. 처음부터 추천을 목적으로 다가가지 말고, 조언을 구해보세요. 자신이 다니고 있는 회사에 입사하고 싶다고 조언을 구하는 지원자에게 친절을 베풀지 않을 사람은 많지 않을 겁니다. 여러분의 깃허브를 소개하고, 담당하는 업무에 대해 질문하고, 내가 잘할 수 있는 부분에 대해 어필해보세요. 이 과정에서 꼭 추천으로 이어지지 않더라도 해당 기업이 원하는 인재상을 알 수 있고 좋은 팁을 얻을 수 있을지도 모릅니다.

지원하고 싶은 회사의 개발자 프로필을 찾아 이렇게 메시지를 보내보세요.

> 안녕하세요. 저는 A 기업에서 B 직무로 3년간 일한 경험이 있는 OOO입니다. 근무하고 계신 회사에서 채용 중인 C 포지션 채용 공고를 확인했는데, 해당 업무가 저의 경험과 맞닿아 있는 것 같아 더 알아보고 싶어 메시지를 드립니다. 이 직무에서 특히 중요하게 여기는 역량이나 준비하면 좋을 점 또는 제가 B 직무에서 수행한 역할들과 잘 맞을지 조언해주실 수 있을까요? 시간이 괜찮으시다면 제 깃허브 링크와 관련 작업 내용도 함께 봐주시면 감사하겠습니다.

혹은 해당 개발자가 만든 작업물에 대한 피드백을 나누면서 관계를 맺는 방법도 있습니다.

> 안녕하세요. ㅇㅇ님께서 작업하신 프로젝트 코드가 인상 깊어 메시지를 드립니다. A 방법으로 접근하신 점이 흥미롭더라고요. 저도 최근 이 기술에 관심이 많아 관련 프로젝트를 진행 중인데, 실제 적용 과정에서 ㅇㅇ님께서 저와 비슷한 고민을 하셨을 것 같아 여쭤보고 싶습니다. 시간 되실 때 기술에 관해 잠시 이야기 나누면 어떨까요? 실무자의 관점이 궁금합니다.

보통 추천 채용은 서류 전형을 건너뛰고 전화 인터뷰나 약식 면접으로 바로 이어지는 경우가 많습니다. 구성원이 직접 추천한 후보자에 대해서는 자연히 호기심이 생겨 일단 만나보자는 분위기가 형성되기 때문입니다. 그리고 이 한 번의 기회가 여러분이 지원서에 쓰던 수십 시간을 단축시킬 수 있습니다.

이력서를 계속 고치는 데 시간을 쏟기보다 관심 있는 기업에 다니는 개발자에게 조언을 구하고, 그 과정에서 나의 기술과 경험을 보여주는 것이야말로 지금의 채용 시장에서 가장 빠르고 효과적인 방법입니다. 네트워킹을 통해 더 적극적으로 나를 셀링할 방법들을 찾아보세요.

기업이 나를 먼저 찾게 만들자
#다이렉트 소싱 전략

추천 채용 외에도 높은 합격률을 보이는 채용 방식이 있습니다. 바로 다이렉트 소싱 direct sourcing 입니다. 다이렉트 소싱은 기업이 채용 플랫폼을 통해 포지션에 적합한 사람을 직접 찾아 연락하는 방식입니다. 팀이나 상황에 따라 요구되는 지원자의 역량이 제각각이기 때문에 기업이 먼저 채용하고 싶은 인재를 찾아 나서는 겁니다.

예를 들어 같은 서버 개발자라도 생산성을 극대화하는 개발자, 신규 제품을 담당하는 개발자, 대용량 트래픽을 관리하는 개발자 등 역할이 세분화되어 있습니다. 직무 명은 같지만 요구하는 전문성은 완전히 다를 수 있기 때문에 지원자로서는 내가 어떤 팀에 적합한 사람인지 스스로 판단하기 어려울 때가 많습니다. 이럴 때 소싱 전략으로 채용 담당자가 나를 찾게 만드는 것이 훨씬 효율적인 이직 전략이 됩니다.

그렇다면 채용 담당자는 무엇을 보고 포지션을 제안할까요? 바로 '잘 만든 프로필'입니다. 대부분 검색으로 인재를 찾기 때문에 키워드 중심으로 나를 나타내는 것이 중요합니다. 아무리 개발 실력이 뛰어나도 프로필이 제대로 채워져 있지 않으면 검색 결과에 나타나지 않습니다. 프로필은 회사 밖에서 나를 대변하는 자기소개서입니다.

링크드인 프로필 만들기

채용 담당자가 나를 잘 찾을 수 있도록 매력적인 프로필을 만들어두어야 합니다. 다음 항목을 중심으로 링크드인 프로필을 구성해보세요.

- **기술 스택 정리**: 자신 있는 기술, 실제 업무에서 다뤄본 기술 위주로 명확히 기재합니다.
- **선호하는 개발 분야 강조**: 즐겁게 몰입했던 프로젝트를 중심으로 작성하고 관심 있는 도메인을 포함하면 좋습니다.
- **검색 가능한 키워드 활용**: 지원하려는 기업의 직무 기술서(job description)에 자주 등장하는 용어를 사용하고, 내가 강조하고 싶은 나만의 강점을 업계에서 통용되는 용어로 작성합니다.
- **구직 상태 공개**: 구직 중(open to work)임을 명확히 밝힙니다.

이렇게 작성한 프로필은 채용 담당자에게 나를 효과적으로 어필할 수 있는 이력서가 됩니다.

스카웃될 환경 만들기

우리는 이제 채용 가능성을 높이는 환경 만들기에 더 집중해야 할지도 모릅니다. 여러 플랫폼에 '나'라는 사람을 시장에 알리고 채용 담당자가 '나'를 먼저 찾게 만드는 거죠. 이때 내가 어떤 사람인지 정의하는 한 문장을 만들면 나를 잘 소개할 수 있습니다.

다음과 같은 질문으로 스스로를 정리해보세요.

- 회사에서 가장 많이 듣는 평가는 무엇인가
- 어떤 팀원이 되고 싶은가
- 어떤 순간에 가장 '잘했다'고 느끼는가

팀원들에게 물어봐도 좋고 스스로 회고해봐도 좋습니다. 나에 대해 정의해보면 나를 소개하는 강력한 한 문장을 만들 수 있습니다. 다음 문장들은 내가 어떤 사람인지, 어떤 문제를 풀 수 있고 어떻게 기업에 기여할 수 있는지를 한눈에 보여줍니다.

- 유저 데이터를 기반으로 전환율을 극대화하는 화면을 설계할 수 있는 프런트엔드 개발자입니다.
- 대용량 트래픽 환경에서도 안정적인 서비스를 제공할 수 있는 서버 개발자입니다.
- 여러 서비스를 연동해서 어떤 기능이든 빠르게 개발할 수 있는 웹 오토메이션 개발자입니다.

그런데 프로필을 업데이트해두고 제안이 올 때까지 마냥 기다리기만 할 수는 없습니다. 관심 있는 회사의 채용 담당자에게 직접 연락해보세요. 지원자가 채용 담당자에게 먼저 연락하지 말라는 법은 없습니다. 찾고 있는 직무와 업무에 대해 문의하면 간혹 없던 포지션이 생기기도 합니다. 당장 채용으로 이어지지 않더라도 새로운 포지션이 오픈되었을 때 채용 담당자가 여러분을 기억하고 연락할 확률도 높아집니다.

기억에 남는 사람이 되기

가고 싶은 기업의 채용 담당자에게 일촌 신청을 하는 것을 적극 추천합니다. 지금 당장은 나의 포지션을 채용하지 않아도 특정 포지션이 오픈되면 채용 담당자는 '내가 보유한 인재 풀 중에 가장 적합한 사람'을 떠올려보기 때문에 한두 번의 간단한 대화만으로도 큰 도움이 될 수 있습니다. 일촌을 맺고 다음과 같은 내용으로 가볍게 나를 소개하며 인사를 건네보세요.

- 현재 소속 회사와 역할
- 담당 업무
- 가장 자신 있는 기술 스택 또는 분야
- 장기적으로 하고 싶은 일
- 적합한 포지션이 있다면 제안받고 싶다는 의사 표현

구직 중임을 알리는 글을 적극적으로 포스팅하는 방법도 좋습니다. 링크드인 포스팅은 일촌은 물론 일촌의 일촌에게까지 노출되기 때문에 생각보다 넓은 범위에 도달할 수 있습니다. 특정 기술이나 문제에 대한 나만의 인사이트를 함께 공유하면 파급력이 더 커지지요. 요즘에는 배우고 싶은 분야에 대한 전문가에게 커피챗을 요청하는 글도 흔하게 올리는 추세입니다. 망설이지 말고 적극적으로 포스팅해보기를 바랍니다.

TRACK 15

혼자보다 빠르게, 함께 더 멀리:
기술 공유

_우리 팀이 겪는 고민을 밖으로 꺼내고 비슷한 고민을 하는 사람들과 대화해보세요.
_기술 커뮤니티에서의 네트워킹은 때때로 포지션 제안이나 협업 기회로 이어지기도 합니다.
_혼자 고민하지 말고 블로그에 글로 정리해보세요.
_블로그에 남긴 글에 독자들이 남기는 질문과 피드백이 또 다른 성장의 계기가 됩니다.
_기술 발표는 내 업무를 어떻게 하고 있는지 설명하는 것부터 시작해보세요.

토스가 선택한 성장 비결

#커뮤니티

기술과 인사이트를 주고받는 엔지니어링 데이, 특정 주제를 깊이 파고드는 프런트엔드 다이빙 클럽 등, 토스 개발자들은 실무에서 얻은 고민과 해법을 자연스럽게 공유하며 서로를 성장시킵니다. 팀과 조직을 넘어 외부 커뮤니티와도 연결되며 시야를 확장하는 경험이 어떻게 빠른 문제 해결과 강한 네트워크로 이어지는지 그 과정을 확인해보세요.

엔지니어링 데이

토스에는 매주 같은 직무의 팀원들이 매주 모여 서로의 고민에 대해 조언을 구하고 배운 것을 공유하는 '엔지니어링 데이'라는 시간이 있습니다. 토스는 사일로silo* 구조로 일하기 때문에 업무의 효율성과 자율성은 높지만, 동시에 다른 팀과의 소통 기회가 자연스럽게 줄어들기도 합니다. 그러다 보면 이미 다른 팀에서 해결한 문제를, 우리 팀에서는 다시 처음부터 시행착오를 겪으며 해결해야 하는 비효율이 발생할 수도 있죠.

이런 문제를 막기 위해 만들어진 장치가 바로 엔지니어링 데이입니다. 각자의 팀에서 일하다가도 주기적으로 한자리에 모여 하나의 소주제에 대해 토론하기도 하고, 1:1 대화를 통해 컨설팅을 해주기도 합니다. 신규 입사자에게는 자연스러운 온보딩 기회가 되기도 하죠. 결국 적극적으로 공유하고 나눠서 전체 개발 조직의 생산성을 높일 수 있습니다.

실제로 토스에 지원하는 개발자들과 만나 이야기를 나눠보면 이런 질문을 자주 듣습니다.

- 사일로 형태로 일하면 나를 도와주는 사람이 없고 모든 문제를 혼자서 고민하고 해결해야 하나요?
- 도움이 필요할 때 누구에게, 어떻게 요청할 수 있죠?

엔지니어링 데이를 모른다면 이런 질문들은 아주 당연한 걱정입니다. 독립적인 팀 구조가 다소 부담스럽게 느껴질 수도 있으니까요. 하지만 토스의 엔지니어링 데이에 관해 설명하면 어느새 초롱초롱한 눈빛으로 바뀌는 것을 볼 수 있습니다. 어떤 지원자분들은 오히려 관심 있는 주제에 적극적으로 의견을 덧붙이며 함께 참여하고 싶다는 의지를 보이기도 합니다.

프런트엔드 다이빙 클럽

개발자라면 누구나 내가 평소에 관심 있던 기술을 다른 사람과 공유하고 싶

---

* 서로 다른 직무의 구성원이 모여 하나의 팀을 이루는 단위를 뜻합니다.

다는 마음이 들 때가 있을 겁니다. 하지만 막상 이야기를 꺼내려 하면 '이 이야기가 다른 사람들에게는 너무 평범한 건 아닐까?' '다른 사람들에게도 유용한 내용일까?' 등의 고민이 앞서 공유의 장벽을 넘지 못하곤 합니다. 이럴 땐 다른 사람이 먼저 이야기한 주제에 내 의견을 얹는 방식으로 시작해 보세요.

실제로 토스에서는 이런 형태로 외부에 지식을 활발하게 공유하는 커뮤니티가 있는데, 바로 '프런트엔드 다이빙 클럽(프다클)'입니다. 프다클은 프런트엔드 개발자들이 3개월에 한 번씩 기술과 경험을 나누는 커뮤니티로, '우리가 배우는 것을 다른 회사 사람들과도 나누고 싶다'라는 생각에서 출발했습니다. 처음에는 소규모 지인 초대로 시작했지만, 어느덧 공개 모집 30초 만에 정원이 마감될 정도로 성장했습니다.

무언가 만들거나 어떤 문제를 해결했지만, 이 방식이 정말 최선인지 혹은 다른 좋은 방법은 없을지 등의 고민이 남을 때가 있죠. 프다클은 바로 이런 고민을 공유하고 서로 다른 접근법과 시각을 통해 더 넓은 인사이트를 얻을 수 있는 자리입니다.

프다클은 다른 곳에서는 쉽게 보기 힘든 특별한 주제도 많이 다룹니다. 최근에는 '프런트엔드 파이트 클럽'이라는 이름으로 정답이 없는 주제를 두고 열띤 토론을 벌이기도 했습니다. 예를 들어 이런 주제였습니다.

- **라운드 1**: 뛰어난 문제 해결력을 가진 동료 vs. 커뮤니케이션에 능숙한 친절한 동료
- **라운드 2**: CSS vs. CSS-in-JS
- **라운드 3**: pnpm vs. yarn

이 세션은 Zoom으로 온라인 생중계를 진행했는데, 약 500명의 개발자가 적극적으로 참여하며 댓글을 통해 여러 의견을 주셨습니다. 이렇게 꼭

오프라인 커뮤니티에 참여하지 않아도 함께 호흡할 수 있습니다.

또 다른 예로, 프런트엔드 개발에 이진 트리 기법을 적용한 사례를 공유한 건영 님의 이야기[*]가 있습니다. 건영 님의 발표를 들은 참여자 100여 명 모두가 한 번도 생각하지 못했던 방식이라며 놀라워했고, 이후에는 커피챗 요청과 질문이 쇄도했습니다. 이렇게 프다클을 통해 자연스럽게 기술과 사람을 잇는 네트워크가 만들어지곤 합니다.

이 과정에서 자연스럽게 적합한 포지션을 제안받아 사내 추천 채용으로 연결된 사례도 적지 않습니다. 실제로 과거에 정말 특수한 포지션이 열렸을 때 관련 커리어를 가진 경력자를 찾기가 매우 어려웠던 적이 있습니다. 때마침 프다클 모임에서 관련 주제에 대한 훌륭한 인사이트를 보여줬던 분이 떠올라 직접 연락드렸고, 채용으로까지 이어진 적이 있습니다. 이력서만 보고선 절대 제안할 수 없었던 포지션이었기에 더 신기하고 뜻깊은 경험이었는데요. 인재와 기업이 기술 커뮤니티를 통해 연결된 특별한 순간이었습니다.

여러분이 가진 경험과 이야기에는 생각보다 훨씬 큰 힘이 있을지 모릅니다. 각자의 배움을 적극적으로 공유하다 보면 앞으로 겪을 시행착오를 줄이는 데 큰 도움이 될 수 있습니다. 혼자 결과물을 만들어내는 환경이라 해도 어려운 순간에 언제든 조언을 구할 수 있는 든든한 동료들과 함께하는 경험은 그 자체로 매우 소중합니다. 프다클처럼 열린 기술 커뮤니티에서 여러분의 경험을 나누고 더 넓은 기회를 맞이해보세요.

---

[*] https://toss.tech/article/frontend-tree-structure

> **참고** | **프다클에 참여하세요 :)**
>
> 프다클은 '한 번도 오지 않은 사람과 한 번 이상 온 사람만 있다'고 말할 정도로, 한 번이라도 참여한 분은 그 매력에 빠져 지속적으로 참여하게 되는 커뮤니티입니다. 평소 커뮤니티 활동이나 네트워킹에 적극적이지 않던 분들도, 자신이 고민하던 주제나 관심 분야를 다룰 때는 흔쾌히 참여하고 있습니다. 프다클은 모두에게 열려 있으니, 관심 있는 분들은 언제든지 신청해주세요! 회사 밖의 개발자들과 비슷한 고민을 나누는 경험은 정말 귀하답니다.

프다클의 마스코트 수달이

고민을 해결하는 가장 쉬운 방법
#블로그 글쓰기

네트워킹이나 커뮤니티에 참여했다면 또는 그곳에서 발표했다면, 이 경험을 개인 블로그에 기록해봅시다. 블로그에 기술 관련 글을 쓰려면 엄청난 시간을 들여야 한다는 생각에 시도조차 하기 전에 포기하는 경우가 많지만, 사실 기술 블로그는 지식을 공유하는 아카이브이자 내가 배운 내용을 정리하는 메모장과 같은 역할입니다. 누군가를 설득하기 위한 글이 아니기 때문에 어렵게 쓰지 않아도 됩니다.

토스 테크 블로그를 함께 만들어가는 테크니컬 라이터technical writer 주연님의 글쓰기 가이드를 공유합니다. 이 방법을 따라가면 생각보다 쉽게 글을 쓸 수 있습니다.

- **주제와 관련된 에피소드 3개 떠올리기**: 유저 VOC, 팀 논의 과정, 이터레이션 혹은 개선 사례 등에 초점을 맞춰보세요.
- **내 글을 읽을 사람 설정하기**: 어떤 문제를 해결하려는 개발자인지, 이 기술을 어떻게 활용하고 있는 개발자인지 등 나의 경험을 누구에게 전달하고 싶은지 생각하면 구조가 더 선명해집니다.
- **센터 문장 만들기**: '이 구조로 바꾸고 나니 렌더링 비용이 절반으로 줄었다'와 같이 이 글에서 꼭 기억해야 할 문장을 누구나 이해할 수 있게, 핵심 키워드만 담아 써보세요.
- **영역별 센터 문장 정하기**: 육하원칙에 따라 글의 목적을 구체화해보세요.
- **초안 쓰기**: 초안 작성 후 테크니컬 라이터에게 검토를 요청하는 방법도 좋습니다.

결론이 아직 나지 않은 문제, 지금 내가 하고 있는 고민도 괜찮습니다. 오히려 이런 주제가 더 큰 흥미를 끌 수도 있고요. 그래도 여전히 글쓰기가 어렵게 느껴진다면 이렇게 해보세요. 미팅룸을 예약하고, 녹음기를 켜고 신규 입사자에게 설명하는 것처럼 말합니다. 그림을 그려가며 이야기하면 더 좋습니다. 녹음한 내용을 글로 옮기고 그린 그림도 그대로 추가합니다. 블로그에 글을 남겨보면, 여러분의 고민은 더 이상 여러분만의 고민이 아님을 알게 될 겁니다.

토스 테크 블로그에는 익명 댓글 기능이 있습니다. 일방적으로 읽을거리만 제공하는 블로그가 아닌, 함께 풀어가는 블로그를 지향하면서 추가한 기능입니다. 실제로 다음과 같은 댓글들이 달리는데요, 작성자와의 소통이 꽤나 재미있습니다.

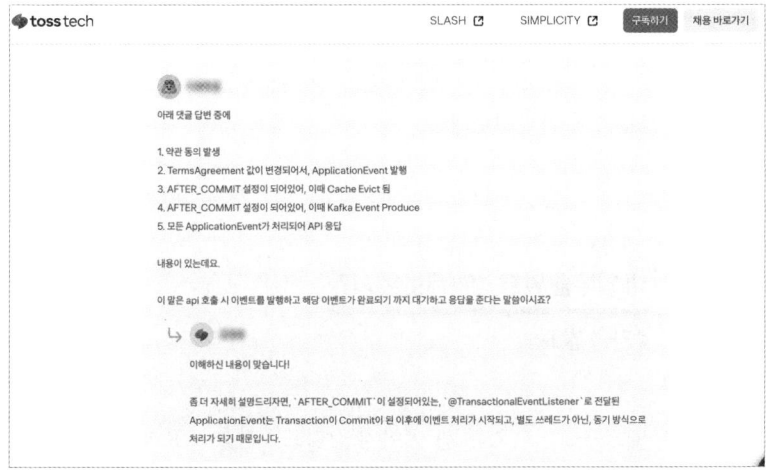

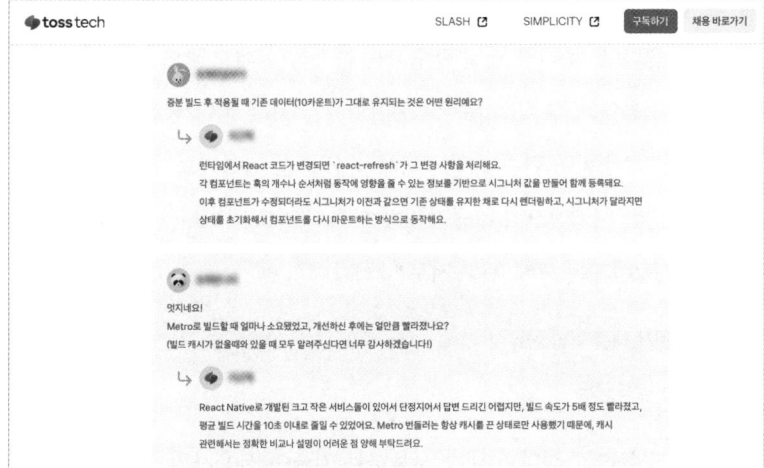

토스 테크 블로그에서 활발하게 진행되는 질의응답

여러분도 여러분의 글을 읽는 독자들과 소통해보고 싶지 않나요? 지금도 댓글이나 커피챗을 통해 독자들과 활발하게 소통하고, 그 과정에서 얻은 인사이트를 자연스럽게 다음 아티클의 주제로 이어가는 가는 블로그 운영자 분들이 많습니다.

조금만 시간을 내면 기술의 선순환에 도움을 줄 수 있습니다. 내가 하는 일, 내가 만들고 있는 서비스를 알리고 싶다면 혹은 내 고민을 잘 정리해보고 싶다면 블로그에 기록해보세요.

내 업무를 말로 정리해보는 시간
#기술 발표

테크 토크, 나와는 먼 이야기 같나요? 기술 발표라고 하면 거창하게 느껴질 수 있지만, 실제로는 일상 속의 작은 에피소드에서 시작되는 경우가 많습니다. 우리가 매일 마주하는 문제들의 해결 과정을 나누는 아주 현실적인 활동이죠. '나만 겪은 일이 아닐까?' '이걸 굳이 공유할 필요가 있을까?' 싶었던 경험이 다른 개발자에게는 정말 큰 인사이트가 되고, 내가 팀 안에서 경험한 시행착오가 누군가의 방향이 되기도 합니다.

기술 발표 주제는 크게 두 가지로 나뉩니다.

- 기술 문제 해결 방법 공유
- 일하는 방식 공유

기술을 공유하고 싶다면 내가 사용하는 기술이 사용자의 삶을 어떻게 바꾸었는지, 효율화한 지점이 있다면 어떤 문제가 어떻게 개선되었는지, 제품이나 서비스의 전체적인 완성도에 가장 많이 기여한 부분은 무엇인지 생각해보세요.

일하는 방식을 공유하고 싶다면 나의 직무는 어떤 배경에서 시작되었는지, 이 역할을 잘 수행하기 위해 필요한 역량은 무엇인지, 어떤 동료가 협업 관점에서 일을 잘하는지에 대한 스토리텔링을 준비해보세요. 연차가 쌓인 시니어라면 주니어 시절을 어떻게 거쳐왔는지를 공유해도 좋습니다.

발표 주제를 찾기 어렵다면 다음 질문으로 '내 업무'를 파악해보는 것부터 시작해보세요.

- 최근 1년간 어떤 업무를 가장 중점적으로 하고 있는가?
- 내가 담당하게 되면서 새롭게 도입하거나 바뀐 방식이 있는가?
- 해결하고 나서 뿌듯함을 느꼈던 일은 어떤 것인가?
- 이 일이 우리 조직 또는 사용자에게 어떤 가치가 있다고 생각하는가?

이 질문에 대한 답변은 여러분만이 줄 수 있는 고유한 스토리입니다. 내가 담당한 기능, 내가 개선한 성능, 내가 정리한 협업 방식 등이 누군가에게는 꼭 필요한 정보가 될 수 있습니다.

SLASH로 살펴보는 발표 주제

토스는 'SLASH'라는 개발자 콘퍼런스를 매년 운영하며 여러 노하우를 공유하는 자리를 마련하고 있습니다. 그중 몇 가지 인상적인 주제를 소개합니다.

- **쿠버네티스 CPU 알뜰하게 사용하기**
  서버를 증설하지 않으면서 트래픽을 2배 이상 받으려면 어떻게 해야 할까요? 쿠버네티스 환경에서 CPU를 최적화한 경험을 나눕니다.

- **대규모 사용자 기반의 마이데이터 서비스 안정적으로 운영하기**
  트래픽이 쏟아지는 마이데이터 서비스, 과연 어떻게 안정적으로 운영할 수 있을까요? 서비스 운영 과정에서 마주했던 여러 과제들과 기술적인 의사 결정을 소개합니다.

- **기반 데이터가 부족해도 OK! 커머스 추천 시스템 제작기**
  처음 마주하는 고객들에게는 어떻게 상품을 추천해야 할까요? 새로 시작하는 '커머스 서비스'의 초기 추천 시스템 구축 과정을 소개합니다.

기술적으로 소개할 만한 부분이 떠오르지 않는다면 직무에 한정되지 않는 소프트 세션을 준비해볼 수도 있습니다. 다음 세션들은 모두 외부 지원자 분들이 가장 궁금해하는 점을 세션으로 풀어낸 것입니다.

- **라운드테이블: 토스 시니어 개발자가 말하는 커리어 패스**
  평균 경력 10년의 TPO와 서버 개발자들은 토스에서 어떤 성취를 이뤘고, 또 어떤 고민을 하고 있을까요? 토스 제품의 기반이 되는 Product Foundation을 만드는 이들의 이야기를 소개합니다.

- **팀에 Winning Mentality를 불어넣는 리더십 스킬**
  함께 모였을 때 더 큰 시너지와 성과를 내는 팀은 어떻게 만들 수 있을까요? 섬세한 터치와 엔지니어링 컬처를 통해 팀 퍼포먼스를 극대화하는 리더십 스킬에 대해 나눕니다.

- **빠르게 성장하고 싶은 주니어 개발자를 위한 소프트 스킬 다섯 가지**
  나는 지금 충분히 빠르게 성장하고 있는 걸까요? 더 빠르게 성장할 수는 없을까요? 주니어 개발자의 초고속 성장을 위한 다섯 가지 소프트 스킬을 소개합니다.

> **TIP** SLASH 영상 살펴보기
>
> 다음 링크에 접속하여 다양한 개발자 콘퍼런스 영상을 보며 여러분만의 에피소드를 떠올려보세요.
>
> - **SLASH 재생목록**: www.youtube.com/playlist?list=PL1DJtS1Hv1PiGXmgruP1_gM2TSvQiOsFL
> - **토스 유튜브**: www.youtube.com/@toss_official

한편으로는 여러분이 '채용을 한다'고 가정하고 이런 질문을 생각해볼 수도 있습니다. 이렇게 누군가에게 나를 소개한다는 관점에서 에피소드를 떠올려보면 생각보다 어렵지 않게 이야기를 그려낼 수 있습니다.

- 내가 면접관이라면 지원자에게 나의 업무를 어떻게 설명할까?
- 우리 회사에 합류하고 싶은 지원자에게 어떤 이야기를 들려주면 가슴이 뛸까?
- 내 일을 앞으로 어떻게 설계해야 더 큰 임팩트를 만들어낼 수 있을까?

기술 발표를 경험해본 개발자들은 저마다 참 즐겁고 의미 있는 시간이었다고 이야기합니다. 자신감이 생겼고 무엇보다 내 일에 대해 더 깊이 생각해보는 계기가 되었다고 합니다. 여러분도 고민과 문제, 일하는 방식 등 여러분만의 이야기를 말로 풀어보세요.

EPILOGUE

지금까지의 내용을 통해 다음 질문들에 대한 답을 해소했길 바랍니다.

"이렇게 많은 회사가 개발자를 채용한다는데, 도대체 누구를 뽑는 거지?"
"나는 어디서나 환영받을 수 있는 개발자일까?"

링크드인 프로필 하나 만들지 않던 개발자가 어느 날 갑자기 '커피챗 요청이 이렇게 많이 들어오다니!' 하며 놀라던 모습이 생생합니다. 이후 점점 더 유명해져서 어느 시점부터는 이름 석 자만으로 무엇을 하는 분인지 알게 되었죠.

여러분이 가진 역량이 더 많은 사람에게 닿는 순간, 여러분의 이름이 단 한 문장으로 기억되는 순간이 오기를 바라봅니다.

CHAPTER 07

회사가 나를 홍보하게 만드는 자기 PR 기술

#PR&DR
#storytelling
#strategic approach

황성재

- 현) 현대자동차그룹 기술홍보 담당
- 전) 멀티캠퍼스 HRD 컨설팅 담당
- 전) 삼성SDS 조직문화TF 및 미디어삼성 파워 블로거
- 전) 삼성SDS G-ERP 인프라 서버 담당

호기심을 억누르지 못하는 성격 덕분에 서버 관리자부터 인사, 영업, 기획, 홍보에 이르기까지 하고 싶은 일을 찾아 닥치는 대로 해왔습니다. 다양한 분야에서 쌓인 경험이 모이니 데브렐 담당자가 되어 있었고, 개발자에게 신선한 기회를 제공하며 공유를 통해 성장하는 개발문화를 조성하기 위해 노력하고 있습니다. 제1~3회 'HMG 개발자 콘퍼런스'와 'HMG Developers'를 담당했으며, 발등에 떨어진 불만 잘 꺼도 성공이라 믿으며 일단 일을 벌이고 보는 편입니다.

PROLOGUE

강력한 퍼스널 브랜딩으로 '네임드' 개발자 반열에 오르는 일은 결코 쉽지 않습니다. 그렇다고 나를 알리는 활동을 포기할 순 없습니다. 아무 행동도 하지 않으면 어떠한 변화도 일어나지 않고, 그것은 우리가 원하는 미래가 아니니까요.

그렇다면 나를 잘 드러낼 방법은 무엇일까요? 우리는 각자 처한 환경과 걸어온 길이 다르기 때문에 모든 이에게 들어맞는 단 하나의 해답은 존재하지 않습니다. 그럼에도 우리는 여전히 '나를 알리는 활동'을 필요로 하고 있지요.

이번 장에서는 '주목받을 용기'만 갖춘다면 당장 실행에 옮길 수 있는 퍼스널 브랜딩을 위한 현실적인 전략을 소개합니다. 커리어의 다음 단계를 스스로 설계하는 데 든든한 안내가 되길 바랍니다.

TRACK 16

조직이 홍보하는 개발자가 되는 방법: PR & DR

_개인적인 목적으로 홀로 진행하는 자기 PR은 금세 지치고 실패하기 쉽습니다.
_조직 안에 존재하는 강력한 자원, 홍보팀과 손을 잡고 자기 PR을 효과적으로 만들어보세요.
_'최초' '최대' 같은 마법의 단어로 메시지를 포장하면 주목받을 가능성이 높아집니다.
_내 이야기에 누가 관심 가질지 걱정하기보다 어떤 이야기를 누구에게 전할지를 먼저 고민하세요.

홍보팀과 함께 만드는 자기 PR

개발자의 커리어는 대개 조직이라는 틀 안에서 성장합니다. 대부분 회사라는 구조 안에서 일하고, 심지어 프리랜서 개발자도 클라이언트와의 관계 안에서 일하며 조직과 유사한 구조를 경험합니다. 결국 우리는 모두 조직 안에서 성장하고 있다는 뜻이죠.

회사에는 개발자뿐 아니라 정말 다양한 사람들이 존재합니다. 인사, 총무, 재무, 영업, 마케팅, 전략 기획, 상품 기획 등 직무로 나뉜 다양한 연차의 사람들이 섞여 일합니다(물론 규모가 작은 회사에서는 한 사람이 여러 가지 역할을 하기도 합니다).

아, 중요한 직무 하나가 빠졌네요. 바로 '홍보'입니다.

> **참고** | **홍보와 데브렐**
>
> 홍보public relations(PR)는 정부, 정당, 기업, 개인 등의 마케팅 주체가 대중과의 호의적인 관계를 위해 하는 모든 활동을 의미합니다. 개발자 커뮤니티 또한 대중에 속하므로, 홍보가 데브렐developer relations(DevRel)보다 넓은 범위를 대상으로 합니다.
>
> 실무적 입장에서 차이를 찾자면 PR 활동은 회사나 주가에 이득이 되는 방향, DR 활동은 우수한 개발자를 영입하기 위한 방향으로 흘러가는 경우가 많습니다.

대부분의 개발자는 홍보팀*과 직접 일할 기회가 많지 않습니다. 그리고 앞으로도 협업의 기회가 없을 거라고 생각할 수도 있죠. 하지만 그런 생각에 머문다면 활용 가능한 회사의 자원을 옆에 두고도 주변만 맴도는 안타까운 결과를 초래할 수 있습니다.

자기 PR은 나를 '효과적으로 알리는' 행위입니다. 기업을 '효과적으로 알리는' 일을 하는 홍보팀과 그 목적이 같죠. 다른 점이 있다면 무엇을(개인을 or 기업을) 알리느냐, 누구에게(개발자 커뮤니티에 or 대중에) 알리느냐의 차이만 존재합니다. 분명한 것은 무언가를 매력적으로 포장해 알린다는 행위 자체는 유사하다는 사실입니다. 그리고 이 분야의 전문가가 바로 조직 안에 있습니다. 밤낮으로 홍보만을 고민하는 이들의 도움을 얻는다면 적은 노력으로 효과적인 자기 PR을 할 수 있을지도 모릅니다.

많은 개발자가 자기 PR을 시도하다 별다른 효과를 보지 못하고 금세 중단합니다. 그 주된 이유는 팀 안에서 인정받기, 원하는 회사로 이직하기, 커뮤니티에서 입지 다지기 같은 당장 급한 개인적 목표를 위해 자기 PR을 시작하기 때문입니다. 하지만 이러한 목적은 대체로 주어진 시간이 많지 않고 1부터 100까지 혼자 만들어가야 하다 보니, 바쁜 업무에 밀려 자연스럽게 잊힙니다.

---

* 편의상 홍보팀이라고 했지만, 개발자를 알리는 활동이므로 'DR 조직'이 더 적절한 표현입니다. DR 조직을 별도로 두지 않는 기업도 많기 때문에 이 책에서는 '홍보팀'으로 통일합니다.

그러다 경력이 쌓여 특정 기술이나 서비스를 리드하는 위치가 되면 자연스레 PR을 접하게 됩니다. 이때는 나보다 회사가 더 열정적으로 나를 홍보해주는 양상으로 흘러가죠. 예를 들어 회사의 기술 콘퍼런스 발표자로 나서거나 외부 미디어 인터뷰, 블로그 포스팅 등을 통해 '기술력 있는 회사의 대표 개발자'로 외부에 노출됩니다.

이 과정에서 회사는 회사대로 브랜드를 알리고, 개발자는 자기 PR의 실질적인 발판을 얻습니다. 즉, 회사의 홍보 활동에 참여하는 동시에 자기 PR을 구축하게 되는 겁니다. 업계의 네임드 개발자들을 잘 살펴보면, 바로 이런 회사의 홍보 활동과 자기 PR이 얼라인align되면서 그 시너지를 통해 존재감을 키워갔다는 사실을 알 수 있습니다.

TIP 다른 개발자의 자기 PR 전략을 살펴보세요

주요 IT 기업의 개발자 콘퍼런스를 살펴보면 회사의 브랜딩 목표와 결을 맞추면서도 개인의 전문성을 부각시키는 발표자들을 만날 수 있습니다. 이들의 발표 흐름, 스토리텔링 방식, 슬라이드 구성 그리고 발표 뒤 이어지는 SNS나 블로그 후속 콘텐츠까지 면밀히 분석하면 어디서부터 자기 PR을 시작해야 할지 힌트를 찾을 수 있습니다.

아직 연차가 많이 쌓이지 않은 개발자에게는 너무 먼 얘기처럼 들릴 수도 있습니다. 하지만 분명한 것은 일찍부터 회사의 홍보팀을 잘 활용한다면, 개인이 혼자 애쓰는 것보다 훨씬 빠르고 강력하게 자기 PR을 구축할 수 있다는 사실입니다.

물론 스스로 매력적인 메시지를 만들어내는 것도 좋은 방법이지만, 전문가의 손과 머리를 빌린다면 훨씬 효과적인 메시지를 발굴할 가능성이 높아지지 않을까요? 특히 홍보팀의 도움을 받으면 직접 알리는 것보다 훨씬 널리, 빠르게 퍼질 수 있어 확산 측면에서도 큰 이점을 가집니다. 대부분의 홍보팀은 회사 소식을 외부에 전할 수 있는 자체 채널을 최소한 하나쯤은 보

유하고 있는데, 이는 개인이 갖기 어려운 큰 강점이며 우리가 홍보팀을 적극적으로 활용해야 하는 또 하나의 이유이기도 합니다.

'경력이 오래되지 않아서 안 될 거예요.' '극히 일부의 기능만 담당해서 자랑할 게 없어요.' '아직 선배들도 안 알려졌는데, 제가 먼저 알려지면 안 되는 거 아닌가요.' 등의 핑계는 접어두세요. 지금부터 회사 홍보팀이 여러분을 알아서 홍보하게 만들기 위해, 홍보팀을 먼저 이해해보도록 하겠습니다.

홍보팀은 항상 새로운 스토리를 원한다

'OO 기업 N년 차 프런트엔드 개발자'라는 너무도 평범한 수식어로만 자신을 설명하고 있지 않나요? 만약 'OO 기업 OOO 서비스의 아버지'라는 타이틀을 갖게 된다면 회사가 키우는 사람이 아닌, 회사를 키운 주인공이 될 수 있습니다. 이처럼 같은 사람도 어떤 메시지를 담느냐에 따라 그 무게감이 완전히 달라집니다. 그리고 이런 메시지를 발굴하는 것이 홍보 전문가들이 가장 치열하게 고민하는 부분입니다.

먼저 여러분 스스로 역할이나 성과를 조금 더 매력적인 언어로 포장해보세요. 예를 들어 다음과 같은 방식으로 표현해볼 수 있습니다.

- PM, 개발 리더 혹은 초기 투입 멤버라면 → [서비스명]의 아버지
- 품질 테스터 혹은 QC 담당자라면 → [기업명]의 엄격한 시험 감독관
- 장애 대응팀 담당자라면 → [시스템명]의 의사 선생님 혹은 소방수
- 보안 담당자 혹은 보안 시스템 담당자라면 → [기업명]의 보안관
- 새로운 툴을 사용해보는 시험 정신을 가진 팀원이라면 → [팀명]의 얼리어답터

이런 식의 재해석은 단순한 직무를 하나의 스토리로 바꾸고, 나아가 팀 내부뿐 아니라 회사 외부에도 인상 깊게 전달될 수 있는 콘텐츠로 발전시킬 수 있습니다.

그렇다면 이런 메시지를 홍보팀이 주목하게 만들려면 어떻게 해야 할까요? 제가 제안하는 전략은 홍보팀을 유혹할 마법의 단어로 스토리를 포장하는 것입니다.

홍보팀을 움직이는 가장 강력한 단어는 바로 '최초'입니다. 혹은 '최고' '최대' '최다'와 같은 'the most'의 의미로 자신이나 자신의 업적을 포장할 수 있다면 홍보팀을 움직이게 할 가능성이 큽니다.

왜 그럴까요? 이 단어들은 모두 '신규성'을 담고 있기 때문입니다. 아무리 큰 성과라도 '가장' 크지 않으면 새로움이 없지만, 작더라도 '최초'라면 새로운 소식일 수밖에 없고 충분히 홍보 거리가 될 수 있습니다. 기업 보도자료에도 이런 단어가 포함되면 기사화가 될 가능성이 높아집니다. 언론은 새로운 소식을 선호하고, 보도자료를 통해 소식을 확인하는 경우가 많기 때문입니다.

게다가 기사(혹은 뉴스)는 높은 공신력과 폭넓은 확산력을 가지고 있습니다. 개발자 커뮤니티가 아닌 일반 대중을 대상으로 하지만, 기사 자체가 가지는 높은 영향력과 확산성은 개발자 커뮤니티를 충분히 넘나들 수 있습니다.

회사에서 겪는 경험은 비슷비슷한 경우가 많습니다. 그래서 누가 더 먼저 콘텐츠화하고, '최초'라는 프레임을 선점하느냐가 핵심입니다. 발 빠르게 움직이지 않으면 그 마법의 단어는 이미 다른 사람의 것이 되어버렸을지도 모릅니다.

하지만 우리는 '개발자'로 이루어진 한정된 시장을 대상으로 생각하고 있고, DR 담당자가 있다면 DR 담당자가 앞서 말한 홍보팀의 역할을 하게 되겠죠. 그럼에도 불구하고 핵심은 변치 않습니다. 개발자 블로그에 발행하는 글이나 콘퍼런스의 발표 내용 모두 '신규성'을 갖춰야 주목받을 수 있기 때문입니다.

> **참고 | 홍보팀을 움직이는 마법의 단어가 포함된 기사 제목**
>
> 실제로 포털사이트에 '최초' '최대' '최다'와 같은 단어가 들어간 기사 제목은 쉽게 찾아볼 수 있습니다. '세계 최초'가 어렵다면 '국내 최초', 그것도 어렵다면 '국내 ○○ 분야 최초'처럼 범위를 좁혀서라도 새로운 의미를 만들어내곤 합니다. 중요한 건 '먼저 말하는 사람'이 그 타이틀을 가져간다는 점입니다.

파이낸셜뉴스 · 4일 전 · 네이버뉴스

업계최초 전 제품 환경부 '저탄소 인증' 취득

〇〇〇〇〇〇〇이 **국내** 철강**업계 최초**로 생산 전 제품군에 대한 환경부 '저탄소 제품 인증'을 취득했다고 3일 밝혔다. 저탄소 제품 인증은 환경부 산하 한국환경산업기술원이 부여한다. 취득할 경우 '녹색제품'으...

업계 최초 전 제품군 환경부 저탄소 인증 획득 · 서울경제 · 4일 전 · 네이버뉴스
국내 철강**업계** 첫 전 제품 '저탄소 제품' 인증 뉴스1 · 4일 전 · 네이버뉴스

뉴시스 · 3일 전 · 네이버뉴스

국내 리조트 **최초** 온실가스 Scope3 검증 취득

대한민국 유일의 내국인 카지노이자 종합리조트인 〇〇〇〇〇가 **국내** 리조트 **업계 최초**로 온실가스 'Scope3' 배출량에 대한 외부 검증을 완료하고, 국제 인증기관인 로이드인증원(LRQA)으로부터 공식 검증서를 취득했다....

국내 리조트 **업계 최초** Scope3 탄소배출 검증서 취... 강원일보 · 3일 전 · 네이버뉴스
국내 리조트 **최초** 온실가스 'Scope3' 검증 취득 뉴스핌 · 3일 전
국내 리조트 **업계 최초** Scope3 탄소배출 검증서 취득 이투데이 · 3일 전
국내 리조트 **업계 최초** Scope3 탄소배출 검증... 강원도민일보 · 3일 전 · 네이버뉴스

머니투데이방송 · 5일 전

실내 테니스, 성수동 투어...호텔**업계**, 호캉스 패키지 차별화 '눈길'

28일 호텔**업계**에 따르면, 〇〇〇〇〇〇〇는 최근 **국내** 호텔**업계 최초**로 국제 규격을 갖춘 투숙객 전용 실내 테니스 코트를 선보였다... 패키지는 2인형과 4인형 **중** 선택할 수 있다. 실내 테니스코트 1...

'국내' '업계' 등으로 범위를 한정해 '최초' 타이틀을 사용한 기사

결국 중요한 것은 홍보팀의 시선을 빼앗을 '새로운 스토리'를 만들어내는 일입니다. 그렇게만 할 수 있다면 홍보팀이든 DR 담당자든 여러분의 이야기를 알아서 확산시킬 것입니다. 그러니 우리는 스토리를 만드는 데 집중하고, 그것을 세상에 알리는 PR 활동은 홍보 전문가의 손을 빌리면 어떨까요? 다시 말해 '자기 PR'에서 '자기'와 'PR'을 분리해보는 겁니다. '자기'는 자신이 가장 잘 알고, 'PR'은 그 일을 전문으로 하는 이들이 더 잘하니까요.

내 이야기를 필요로 하는 곳은
반드시 있다

앞서 살펴봤듯이 팔리는 이야기가 되려면 '신규성'을 확보해야 합니다. 그런데 아무리 새로운 이야기라도 아무도 찾지 않으면 어쩌죠?

이런 고민을 하는 분들을 종종 만나왔습니다. 많은 분이 '내가 주인공이 되는 이야기가 과연 팔리는 콘텐츠가 될 수 있는가' '팔리는 콘텐츠를 먼저 생각하고, 거기에 맞는 이야기를 찾아야 하는 게 아닌가' 같은 고민을 합니다. 결론부터 말하자면 그런 걱정은 할 필요가 없습니다.

흥미로운 건, 사람들은 자신과 다른 이야기를 궁금해하기도 하지만, 자신과 비슷한 이야기에도 끌린다는 점입니다. 가령 누군가에게는 대기업을 때려치우고 사업에 도전해 성공한 사람의 스토리가 자극이 될 수 있고, 또 누군가에게는 꾸준히 일하다 보니 특정 서비스의 리더가 된 사람의 스토리에 위로와 공감을 얻을 수 있습니다. 이렇듯 나와 같은 사람, 다른 사람에 대한 콘텐츠가 모두 '팔리는 콘텐츠'가 될 수 있기 때문에 '팔리는 콘텐츠'에 대한 걱정은 불필요하다는 것을 눈치챌 수 있습니다.

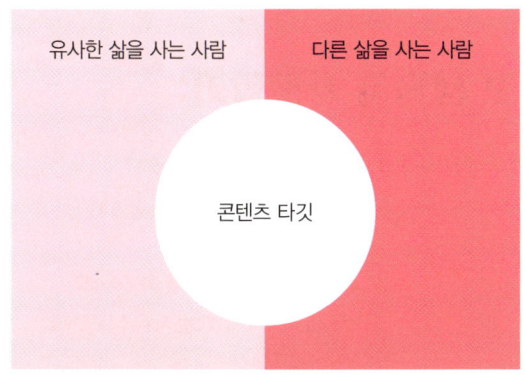
내 이야기에 관심을 가질 누군가는 반드시 존재한다

'누가 내 이야기에 관심을 가질까'라는 걱정은 내려놓고, 타깃에 대한 고민으로 전환해봅시다. 관심 갖지 않을지도 모르는 대상을 걱정하는 대신, '누구를 겨냥할 것인가'에 집중해 전략적으로 접근해보자는 겁니다. 다시 말해 자기 PR에서 '자기'에 해당하는 이야기에 관심을 가질 사람이 누구일지 먼저 고민해야 합니다.

이를 위해 가장 먼저 해야 할 일은 내 스토리를 구체화하는 것입니다. 내가 어떤 이야기를 할 수 있는 사람인지 '자기'에 대해 정리해볼 필요가 있습니다. 이제 막 개발자의 길을 걷기 시작한 신입사원이라면 하루가 다르게 성장해가는 과정을 중심으로 성장 스토리를 풀어낼 수 있고, 비개발자로 입사했으나 개발자로 전환한 경우라면 비개발자와 개발자의 시각으로 업무를 바라보는 요령이나 유연한 업무 적응법이 주제가 될 수 있습니다. 또는 어느 날 갑자기 능력 있는 후배들이 입사해 중간자 역할을 맡게 된 중니어라면 업무 분배와 협업의 중요성 같은 이야기를 나눌 수 있을 것입니다.

자기 PR은 단지 나를 드러내는 것이 아니라, '어떤 이야기를 누구에게 전달할지'에 대한 전략입니다. 그리고 그 전략의 시작은 '나'를 구체화하는 데 있습니다.

TRACK 17

내 이야기로 홍보 담당자 사로잡기:
스토리텔링

_홍보팀의 레이더에 걸리는 메시지를 만들고 싶다면 신규성, 진실성, 정보성을 확보하세요.
_홍보 담당자를 찾기 어려울 땐 공식 채널에 실린 온보딩 글을 누가 발행했는지 유추해보세요.
_비개발자도 이해하기 쉽도록 독자를 배려하는 글쓰기를 해보세요.
_홍보 담당자의 관심을 끌었다면 과외 선생님이 되어 콘텐츠를 함께 완성해보세요.

신규성, 진실성, 정보성을 갖춘
나만의 이야기 만들기

본격적으로 나만의 스토리를 찾아봅시다. 당장 머릿속에 주제들이 스쳐 지나간다면 다행이지만, 그렇지 않은 경우라면 찾아내면 됩니다.

스스로에게 다음 질문을 던지고 종이에 답변을 적어보세요. 나만의 스토리를 찾는 데 도움이 되고 남들과는 다른 나의 모습을 발견할 수 있을 겁니다.

- 현재 개발자로 성장 중인 당신! 관련 학과를 졸업했나요?
- 어릴 적 장래희망이 개발자였나요? 만약 아니라면 어떤 미래를 꿈꿨나요? 개발자가 되기까지 어떤 과정이 있었나요?
- 개발자로서 꿈꾸는 미래의 나는 어떤 모습인가요?
- 주니어 개발자 시절, 학창시절의 경험이 도움이 됐던 적이 있나요?
- 회사 외 활동 중인 조직이나 모임이 있나요? 그 모임을 통해 무엇을 얻고자 하나요?

- 스스로가 불편하다고 느껴 무언가를 개선해본 경험이 있나요? 그 개선이 다른 이들에게도 도움이 되었나요?
- 프로젝트의 초기 기획 단계부터 참여해본 경험이 있나요? 어떤 역할이었죠? 무엇이 가장 힘들었나요?
- 담당했던 업무 중 론칭 이후 지속적으로 활용되는 프로젝트가 있나요?
- 창의적으로 문제를 해결해본 경험이 있나요? 그 경험을 다른 사람과 나눴나요?
- 주도적으로 코드나 변수명을 정리한 적이 있나요? 그리고 팀 내 제안해본 경험은요? 받아들여졌나요?

그저 머릿속으로만 생각하는 것과 실제로 써보는 것에는 분명한 차이가 있습니다. 기록하는 순간 그 이야기를 누군가에게 들려줄 수 있는 토대가 만들어집니다.

이렇게 자기 PR에서 '자기'와 'PR'을 구분하고, '자기'에 집중해 이야깃거리를 발굴했다면, 이제는 그중에서 가장 전략적인 이야기를 골라 홍보팀이라는 전문 PR 조직을 통해 그들이 직접 확산하게 만들어야 합니다. 물론 개인 블로그를 운영하는 입장이라면 어떤 주제라도 게시물로 만들어낼 수 있겠지만, 우리는 회사가 관심을 가질 스토리 하나를 발굴해 회사가 나를 홍보하게 만들 전략을 세워봅시다.

홍보팀을 사로잡는 메시지의 조건

앞서 얘기했듯 홍보팀은 'the most'의 의미를 담아낼 수 있는 주제에 관심을 갖습니다. 이를 위해서는 내가 살아온 과정, 업무를 준비한 과정 등에서 특정 부분을 강조해 눈에 띄는 메시지로 강조할 필요가 있습니다.

하지만 단순히 최고라고 강조하는 것만으로는 부족합니다. '신규성'과 함께 '진실성'과 '정보성'이라는 요건도 충족시켜야 합니다.

- **신규성**: 기존에 없던 것이어야 합니다. 혹은 같은 주제라도 새로운 시선이나 접근이 필요합니다. 최초, 최대 등의 단어로 포장할 수 있으면 좋습니다.
- **진실성**: 공식적인 채널에 공개되어도 문제 되지 않을 사실 기반의 이야기여야 합니다. 과도하게 과장한 이야기나 허구의 이야기는 피하세요.
- **정보성**: 읽는 사람이 궁금증을 해소하거나 뭔가를 배워갈 수 있어야 합니다. 경험 기반의 팁, 조직문화, 기술적 통찰 등이 모두 포함됩니다.

세 가지 요건을 모두 충족하는 온보딩 콘텐츠로 예를 들어보겠습니다. IT 기업의 기술 블로그를 살펴보면 항상 인기 있는 콘텐츠 중 하나가 바로 '신입사원 온보딩 프로그램 후기'입니다. 트렌디한 기술과는 무관하지만, 늘 관심을 끄는 이유는 분명합니다. '신입'이라는 단어가 주는 최초라는 개념과 '온보딩'이라는 첫 경험이 결합되어 매번 새로운 시선과 느낌을 전달할 거라는 기대감을 주기 때문입니다.

매년 비슷한 주제로 발행되는 콘텐츠여도 글쓴이가 다르다는 사실은 읽는 사람으로 하여금 새로운 이야기를 접할 수 있을 것이라 믿게 합니다. 더불어 온보딩은 최신 조직문화의 흐름을 반영하므로 변화에 대한 기대감을 자연스럽게 자극하죠. 이처럼 콘텐츠에 등장하는 '신입'과 '온보딩'이라는 키워드는 독자에게 신규성과 진실성을 동시에 인식시킵니다. 실제 경험한 사람이 자신의 목소리로 풀어낸 이야기라는 점에서 신뢰도도 높습니다.

또 하나의 강점은 정보성입니다. 기술적인 내용은 다소 부족하더라도 온보딩 후기로 조직문화, 복지, 업무 환경 등에 대한 실제 정보를 확인할 수 있기 때문에 취업 준비생이나 입사를 앞둔 신규 입사자에게 유용한 콘텐츠로 평가받습니다.

정리하자면, 매년 발행되는 신입사원 온보딩 콘텐츠가 꾸준히 인기를 얻는 이유는 다음과 같습니다.

- **신규성**: 반복되는 온보딩 교육이라 할지라도 작성자가 바뀌므로 매번 새로운 관점을 기대할 수 있음
- **진실성**: 굳이 과장하거나 지어낼 필요 없이 있는 사실을 담백하게 표현한 진솔한 이야기일 것이라는 신뢰가 있음
- **정보성**: 조직문화나 복지 등에 대한 정보를 획득할 수 있음

콘텐츠의 힘은 타깃과 맞닿아 있을 때 더 강력해집니다. 온보딩 콘텐츠의 메시지가 신입사원이나 취준생에게 더 효과적이듯, 메시지를 기획할 때 가장 먼저 해야 할 일은 타깃을 명확히 설정하는 것입니다. 대상이 명확해야 그들이 필요로 하는 메시지에 집중할 수 있습니다.

그렇다면 우리의 1차 타깃은 누구일까요? 최종적으로 도달할 타깃은 개발자 커뮤니티라 하더라도 우리의 1차 타깃은 홍보팀 담당자입니다. 홍보팀의 레이더망에 걸리는 메시지로 홍보 담당자를 꼬시려(?)했음을 잊지 마세요! 그들이 높은 가치를 부여하는 신규성, 진실성, 정보성을 만족하는 스토리를 찾아내고, 잘 다듬고, 설득력 있게 전달해야 합니다.

PR을 도와줄
홍보 담당자 찾기

지금까지 잘 다듬은 이야기를 누구에게 전달해야 할까요?
힌트는 회사 내부의 콘텐츠에서 찾을 수 있습니다. 흔하고 흔한 신입사원 OJT 프로그램의 결과물이라도 해당 콘텐츠는 '회사의 공식 채널'을 통해 확산되었다는 사실에 주목해보면 정답이 보입니다. 기술 블로그나 회사 홈페이지에 올라온 글들을 살펴보면 누가 어떤 콘텐츠를 다뤘는지, 어떤 부서에서 게시를 승인했는지 짐작할 수 있죠.

신입 개발자가 직접 작성한 날것의 글이라 할지라도 회사 타이틀이 걸린 공간에 게재된다면 해당 콘텐츠는 반드시 '누군가'의 검토를 받고 발행되었을 겁니다. 여기서 그 '누군가'가 우리가 공략해야 할 타깃입니다. 기술 블로그라면 DR 담당자, 회사 공식 SNS 또는 홈페이지라면 홍보팀이나 브랜딩을 관장하는 팀에 소속된 누군가일 가능성이 높습니다.

여러분이 담당하는 업무와 유사한 주제를 다루는 콘텐츠가 있다면 이를 발행한 담당자를 찾아보는 것도 좋은 방법입니다. 담당자가 다수이거나 영역별, 주제별로 담당자 간 역할이 구분되어 있을 수 있으므로 기왕이면 '유사한 주제'의 콘텐츠를 발행한 사람을 찾는 것이 좋습니다.

TIP 여기까지 해도 담당자를 못 찾겠다면?

무작정 콘텐츠 작성자를 찾아가보는 건 어떨까요? "제가 비슷한 글을 써보고 싶은데, 발행 담당자가 누구인지 알 수 있을까요?"라고 물어보면 단번에 알 수 있겠죠. 다 사람이 하는 일이니 휴먼 인프라를 잘 활용하는 것을 추천합니다. 그것이 우리가 조직에서 일하는 이점 아닐까요?

철 지난 펭수의 명언이 떠오르네요. "뭐든지 먹을 거로 유인하세요." 과자 한 봉지, 커피 한 잔이면 금방 가까워질 수 있습니다.

담당자를 찾아 콘텐츠를 전달하고, 회사의 공식 채널에 내 이름으로 이야기를 올릴 수 있다면 그것만으로 강력한 자기 PR의 시작이 됩니다. 이는 혼자 작성한 자기소개서나 링크드인 프로필보다 훨씬 더 높은 설득력이 있고, 더 많은 사람이 주목할 수 있는 계기가 됩니다. 공식 채널에 실린 내 이야기는 회사라는 이름을 등에 업은 메시지가 됩니다. 그리고 이 메시지를 더 널리 알리기 위해 홍보 담당자가 자발적으로 확산에 힘을 보태는 구조가 자연스럽게 만들어집니다.

이보다 더 전략적인 자기 PR 방법은 많지 않습니다.

선택받는 이야기로
재구성하기

우리는 이제 홍보 담당자가 이해하기 쉬운 용어로 그리고 그들이 활용하기 편리한 포맷에 맞게, 우리의 이야기를 재구성해야 합니다. 그들의 업무에 보탬이 되도록 이야기를 다듬고 콘텐츠화하는 것이죠. 여기서 이런 의문이 들 수 있습니다.

'아이템을 찾아내고 콘텐츠화하는 것은 그들의 일인데,
왜 내가 이렇게까지 해야 해?'

당연한 질문입니다. 하지만 현실을 생각해봅시다. 회사에는 나와 같은 목적을 가진 사람들이 여럿 있고, 홍보팀 역시 본연의 업무로 바쁩니다. 회사의 기술이나 전략, 상품 등 비즈니스 차원에서 그들이 홍보해야 할 아이템들은 쌓여 있고, 그들은 외부의 톡톡 튀는 반응에 기민하게 반응하기 위해 늘 촉각을 곤두세우고 모니터링합니다. 게다가 우리는 홍보팀이 자발적으로 그들의 시간과 리소스를 쓰도록 유도하려는 입장입니다. 그렇다면 우리 쪽에서 미리 준비할 수 있는 만큼 준비하고, 가능한 쉽게 이해할 수 있는 자료를 제공해야 할 이유가 충분합니다. 그리고 그렇게 해야 우리의 의도대로 콘텐츠가 만들어질 가능성도 커지기 마련입니다.

> **참고** | **보도자료, 홍보팀의 주된 업무**
>
> 홍보팀은 주로 기자(언론)를 상대하기 때문에 보도자료* 작성은 그들의 주요 업무 중 하나입니다. 하지만 기자는 우리 회사의 기사를 발행해야 할 의무가 없습니다. 오히려 하루치 기사 발행 일정이 꽉 차 있거나, 다른 이슈로 바쁘게 움직이고 있을 가능성이 높죠.
>
> 그래서 홍보팀은 그런 기자들이 자발적으로 우리 회사 이야기를 선택하도록 유도해야 합니다. 이를 위해 보도자료는 최대한 기사처럼 완성된 형태로, 즉 기자가 즉시 활용할 수 있는 형식과 용어 등에 맞춰 작성됩니다. 여기에는 보다 많은 매체에서 기사화해주기를 바라는 담당자의 의도가 깔려 있죠.

이 점에서 우리는 홍보팀이 일하는 방식을 일부 차용할 필요가 있습니다. 우리의 이야기도 '선택받게 만들기 위해' 상대가 바로 활용할 수 있는 형태로 가공되어야 한다는 겁니다.

> - 13~14일 연세대 국제 캠퍼스에서 대학생 교사 300명과 임직원 멘토 등 참석
> - ▲'꿈을 이어주는 사다리, H-점프스쿨' 주제로 토크콘서트 ▲다양한 맞춤형 강의 진행
> - 3월부터 8개월간 교육복지 기관 등에서 청소년 1,200여 명 대상으로 교육 봉사

현대자동차그룹이 대학생 사회공헌 프로그램 'H-점프스쿨' 12기 발대식을 진행했다.

13일부터 14일까지 연세대 국제캠퍼스(인천 송도 소재)에서 열린 발대식에는 오는 3월부터 8개월간 교육봉사단으로 활동하는 대학생 교사 300명과 현대자동차그룹 한석원 부사장, 사단법인 점프 서창범 이사장, 은초롱 대표 등 행사 관계자 및 임직원 멘토 등이 참석했다.

이번 행사에서는 토크 콘서트와 맞춤형 강의 등 다양한 행사가 진행됐다.

'꿈을 이어주는 사다리, H-점프스쿨'을 주제로 열린 토크 콘서트에는 한석원 부사장과 은초롱 대표, 현대자동차그룹 임직원 멘토가 패널로 참여해 멘토링과 개인의 성장이 어떻게 연결될 수 있는지 등에 대해 이야기했다.

이와 함께 현대자동차그룹 임직원 12명이 대학생 교사들을 대상으로 '실패를 자산으로 만드는 방법' 등 다양한 내용의 맞춤형 강의도 진행됐다.

기업 홈페이지에 올라온 보도자료(출처: 현대자동차그룹 뉴스룸)

(서울=연합뉴스) 홍규빈 기자 = 현대차그룹은 지난 13일부터 이틀간 인천 송도 연세대 국제캠퍼스에서 'H-점프스쿨' 12기 발대식을 가졌다고 17일 밝혔다.

H-점프스쿨은 대학생 교사를 선발해 소외계층 청소년 학습을 지원하고 대학생 교사에게는 현대차그룹 임직원 멘토링과 장학금을 제공하는 사회공헌 프로그램이다.

발대식에서는 한석원 현대차그룹 부사장과 은초롱 사단법인 점프 대표가 토크 콘서트 패널로 참여했고 현대차그룹 임직원 12명이 대학생 교사들에게 맞춤형 강의를 가졌다.

이번에 선발된 대학생 교사 300명은 전국의 지역아동센터와 교육복지 기관 등에서 청소년 1천200명에게 교육 봉사를 할 예정이다.

지난 5년간 H-점프스쿨 멘티로 참여했던 가나 국적의 얀주 헬레나 씨는 지난해 고려대에 합격해 이번에 대학생 교사로 뽑히기도 했다.

2013년부터 시작한 H-점프스쿨에는 작년까지 대학생 교사 2천682명이 참여했고 청소년 9천424명에게 교육 봉사가 이뤄졌다.

배포된 보도자료를 기반으로 작성된 기사(출처: 연합뉴스)

홍보팀의 눈높이에 맞게 콘텐츠를 다듬는 방법

여러분의 이야기가 회사 채널에 실리길 원한다면 그 이야기를 풀어내는 방식도 달라져야 합니다. 홍보 담당자는 대부분 비개발자입니다. 개발자 출신일 수도 있지만, 현재 직무가 개발자는 아니죠. 따라서 모든 개발 관련 콘텐츠는 '비개발자 대상'이라는 전제를 두고 써야 합니다.

다음과 같은 방법으로 여러분의 이야기를 재구성해보세요.

1) 전문용어는 일상어로 바꾸기

개발자들 사이에서 통용되는 기술 용어나 약어는 가급적 풀어 써서 비개발자도 충분히 이해할 수 있도록 돕습니다. 꼭 필요한 용어는 괄호를 활용해 간단한 설명을 덧붙이는 방식도 좋습니다.

2) 도식화로 이해 높이기

담당하는 서비스나 기술을 설명할 때 아키텍처는 핵심적인 설명 도구입니다. 하지만 말이나 글로만 구조를 설명할 경우 상대방의 머릿속에 그려지는 이미지는 천차만별일 수 있습니다. 시각적인 흐름도를 통해 전반적인 시스템의 관계와 맥락을 보여주면, 상대방이 내용을 훨씬 빠르고 정확하게 파악할 수 있습니다. 이처럼 시각 자료는 기술 커뮤니케이션에서의 오해를 사전에 차단하는 수단입니다.

3) 구체적인 숫자를 제시하기

명확한 숫자는 해석의 여지를 줄이고 객관성을 부여합니다. 만약 홍보 담당자가 수치를 이해하지 못하고 질문한다면 오히려 잘된 일입니다. 여러분이 던진 미끼를 문 것이죠.

4) 최종 결과는 실사용자 기준으로 설명하기

개발 성과를 표현할 때는 실사용자end user 관점에서의 효과를 중심으로 풀어내면 좋습니다. 예를 들어 회원 서비스를 개선한 사례라면 '사용자가 회원가입 절차를 더 빠르게 마칠 수 있게 되었다' '고객센터 문의 건수가 30% 줄었다'처럼 실제 사용자에게 발생한 변화를 중심으로 풀어야 합니다. 또 내부 임직원용 시스템을 개선한 사례라면 '임직원의 업무 처리 시간이 평균 1시간 단축되었다'처럼 실질적인 효과를 전달해야 합니다. 기술적 결과가 누구에게 어떤 영향을 미쳤는지를 중심으로 전환해서 이야기하면 콘텐츠의 설득력이 높아집니다.

과외 선생님이 되어
이야기 완성하기

홍보 담당자의 관심을 받기 시작했다면 이제 본격적인 협업 단계입니다. 이 시점에서 우리는 친절한 과외 선생님이 되어야 합니다. 그들의 이해를 돕고, 그들의 언어로, 그들의 채널에 내 이야기가 등재될 때까지 차근차근 함께 만들어가는 겁니다.

이 과정에서 이메일이 여러 번 오가고, 문장을 수정하고, 개념을 설명하는 일이 반복될 수 있습니다. 이때 마치 과외 선생님처럼 담당자에게 친절하게 설명해주고, 잘못된 부분은 바로잡는 과정이 반드시 필요합니다. 여러분의 해설 없이는 콘텐츠를 완성할 수 없으니까요.

피드백을 수차례 거치다 보면 원래의 기술적 전문성은 일부 희석될 수도 있습니다. 간단하게 코드 한 줄로 표현할 수 있는 기능이 몇 문단의 대중적인 표현으로 수정될 수도 있죠. 이렇게 전문성은 다소 떨어질 수 있지만, 대신 대중성을 얻는 것이 회사 공식 콘텐츠가 지닌 숙명이기도 합니다. 실망스러울 수 있으나 애초에 우리의 목적은 전문성을 강조하는 게 아니라, 내 이야기를 홍보 담당자를 통해 대중에게 알리는 것이었음을 기억하고 받아들여야 합니다.

혹시 아쉬움이 크다면 우선 회사 공식 채널에는 내 이야기를 싣는 것에 집중하고 깃허브나 개인 블로그, 개발자 커뮤니티 등에 해당 글과 연계된 기술 중심의 심화 콘텐츠를 업로드하면 됩니다. 각각의 콘텐츠를 링크로 연결하면 전문성은 전문성대로, 공신력은 공신력대로 챙길 수 있습니다. 최종적으로 공식 채널에서는 신뢰성과 대중성을 확보하고, 개인 채널에서는 전문성을 강조하여 두 가지 면모를 모두 드러낼 수 있는 좋은 방법입니다.

> **참고** | **홍보팀이 개발자 콘텐츠를 만드는 방법**
>
> 홍보 콘텐츠는 보통 다음 세 가지 경로로 만들어집니다.
>
> - 질문지를 바탕으로 인터뷰하고 이를 콘텐츠로 만들기
> - 개발자의 콘텐츠(콘퍼런스 발표 자료나 블로그 글)를 재가공하기
> - 협업 팀에서 작성한 초안을 대중성 있는 콘텐츠로 만들기
>
> 우리가 시도하려는 방식은 세 번째입니다. 이 방식은 처음부터 주도권을 쥘 수 있는 장점이 있지만, 대신 후속 커뮤니케이션이 많이 필요합니다.

TRACK 18

회사의 비전에 나를 녹여내기:
전략적 접근과 포지셔닝

_회사의 비전과 맞지 않는 콘텐츠는 아무리 뛰어나도 빛을 볼 수 없습니다.
_비전에서 출발하면 회사가 원하는 방향성과 잘 맞는 콘텐츠를 기획할 수 있습니다.
_비전을 현실적인 단위로 세분화하면 실질적인 방향을 잡는 데 도움이 됩니다.
_'나'를 중심으로 주변 역할을 연결하면 홍보팀의 시선을 끌 수 있는 스토리텔링이 완성됩니다.
_한 번의 자기 PR로 끝내지 말고, 관계를 유지하며 그 자리를 지키세요.

회사 비전과 나를 연결하는
5단계 전략

지금까지 자기 PR에 대해 이야기하면서, 개인보다 더 큰 영향력을 가진 회사의 자원을 활용하자는 전략을 세웠습니다. 물론 이 전략은 홍보 담당자의 협력이 전제되어야 가능합니다. 하지만 이들의 업무는 회사 전체의 이익과 연결된 콘텐츠를 만드는 것이지, 특정 개인을 위한 콘텐츠 제작을 하는 것이 아닙니다.

누군가 제게 "회사가 제 이야기를 홍보할 가능성을 높일 방법이 있을까요?"라고 묻는다면 "회사에 도움이 되는 방식을 고민해보세요"라고 대답할 것 같습니다. 회사에게 이득이 되는 방향을 먼저 생각하고 거기에 맞는 나를 찾는 것입니다. 여러분의 이야기가 회사의 이야기와 맞닿아 있다면, 회사 이미지에 보탬이 된다면 그리고 결국 회사가 원하는 콘텐츠라면 그들이 앞장서서 홍보에 나설 가능성이 높아집니다.

다음 5단계를 따라가며 회사의 비전과 조직을 효과적으로 활용해 나를 확실히 PR하는 전략을 직접 실천해봅시다.

STEP 1 비전 확인 – 회사가 하고 싶은 이야기를 파악하기

모든 회사는 '비전'을 가지고 있습니다. 비전은 구성원들이 같은 가치관과 목표를 가지고 정진할 수 있도록 방향성을 제시해줍니다. 다시 말해 회사 직원들 사이의 공감대라고 할 수 있습니다. 공감대를 통해 어떤 현상에 대해 같은 의사 결정을 하게 하고, 자칫 회사가 추구하는 방향과 다른 방향으로 흘러가는 것을 방지해줍니다.

홍보팀은 이러한 비전과 방향성을 특히 중요하게 생각합니다. 회사의 공식 채널을 통해 배포되는 콘텐츠는 반드시 회사의 방향성과 일치해야 하기 때문입니다. 회사의 비전이나 대중의 기대치에 반하는 콘텐츠가 배포되었을 때 회사에 미치는 악영향이 매우 크고, 이는 고스란히 회사의 경영 이슈로 이어질 수 있습니다. 그렇기에 홍보 담당자는 콘텐츠를 발행하기 전 수차례 검토하고, 또 검토합니다.

아시아인의 젓가락 사용을 희화화했다는 비판을 받아 중단된 광고

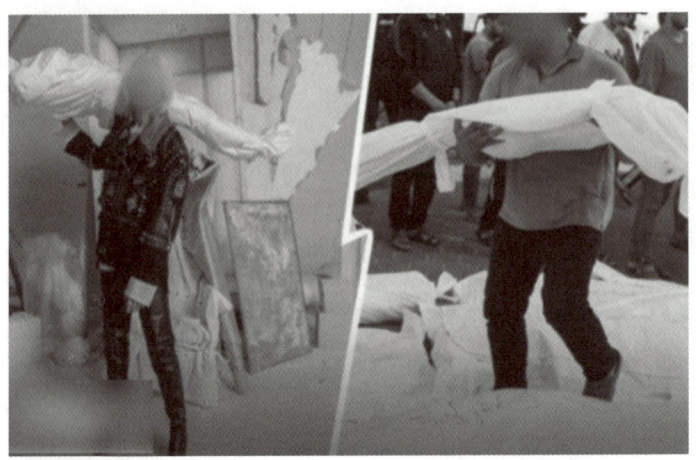

시신을 연상시킨다는 이유로 중단된 의류 브랜드의 포스터(좌)와 실제 시신 운반 장면(우)

회사의 비전과 정확히 맞물리는 콘텐츠는 홍보팀을 움직이게 만드는 강력한 동기가 될 수 있습니다. 따라서 콘텐츠를 기획할 때는 초기 단계부터 회사의 비전과 방향성에 부합하는지 충분히 고려하고, 그에 맞는 아이디어를 제안하는 것이 중요합니다.

아직 우리 회사의 비전이 무엇인지 잘 모른다면 지금 당장 공식 홈페이지를 찾아가보세요. 그리고 그 안에서 어떤 주제들이 반복되고 있는지, 어떤 방향성을 강조하는지 파악하세요. 비전을 통해 우리 회사가 나아가고자 하는 방향을 파악하고, 그 흐름에 맞는 콘텐츠를 기반으로 홍보팀에 접근하면 훨씬 긍정적인 반응을 얻을 것입니다. 회사 비전과 핏fit하게 매칭되는 아이템은 홍보팀에게도 매우 귀하거든요.

> **참고** | **비전과 미션**
>
> 이 책에서는 회사의 '비전'에 대해 이야기했지만, 실제로는 비전 없이 '미션'만 있거나 두 개념이 혼재된 경우도 있습니다. 일반적으로는 미션을 먼저 정하고 그것을 실현하기 위한 중장기적 목표로 비전을 설정합니다. 비전은 미션보다 비교적 더 구체적인 지향점이라고 생각하면 됩니다.

STEP 2 비전 세분화 – 비전을 직무 단위로 쪼개기

회사의 비전을 살펴보면 굉장히 모호한 경우도 있습니다. 듣기 좋은 말들만 나열해놓아서 현실과 굉장히 동떨어져 보이기도 하죠. 하지만 실무진 입장에선 현실에서 내가 당장 할 수 있는 일이 중요합니다. 그래서 내 이야기에 비전을 적용하려면 손에 잡히지 않는 이상적인 문장을, 실무 단위의 해석 가능한 언어로 바꾸는 과정이 필요하겠죠.

> **참고 | 국내 주요 기업의 비전**
> - **삼성전자**: 인재와 기술을 바탕으로 최고의 제품과 서비스를 창출하여 인류사회에 공헌한다
> - **현대차**: 휴머니티를 향한 진보 Progress for Humanity
> - **LG전자**: Smart Life Solution Company
> - **SK텔레콤**: Global AI Company
> - **포스코**: Better World with Green Steel
> - **C Onlyone**: 제품과 서비스로 최고의 가치를 창출하여 국가사회에 기여한다
> - **네이버**: 사용자라는 나침반을 따라 변함없이 변화를 만드는 사람들
> - **카카오그룹**: 일상의 혁신을 위한 디지털 전환

지금부터 비전을 쪼개봅시다. 어떤 기준으로 비전을 세분화할 수 있을까요? 가장 실무적이고 현실적인 기준은 '직무'입니다. 직무 단위로 쪼개야 나의 역할을 제대로 알고 회사가 기대하는, 특히 홍보 담당자가 기대하는 나의 역할을 찾아낼 수 있습니다.

대부분의 회사는 비전을 실현하기 위한 중장기 전략을 세우고, 이를 이행하기 위한 계획을 매년 수립합니다. 그 실행 계획은 연간 목표라는 이름으로 상위 조직부터 하위 조직까지 조직별 목표로 세분화되고, 최종적으로는 팀 목표와 개인 KPI로 우리에게 내려오죠.

- 비전 → 중장기 전략 → 연간 목표 → (직무별 역할) → **팀 목표 → 개인 KPI**

'직무별 역할'까지만 쪼개보겠습니다. 연간 목표와 팀 목표 사이 어딘가에 위치한 직무 단위의 역할을 확인해보며 비전을 향해 나아가기 위해 내가 속한 직무는 물론, 다른 직무들이 수행하는 역할을 상상해보는 것입니다.

왜 다른 직무까지 생각해야 할까요? 회사는 다양한 직무들이 존재합니다. 예를 들어 개발직군 내에서도 역할이 다양하고, 개발 외의 직군까지 포함하면 그 수는 훨씬 많아집니다. 그 많은 역할이 각자 할 일을 하면서 맞물려 회사는 굴러가고 성장합니다. 서로 맞물린 역할을 이해하려면 주변의 다른 직무에 대해서도 알아야 합니다.

자동차로 비유해보겠습니다. 자동차가 앞으로 나아가는 원리를 한마디로 설명하긴 어렵지만 모터, 감속기, 배터리, 바퀴, 핸들, 시트, 에어백 등 부품 하나하나의 역할은 설명할 수 있죠. 모터는 회전력을 제공하고, 감속기는 속도를 조절하며, 배터리는 전력을 공급하고, 바퀴는 회전력을 지면에 전달합니다. 각 부품이 제 역할을 할 때 자동차는 앞으로 나아가고 우리는 안전하게 목적지에 도달할 수 있습니다.

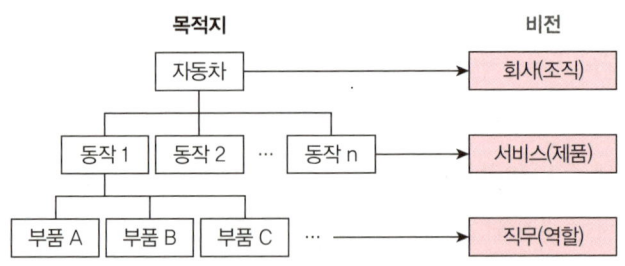

회사의 비전을 기준으로 이해 가능한 수준까지 쪼개면 비전에서 벗어나지 않는다

이처럼 자동차가 어떻게 앞으로 이동하는지를 설명하기는 어렵지만, 자동차를 부품 단위로 쪼개고 각 부품의 역할을 설명하기는 비교적 쉽습니다.

마찬가지로 회사가 어떻게 비전을 향해 나아가는지 설명하는 것보다 각 직무가 어떤 역할을 맡고 있는지 설명하는 것이 훨씬 수월합니다.

내 역할은 무엇이고 어떤 방향성을 띠고 있는지를 다시 생각해보세요. 회사의 연간 전략, 부서별 KPI, 개인 목표 등을 통해 비전이 실무에서 어떻게 분배되고 있는지를 파악하는 겁니다. 특히 내 직무뿐만 아니라 다른 직무가 이 비전을 어떻게 실현하고 있는지도 살펴보면, 연결 고리가 보이기 시작할 겁니다.

비전을 현실적으로 이해하고 그 흐름을 직무 수준까지 쪼개본 경험은 분명 큰 차이를 만듭니다. 이 과정을 통해 비전을 더 깊이 이해한 사람은 콘텐츠 기획에서도, 홍보 담당자와의 커뮤니케이션에서도 더 큰 매력을 발휘할 수 있습니다.

STEP 3 매핑 – 내가 하는 일의 위치를 파악하기

비전이라는 회사의 광범위한 방향성을 직무 단위로 쪼개는 작업을 마쳤다면 이제 그 안에서 나의 역할은 어디쯤 위치해 있는지 살펴볼 차례입니다.

정확한 나의 위치와 역할을 파악하려면 쪼개놓은 각 직무를 다시 연결해보며 전체 흐름 속에서 나의 위치를 확인할 필요가 있습니다. '기껏 쪼갰다가 또 연결한다고?' 싶을 수도 있지만, 이 과정이 있어야만 진짜 내 역할을 제대로 이해할 수 있습니다.

같은 부서 내에서는 내 역할이 비교적 분명하게 보이지만, 다른 직무나 부서와의 관계 속에서는 내 역할이 쉽게 드러나지 않기 때문입니다. 그리고 이렇게 정리된 나의 위치와 역할은 외부에서 나에게 기대하는 역할과도 연결될 수 있습니다. 보다 객관적으로 나를 돌아보는 기회가 되는 것이죠.

직무 단위까지 쪼갠 비전을 기반으로 다양한 역할들을 비교해보며 그 안에서 내 위치를 찾고, 나의 역할을 명확히 인지하는 것이 '매핑' 단계입니다.

다시 자동차로 비유해볼까요? 앞서 예를 든 자동차의 각 부품처럼 배터리는 모터에 전력을 공급하고, 모터는 감속기와 바퀴에 동력을 전달하며, 브레이크는 페달과 타이어 등과 함께 작동합니다. 특정 부품의 역할은 다른 부품과의 관계 없이는 제대로 설명할 수 없습니다.

직무도 마찬가지입니다. 다른 역할과의 상호작용을 이해하지 않고서는 나의 역할을 제대로 정의하거나 인식하기 어렵습니다. 그런 점에서 개발자는 여러 부서와의 상호작용이 많아 연결을 찾아내기에 좋은 직무라 할 수 있습니다.

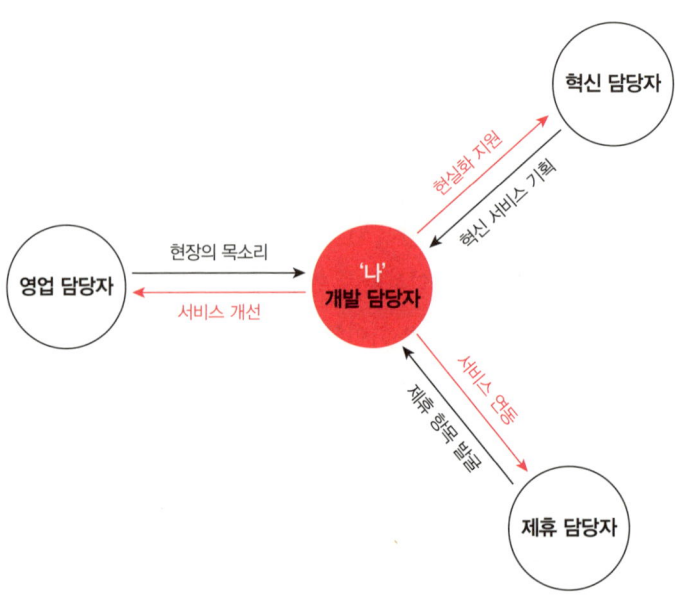

다른 직군들과 상호작용이 많은 개발직군

만약 영업을 담당하는 직무와 연결해본다면 현장에서 수집한 고객의 목소리를 반영해 서비스를 개선하거나 새로운 기능을 개발하는 과정이 될 수 있습니다. 영업 부서가 캐치한 생생한 피드백을 서비스에 반영해 고객 만족도를 높이기 위해서는 개발자의 역할이 필수적이죠. 또 제휴 부서와는 협력사의 서비스와 우리 서비스를 기술적으로 매끄럽게 연동하는 과정에서도 개발자의 역할이 필요합니다. 그리고 혁신 부서와의 협업을 떠올려봐도, 서비스 혁신을 위해 새로운 아이디어를 구체적인 서비스로 구현하는 아이디에이션부터 실제 개발 단계까지, 개발 직무 없이는 논의 자체가 어렵습니다. 이처럼 개발자는 다양한 직무와 긴밀한 연결고리를 가지고 있고 협업을 통해 회사의 비전 실현에 기여합니다.

내가 속한 팀의 역할이 회사 안에서 어떤 위치에 있는지, 다른 부서나 직무와 어떻게 협업하고 어떻게 상호작용을 하는지 고민해본다면 타 부서에서 나에게 기대하는 역할을 명확하게 인식할 수 있습니다. 그리고 이는 곧 홍보 담당자와 논의할 때, 그들이 나에게 기대하는 바에 대해 효과적으로 대응할 수 있는 양분이 됩니다.

내가 일하며 협업하는 다른 부서들을 정리해보세요. 그리고 그들과의 상호작용 속에서 내가 맡고 있는 역할을 구조화해보세요. 결국 이를 통해 내가 조직 전체에서 어떤 기능을 하고 있는지 명확히 파악할 수 있습니다.

> **참고 | 홍보 담당자와 대중과의 관계**
>
> 회사 내에서 홍보팀은 대중과 가장 가까운 위치에서 대중을 대변하는 역할을 하곤 합니다. 대중의 목소리를 전달하는 언론과 맞닿아 업무를 진행하기 때문입니다. 이와 유사하게 마케팅 담당자는 소비자(혹은 잠재적 소비자)를, IR 담당자는 투자자를 대변합니다.

STEP 4 콘텐츠 기획 – 나를 중심으로 연결하기

이제 본격적으로 자기 PR을 실천할 단계입니다. 앞서 우리는 나의 역할이 회사 안에서 어떤 위치에 있고 다른 직무들과 어떻게 연결되어 있는지를 살펴봤습니다. 이 모든 흐름의 중심에는 결국 내가 있어야 하며, 지금까지의 고민을 종합해 나를 중심으로 이야기를 연결해야 합니다.

회사의 홍보 자산은 다양한 형태의 콘텐츠로 구성되어 있습니다. 홍보팀은 언론 대응 외에도 보도자료, 블로그 글, 공식 홈페이지 콘텐츠, 유튜브 영상 등 다양한 포맷의 콘텐츠를 지속적으로 제작합니다. 여기에 회사 비전과 맞닿은 나의 이야기를 자연스럽게 끼워 넣을 수 있다면 회사의 홍보와 함께 나 역시 드러낼 수 있습니다.

하지만 홍보팀은 '나'라는 개인의 존재보다 회사의 서비스나 제품, 브랜드의 가치에 더 관심이 많습니다. 따라서 우리가 원하는 방식으로 콘텐츠가 발행되기 위해서는 철저히 '회사 콘텐츠'처럼 보이도록 포장해야 합니다. 홍보팀이든 DR 담당자든 회사에 도움이 되는 이야기를 중심에 둬야 움직이기 쉬우니까요. 그러면서도 그 중심에는 내가 있어야 합니다. 맞물린 여러 역할과 조직 사이에서 내가 핵심 축으로 자리 잡도록 콘텐츠를 기획해야 한다는 뜻입니다.

자동차의 다양한 동작 중 제동을 기준으로 예를 들어 보겠습니다. 여러분을 자동차의 한 부품인 브레이크 캘리퍼(이하 캘리퍼)라고 상상해보세요. 캘리퍼는 바퀴에 달린 브레이크 디스크(이하 디스크)를 잡아 자동차를 멈추게 하는 제동 시스템의 핵심 부품입니다.

자동차 운행 중 브레이크 페달을 밟으면 페달이 유압 호스를 통해 캘리퍼에 압력을 전달합니다. 그러면 캘리퍼는 회전 중인 디스크를 꽉 잡게 되고, 회전 중인 브레이크 디스크는 정지합니다. 디스크는 차량의 구동축과 연결되어 있기 때문에 결국 자동차 전체가 멈추게 되며, 우리는 이를 제동이라고 표현합니다. STEP 2의 그림에서 살펴본다면 자동차는 회사, 제동은 서비스, 부품인 캘리퍼, 디스크, 유압 호스, 페달 등은 직무가 될 수 있습니다.

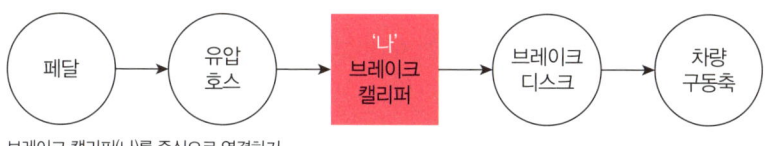

브레이크 캘리퍼(나)를 중심으로 연결하기

우리 회사(자동차)가 제공하는 서비스(제동)의 핵심이 내(브레이크 캘리퍼)가 될 수 있는 구조가 완성되었습니다. 이를 중심으로 서비스(제동)에 대한 홍보 콘텐츠를 만들 때 이 전체 구조 속에서 자연스레 나(브레이크 캘리퍼)의 역할이 드러나며 내가 중심이 되는 콘텐츠가 만들어지는 것이죠.

혹시 '회사에서의 내 역할은 핵심 직무가 아닌데…'라며 캘리퍼가 실제로 제동에서 가장 중요한 역할이기 때문에 중심이 될 수 있다고 생각하나요? 그렇다면 한 칸 옆으로 이동해 유압 호스를 중심으로 다시 살펴보겠습니다 (유압 호스를 자동차의 성능을 결정짓는 중요한 부품으로 여기는 사람은 아무도 없습니다).

유압 호스를 중심으로 구성할 경우 또 다른 콘텐츠가 탄생할 수 있습니다. 유압 호스는 제동 시스템을 연결하는 매개체라는 맥락 안에서는 핵심적인 존재가 될 수 있기 때문입니다.

다음 그림을 보면 달라진 콘텐츠의 방향을 확인할 수 있습니다. 실제 운전을 하는 공간과 자동차의 제동이 이뤄지는 공간을 연결하는 나(유압 호스)의 역할이 새롭게 비춰지고 있습니다. 결국 운전자의 의도와 자동차의 동작을 이어주는 핵심 역할이 나에게 있다는 흐름으로 콘텐츠를 구성할 수 있습니다.

유압 호스(나)를 중심으로 연결하기

이렇듯 중요한 역할이건 아니건 특정 역할을 중심에 두고 콘텐츠를 구성하는 것은 그리 어려운 일이 아닙니다. 다만 '누구를 중심에 두느냐'에 따라 콘텐츠의 방향이 완전히 달라지므로 '나'를 중심에 두는 것이 중요하죠.

내 역할을 중심에 두고 주변 역할들을 묶어 스토리를 구성하면 나를 자연스럽게 드러낼 수 있는 콘텐츠를 만들 수 있기 때문입니다. 그리고 그 콘텐츠는 회사의 비전에서 벗어나지 않으면서도 나를 효과적으로 알릴 수 있는 자기 PR 도구가 됩니다. 지금까지 우리가 진행한 비전 확인 → 비전 세분화 → 매핑의 흐름이 여기에서 스토리로 완성되는 셈입니다.

이제 우리는 이렇게 뽑아낸 내용으로 홍보팀과 직접 소통해야 합니다. 콘텐츠로 일하는 조직과의 대화는 콘텐츠로 접근하는 것이 가장 좋은 방법일 테니까요.

그럼 이제 메일을 보내볼까요?

To. 홍보 담당자
cc. 유압 호스, 디스크, 페달, 구동축
From. 캘리퍼

안녕하세요?

안전을 최우선으로 하는(비전) 우리 자동차에서 **'제동(서비스)'**은 무엇보다 중요한 차량의 기능입니다. 그리고 브레이크 캘리퍼는 제동력을 결정짓는 핵심 부품이자, 우리 자동차의 기술력을 상징하는 장치이기도 합니다.

우리 자동차가 안전을 가장 중시한다는 점을 강조하며 제동력을 중심으로 기술 이야기를 풀어낸다면 고객에게 안전을 담당하는 중요한 부품과 '우리 자동차는 안전하다'는 인식을 효과적으로 **전달(비전에 부합하는 홍보 목적)**할 수 있습니다.

> 캘리퍼를 중심으로 한 제동 시스템 콘텐츠 제작이 가능할까요? 필요한 자료와 기술 설명은 적극적으로 지원하겠습니다. 관련 담당자는 **캘리퍼, 유압 호스, 디스크 등(유관 직무)** 입니다.
>
> 감사합니다.

TRACK 17 '내 이야기로 홍보 담당자 사로잡기: 스토리텔링'에서 홍보 담당자를 어떻게 찾고 컨택할지, 그들에게 전달할 콘텐츠는 어느 정도의 수준으로 작성되어야 하는지, 발행 전까지 어떤 프로세스가 있는지에 대해 살펴봤었습니다. 그 부분을 유념하여 준비된 콘텐츠를 전달해봅시다.

어느 정도 정돈된 기획 방향 또는 콘텐츠 아이디어를 가지고 접근하면 논의가 더 쉽게 풀리고 실제 홍보로 이어질 가능성이 높아집니다. 하지만 꼭 완성된 콘텐츠가 아니어도 괜찮습니다. 앞선 메일 예시와 같이 기획 방향성만 있어도 충분히 논의를 시작할 수 있습니다.

STEP 5 키워드 확보 - 포지셔닝하기

콘텐츠를 먼저 기획해 제안하는 방식에는 두 가지 중요한 장점이 있습니다.

첫째, 나를 먼저 찾아오기 어려운 환경에서도 홍보 담당자가 자발적으로 내가 중심이 되는 콘텐츠를 발행할 수 있는 기반을 마련합니다. 둘째, 홍보 담당자가 유사한 주제를 다시 다룰 때 가장 먼저 떠올리는 사람이 내가 될 수 있습니다. 이른바 선점 효과죠.

콘텐츠 제작은 정해진 순서나 공식이 있는 작업이 아닙니다. 사람 간 협업을 통해 매번 새로운 주제를 각기 다른 환경에서 다루기 때문에 모든 상황에 적용 가능한 완전한 매뉴얼을 만들긴 어렵습니다. 물론 완성된 콘텐츠를 발행하는 절차는 프로세스화할 수 있지만, 콘텐츠를 기획하고 만들어가는 순서를 A부터 Z까지 표준화하기는 어렵다는 의미입니다.

그래서 한 번 함께 작업한 경험이 있는 사람은 중요한 자산이 됩니다. 유사한 주제에 대해 콘텐츠 제작이 필요할 경우, 홍보 담당자는 이미 콘텐츠를 제안하고 함께 만들어간 경험이 있는 나에게 먼저 연락할 가능성이 큽니다. 필요시 적절한 담당자를 다시 찾더라도, 시작점은 '나'일 수 있다는 거죠.

이처럼 홍보 담당자와 좋은 관계를 유지하며 적극적인 지원을 해줬다면, 다음에도 그리고 그다음에도 담당자는 나를 찾게 되겠죠. 이렇게 해서 우리는 나를 특정 주제나 분야의 대표적인 컨택 포인트로 포지셔닝할 수 있습니다. 더 나아가 포지셔닝은 홍보 담당자만의 인식에 그치지 않습니다. 나와 연결된 역할의 담당자들도 특정 주제에 대해 나를 먼저 떠올릴 것입니다.

앞에서 언급한 제동 시스템의 예시를 다시 떠올려보세요. 어느 날 페달을 중심으로 한 콘텐츠가 필요해질 때 기존에 캘리퍼를 중심으로 구성한 스토리 덕분에 자연스럽게 내가 다시 떠오를 수 있는 겁니다. 아무런 포지셔닝이 없었다면 연결되기 어렵겠지만, 이미 관계를 맺고 맥락을 만들어본 경험이 있기 때문에 가능합니다. 만약 우리 조직에 다른 개발자들도 많은데 평범한 몇몇 동료에게 스포트라이트가 향하고 있다면? (우연이더라도) 한번 맺어진 인연이 지속적으로 유지되고 있었을 가능성이 큽니다.

이처럼 특정 주제를 선점해 포지셔닝을 명확히 하고, 이후에도 관계를 지속적으로 관리하며 콘텐츠 흐름을 유지하는 것은 장기적으로 지속 가능한 자기 PR 환경을 만들어줍니다.

그리고 여기서 끝이 아닙니다. 한 번 발행된 콘텐츠는 시간이 지나도 계속해서 노출됩니다. 게다가 내 이름이 언급되었다면, 나는 해당 서비스 또는 기술 담당자로 오랫동안 기억됩니다. 이는 훗날 이직이나 외부 발표, 포트폴리오 등에서 공신력을 높여줍니다.

회사가 '네임드 개발자'를 이용해 브랜드를 홍보하는 모습을 그저 지켜보기보다 5단계 전략을 실천하면서 그 자리를 차지해보는 건 어떨까요? 이 과정을 통해 우리는 스스로를 회사와 함께 성장시키고 장기적인 자기 PR의 기회를 확보할 수 있습니다. 그리고 어쩌면 네임드 개발자들이 거쳐 간 단계를 한참 앞당길 수 있을지도 모릅니다.

EPILOGUE

대부분의 개발자가 자기 PR을 희망하고 그 필요성을 느끼지만, 막상 꾸준히 이어가는 사람은 많지 않습니다. 처음엔 의욕적으로 시작해도 바쁜 일상에 밀리거나 기대만큼의 반응을 얻지 못해 중도에 포기하는 경우가 흔하죠. 시간과 노력을 들인 만큼 성과가 따라오지 않는 현실은 때때로 의욕을 꺾기도 합니다.

단번에 네임드 개발자가 될 수 없는 것처럼, 자기 PR 역시 단 한 번의 알림으로는 성공할 수 없습니다. 하지만 그 한 번의 알림이 두 번째 기회를 앞당기고 더욱 쉽게 이끌어준다는 사실은 분명한 것 같습니다.

제가 제안한 자기 PR 전략은 혼자 외롭게 나를 드러내는 방식이 아니라, 회사의 비전과 조직의 흐름 속에서 자연스럽게 나를 연결하고 부각시키는 방법이었습니다. 회사를 이용해 여러분 자신을 알리는 동시에 회사 역시 여러분의 콘텐츠를 통해 더 나은 이미지를 얻을 수 있다면 서로에게 이득이 되는 이상적인 협업이 아닐까요?

자기 PR은 함께 만들어가는 흐름 속에서 더 오래, 더 멀리 갈 수 있습니다. 주변 동료와 조직을 전략적으로 활용해보세요. 그것이야말로 네임드 개발자로 가는 길을 10년 앞당길 수 있는 실질적인 방법일지도 모릅니다.

'나 혼자 하는 자기 PR'에서 '함께 만드는 자기 PR'로 전환할 때, 여러분의 이야기는 더욱 멀리 퍼져나갈 것입니다.

FAQ

"데브렐, 그게 뭔가요?"
실무자들이 답하는
15가지 이야기

데브렐 전문가로 일하며 가장 많이 받았던 질문 중 하나는 단연 이 것이었습니다.

"데브렐, 그게 정확히 뭐예요?"

아직은 낯선 개념일 수 있지만, 개발자 곁에서 기술을 나누고 동료와 연결되며 조직과 커뮤니티 사이에서 가치를 더하는 이 역할은 생각보다 가까운 곳에서 이미 많은 변화를 만들어내고 있습니다.

다양한 환경에서 데브렐 업무를 맡아온 저자들이 각자의 경험을 바탕으로 현장에서 자주 받았던 질문과 그에 대한 실질적인 답변을 정리했습니다. 데브렐이라는 역할을 처음 접하는 분은 물론, 어느 정도 익숙한 분들에게도 생생한 정보와 감각을 전할 수 있기를 바랍니다.

마치 커피 한 잔을 앞에 두고 나누는 대화처럼 가볍게 읽으면서, 'Developer Relations'라는 역할과 그 의미를 조금 더 선명하게 이해하고 공감해보세요.

Q1_
기업이 데브렐을 도입하게 된 배경은 무엇인가요?

해외에서는 2010년대 초반부터 'DevRel'이라는 개념이 서서히 자리를 잡기 시작했습니다. Google, Microsoft, GitHub, Twilio 같은 글로벌 테크 기업들은 개발자 대상 API나 플랫폼을 알리고 확산시키기 위해 디벨로퍼 에반젤리스트developer evangelist, 커뮤니티 매니저community manager 등의 역할을 적극적으로 도입했죠. 초기에는 기술 전도나 커뮤니티 운영 중심이었지만, 점차 콘텐츠, 커뮤니케이션, 브랜드 전략까지 아우르는 입체적인 역할로 발전했습니다.

국내에서는 비교적 최근에 본격적인 움직임이 시작됐습니다. 초창기에는 사내 기술 세미나 또는 블로그 활동이 중심이었지만, 2020년 전후로 개발자 채용 경쟁이 치열해지고 '개발자 중심 조직문화'가 경쟁력으로 떠오르면서 데브렐 전담 조직이 생겼습니다. 예를 들어 한 대기업은 기술 블로그를 외부에 개방한 것을 계기로 전담 데브렐 조직을 구성하고 밋업, 해커톤, 테크 프로그램 등으로 활동을 확장해가며 개발자와 회사 간 새로운 접점을 만들어가고 있습니다.

지금 데브렐은 단순한 마케팅을 넘어, 개발자 생태계 전반과의 관계를 설계하고 연결하는 전략적 역할로 자리매김하고 있습니다.

Q2_
데브렐이 도입된 이후, 조직 내 가장 큰 변화는 무엇이었나요?

데브렐이 조직에 자리 잡기 전에는 개발자들이 서로의 기술과 경험을 자연스럽게 공유할 수 있는 구조가 부족했습니다. 그래서 누가 어떤 기술을 사용하는지, 어떤 문제를 어떻게 해결했는지 파악하기 어려워 각자 고립된 채 비슷한 시행착오를 반복하는 경우가 많았죠.

하지만 데브렐이라는 역할이 생기면서 이러한 분위기가 조금씩 달라지기 시작했습니다. 사내 기술 세션이 열리고, 사내 위키와 기술 블로그에 다양한 경험이 기록되면서 지식이 흐르는 환경이 마련된 거죠. 덕분에 팀 간의 중복 개발이 줄어들고 협업도 더 활발해졌습니다. 또 외부적으로는 기술 블로그, 밋업, 콘퍼런스 발표 등을 통해 회사의 기술적 아이덴티티가 명확히 드러나기 시작했습니다. 이를 통해 '이 회사는 이런 기술을 다루고 이렇게 일하는구나'라는 긍정적인 이미지가 형성됐고, 채용 시장에서도 좋은 반응을 얻을 수 있었죠.

이런 변화는 특정 기업에만 국한되지 않고 데브렐을 도입한 많은 조직에서 공통적으로 나타나는 현상입니다. 이는 데브렐이 조직 내 정보 흐름을 투명하게 만들고, 외부와의 신뢰를 쌓는 데 중요한 역할을 하고 있다는 분명한 증거이기도 합니다.

Q3_ 데브렐 담당자는 실제로 어떤 일을 하나요?

데브렐은 조직 안과 밖을 연결하는 다리 역할을 합니다. 어떤 조직이든 개발자가 더 '잘' 일할 수 있도록 기술, 문화, 사람을 잇는 다양한 활동을 맡고 있죠.

조직 내부적으로는 개발자가 회사에 빠르게 적응하고 성장할 수 있도록 온보딩 콘텐츠를 제작하거나 사내 기술 공유 문화를 설계합니다. 위키나 기술 블로그를 관리하고 팀 간 커뮤니케이션을 돕는 프로그램을 운영하기도 하고요. 또한 개발자 경험developer experience(DX)을 향상시키기 위해 도구와 업무 흐름, 협업 환경을 개선하는 것도 중요한 업무입니다.

외부적으로는 회사의 기술적 정체성과 문화를 알릴 수 있는 콘텐츠를 발행하고, 커뮤니티와 함께 밋업, 발표, 해커톤, 교육 프로그램 등을 운영합니다. 오픈소스 활동을 지원하거나 외부 발표자를 발굴하고 육성하는 활동도 포함됩니다. 또한 대학생을 위한 테크 프로그램이나 외부 커뮤니티와의 협력 행사 등을 통해 다음 세대 개발자들과도 꾸준히 관계를 만들어갑니다.

조직마다 데브렐의 역할 비중은 조금씩 다르지만, 보통 '기술 커뮤니케이션' '커뮤니티 운영' '조직문화 설계'라는 영역을 공통적으로 다룹니다. 말 그대로 기술과 사람 사이에서 개발자들이 더 나은 환경에서 일할 수 있도록 디자인하는 역할을 한다고 볼 수 있어요.

Q4_
데브렐이 중시하는 철학이나 가치는 무엇인가요?

데브렐이라는 역할에서 가장 먼저 떠오르는 키워드는 '진정성'과 '지속성'입니다. 단순히 기술 이야기를 보기 좋게 포장하는 것이 아니라, 실제 현장에서 겪은 시행착오와 그 경험에서 얻은 배움을 진솔하게 나누고, 이를 통해 자연스럽게 신뢰가 쌓이는 과정을 중요하게 여깁니다.

기술 블로그 한 편, 발표 한 번, 커뮤니티 참여 한 번이 '행사'로만 끝나는 것이 아니라, 그 흐름 속에서 꾸준히 관계가 맺어지고 서로의 이야기가 이어질 수 있도록 설계하는 것이 데브렐 활동을 직접 운영하면서 깨달은 핵심 가치입니다.

결국 데브렐은 '좋아 보이는 회사'를 꾸미는 것이 아니라, 실제로 함께 일하고 싶은 사람 간에 '믿을 수 있는 관계'를 만듭니다. 이 관계가 기술과 문화를 통해 자연스럽게 확장될 수 있도록 연결하고 다리를 놓는 것, 이것이 우리가 생각하는 데브렐의 철학입니다.

Q5_
데브렐 담당자는 어떤 경력을 가진 사람들이 하나요?

데브렐은 하나의 전형적인 출발점이 있는 직무는 아닙니다. 실제로 여러 현장에서 데브렐을 담당하고 있는 사람들의 배경을 보면 개발자 출신뿐만 아니라 콘텐츠 기획자, 커뮤니티 운영자, 조직문화나 HR 업무 경험자도 있습니다.

개발자로 일하면서 소통의 중요성을 느껴 데브렐에 발을 들인 분도 있고, 반대로 비개발 직무에서 일하며 '개발자와 함께 일하는 방법'을 고민하다 데브렐을 맡게 된 사례도 많습니다.

이처럼 배경은 다양하지만, 공통점은 하나입니다. 바로 '기술' '사람' '조직'을 동시에 이해하고 서로 연결하고자 하는 관점입니다. 이 세 가지 영역이 함께 맞물릴 때, 데브렐은 조직의 안과 밖에서 더욱 유연하고 깊이 있게 기능할 수 있습니다. 그래서 배경은 달라도 바라보는 관점만큼은 자연스레 닮아가곤 하죠.

Q6_
기업들은 어떤 계기로 데브렐을 시작하나요?

대부분은 '이대로는 안 되겠다'라는 문제의식에서 출발합니다. 예를 들어 기술 블로그를 꾸준히 운영해도 정작 읽는 사람이 없거나, 기대만큼 개발자 채용이 되지 않거나, 사내 기술 공유가 원활하지 않을 때와 같은 순간들이죠. 이럴 때 "왜 우리 기술은 외부에 잘 전달되지 않을까?" "신입 개발자들이 조직에 적응하는 데 너무 오래 걸리는 건 아닐까?" 같은 질문들이 자연스럽게 데브렐의 필요성을 떠올리게 만듭니다.

실제로 어떤 기업은 신규 입사자들의 피드백을 계기로 데브렐을 도입했습니다. "기술 문서가 부족하고 팀 간 중복 개발이 많다"는 의견을 듣고, 사내 위키를 개편하고 온보딩을 개선하면서 데브렐 전담 조직이 만들어진 것이죠. 또 다른 기업에서는 기술 브랜딩을 강화하기 위해 개발자 콘퍼런스를 열기 시작했고, 이 과정에서 개발자 대상 콘텐츠 기획, 커뮤니티 운영, 발표자 육성 등 데브렐 업무가 구체화되기도 했습니다.

흥미로운 점은 처음부터 '데브렐'이라는 이름을 붙이고 시작하는 경우는 드물다는 것입니다. 대부분은 작은 실천들이 쌓인 끝에 "우리가 해오던 이 일이 데브렐이었네" 하고 거꾸로 개념이 정리되는 경우가 많죠. 데브렐은 작게 시작하지만, 시간이 지나면서 조직의 기술문화를 설계하는 일로 자연스럽게 확장됩니다. 이 흐름이 바로 데브렐이 시작되는 방식이라고 볼 수 있습니다.

Q7_
데브렐 담당자가 갖춰야 할 핵심적인 역량은 무엇인가요?

한마디로 말하면 기술을 사람과 연결하는 힘입니다.

데브렐에 필요한 역량은 하나로 정의하기 어렵습니다. 여러 기술직군, 다양한 역할의 사람들과 공통의 언어로 소통할 수 있는 기술 커뮤니케이션 능력, 콘텐츠와 프로그램을 기획하고 실행하는 추진력, 개발자들의 피로도와 요구를 섬세하게 읽어내는 공감력 등 여러 능력이 조화를 이루어야 하죠.

예를 들어 블로그 글 하나를 쓰는 일도 단순하지 않습니다. 개발자와 인터뷰하고, 사례를 정리하고, 이 글이 누구에게 닿아야 할지 고민하는 과정이 필요합니다. 단순히 '기획자'나 '작성자'가 아니라, 기술과 조직, 사람을 모두 연결하는 스토리텔러의 시선이 요구되는 작업입니다.

그리고 무엇보다 중요한 건 지속성입니다. 데브렐은 단기적인 성과보다 시간과 신뢰를 쌓으며 관계를 설계하는 일이니까요. 변화가 빠른 개발문화 속에서도 흔들리지 않고 꾸준히 의미 있는 연결을 이어가는 힘, 그것이 데브렐의 핵심 역량입니다.

Q8_
HR 지식 vs. 개발 지식, 데브렐에게 무엇이 더 중요한가요?

둘 다 중요합니다.

기술을 잘 이해하지 못하면 개발자와 신뢰 있는 대화를 나누기 어렵고, 조직과 사람에 대한 감각이 부족하면 데브렐 활동이 조직 안에 제대로 뿌리내리기 힘듭니다.

해외에서는 데브렐이 주로 제품 중심의 테크 에반젤리스트 역할로 출발한 경우가 많지만, 국내는 조금 다릅니다. 기술 콘텐츠뿐 아니라 채용 브랜딩, 조직문화, 커뮤니티 활동까지 아우르는 경우가 많아, HR적 시선과 협업도 데브렐에 있어 중요한 요소가 되었습니다. 그래서 어떤 조직은 데브렐팀 안에 개발자 출신과 HR 출신을 함께 두고 내부 프로그램은 조직문화 관점에서, 외부 커뮤니케이션은 개발자 관점에서 풀어내는 식으로 역할을 나누기도 합니다.

결국 데브렐은 기술과 사람, 조직을 동시에 잇는 다리입니다. 한쪽 역량만 강해서는 오래가기 어렵고, 양쪽 언어를 자유롭게 오갈 수 있는 '연결하는 사람'으로서의 역할이 무엇보다 중요해지는 직무입니다.

Q9_
개발자와의 소통과 조직문화가 중요한 이유는 무엇인가요?

소프트웨어는 한 번 만들고 끝나는 제품이 아닙니다. 사용자 피드백을 반영하고, 기술 스택을 바꾸며, 성능을 개선하는 과정이 끊임없이 반복되죠. 이런 환경에서는 빠르고 유연한 커뮤니케이션 그리고 실험과 회고가 가능한 문화가 무엇보다 중요합니다.

개발자에게 중요한 건 '좋은 동료가 있는가' '서로 배우며 성장할 수 있는 환경인가' '지식이 자연스럽게 흐르는 구조가 있는가' 같은 요소들입니다. 이건 단순히 복지나 외형적인 분위기보다 훨씬 본질적인 가치에 가깝죠.

데브렐은 이 흐름을 설계하고 촉진하는 사람입니다. 기술이 어떻게 공유되고, 사람들이 어떻게 협업하고, 한 번의 실패가 어떻게 다음 성공으로 이어질 수 있을지를 고민하는 역할이에요. 겉으로 잘 드러나진 않지만, 이런 기반이 갖춰질 때 비로소 '함께 오래 일하고 싶은 팀'이 만들어집니다.

Q10_
개발자 친화적인 조직문화의 특징은 무엇인가요?

개발자 친화적인 문화는 기술적 자율성, 지속적인 학습의 흐름, 사람 간 신뢰 위에서 만들어집니다. 예를 들면 이런 요소들이 있습니다.

- 사용하는 도구나 개발 환경을 자율적으로 선택할 수 있는 유연함
- 기술 공유가 자연스럽고 내부 발표나 스터디가 생활처럼 자리 잡은 조직

- 새로운 동료가 빠르게 적응할 수 있도록 설계된 온보딩 프로세스

- 실험을 장려하고 실패를 곧 학습으로 바라보는 분위기

- 기술 도입과 개선이 빠르게 이루어지는 실행 중심의 문화

이런 요소들이 조직에 잘 녹아들면 개발자는 '내가 기술 전문가로서 존중받고 있다'라는 감각을 갖게 됩니다. 그리고 이런 감각이 모이면 자율성과 책임이 균형을 이루고, 공유와 회고가 문화로 자리 잡은 '지속 가능한 기술 조직'이 만들어지죠.

데브렐은 이 문화를 더 빠르게, 더 단단하게 자라게 만드는 조력자입니다. 때로는 보이지 않는 기획자처럼, 때로는 조직 문화의 토양을 돌보는 정원사처럼요. 개발자가 몰입할 수 있는 환경이 자연스럽게 유지되도록 돕는 역할, 그것이 데브렐의 힘이자 매력입니다.

Q11_ 데브렐 운영 시 가장 주의해야 할 점은 무엇인가요?

겉보기에 멋져 보이는 활동에만 집중하는 것은 데브렐이 빠지기 쉬운 함정입니다. 외부에 화려한 이벤트나 블로그 콘텐츠를 보여주는 것도 중요하지만, 정작 내부 개발자들이 그 활동의 가치를 체감하지 못하면 금세 동력을 잃게 되죠. 커뮤니티 행사, 발표, 콘텐츠 발행도 결국은 '누구를 위해' '무엇을 바꾸기 위해' 하는지가 분명할 때 지속 가능한 활동이 됩니다.

데브렐의 본질은 조직 안의 개발자가 더 잘 일할 수 있도록 환경을 설계하는 것입니다. 그 환경이 실질적으로 체감될 때 외부 활동도 자연스럽게 진정성을 얻게 되죠. 겉으로 드러나는 무언가보다 내부에서부터 작동하는 시스템과 문화가 데브렐의 기반이 되어야 한다는 점을 늘 잊지 않으려 합니다.

Q12_
기술 확산이 데브렐의 중요성을 더 키웠나요?

네, 확실히 그렇습니다. 특히 AI, 오픈소스, API 기반 서비스처럼 '설명이 필요한 기술'이 많아질수록 데브렐의 역할도 더 중요해지고 있습니다. 기술을 만드는 것도 중요하지만, 그것을 어떻게 잘 소개하고 어떻게 사람들이 잘 이해하고 활용하게 만들 것인지까지 고민하는 일이 함께 필요해졌기 때문이죠.

데브렐은 단지 기술을 알리는 사람이라기보다는 기술과 사람, 기술과 조직을 연결해주는 사람입니다. 기술의 깊이와 복잡도가 커질수록 그 사이에서 다리를 놓아야 하는 지점도 더 많아졌다고 느낍니다. 그래서 지금의 데브렐은 '기술을 둘러싼 커뮤니케이션을 설계하는 사람'으로서의 존재감이 더욱 커지고 있습니다.

Q13_
데브렐의 미래는 어떤 방향으로 가고 있나요?

데브렐은 점점 더 전략적인 축으로 성장하고 있습니다. 예전에는 블로그 운영이나 행사 기획 등 '좋은 활동을 하는 부서' 정도로 여겨졌다면, 지금은 채용 전환율, 기술 브랜딩, 커뮤니티 내 영향력, 내부 개발문화까지 영향을 미치는 핵심 기능으로 발전하고 있어요.

이러한 변화는 이미 국내외 여러 기업에서 활발히 진행되고 있습니다. 예를 들어 Google Developers는 오랜 시간 전 세계 개발자 커뮤니티와 연결되며 데브렐의 가능성을 보여준 대표적인 사례고, 국내 기업들 사이에서도 기술 브랜딩과 채용을 데브렐을 통해 연계하려는 시도가 늘고 있습니다.

한 중견기업에서는 깃허브 코파일럿 도입 사례를 커뮤니티 발표를 통해 공유했는데, 발표자의 실무 경험이 업계에서 주목받으며 커리어 전환으로 이어진 사례도 있었습니다. 이처럼 데브렐은 점점 더 사람과 조직, 기술과 외부 생태계를 연결하는 전략적 고리로 자리 잡고 있습니다.

앞으로 데브렐은 기술 마케팅, 교육, 문화, 채용이 만나는 교차점에서 기술 조직의 방향성을 함께 설계하는 '성장의 인프라'로 진화하게 될 것입니다.

Q14_
개발 조직과 비개발조직이 더 잘 소통하려면 어떻게 해야 할까요?

서로의 언어를 조금씩 배우려는 태도가 필요합니다. 개발자는 비개발자의 관점과 맥락을 이해하려는 노력이, 반대로 비개발자는 기술 용어나 프로세스를 너무 어렵게 여기지 않으려는 시도가 서로를 더 가깝게 만들어줍니다.

데브렐은 이러한 다름의 간극을 좁히는 다리 역할을 합니다. 예를 들어 회의록을 더 직관적으로 정리하거나, 공통 협업 도구를 제안하고, 회고 문화를 도입해 팀 간의 맥락 공유를 돕는 식이죠. 기술팀과 다른 조직 사이에 '우린 너무 다르다'가 아니라, '우린 다르지만 함께 갈 수 있어'라는 감각을 만들어주는 역할입니다.

우리가 경험한 대부분의 데브렐 활동은 결국 이 메시지에 닿았습니다. 서로 다른 언어를 쓰는 것 같지만, 사실 일하는 마음만큼은 그렇게 다르지 않다는 걸 발견해가는 과정이었어요.

Q15_
데브렐 커리어를 시작해보고 싶거나 조직에 데브렐을 도입하려는 분들께 조언해주세요.

처음부터 거창하게 시작할 필요는 없습니다. 블로그 글 한 편, 커뮤니티 발표 한 번, 사내 기술 세션 제안처럼 작지만 꾸준한 실천이 데브렐의 시작이 될 수 있어요. 기술을 좋아하고 사람에 대한 관심과 조직에 대한 이해가 있다면, 이미 이 역할에 필요한 중요한 자질을 갖추고 있는 셈입니다.

기업의 입장에서도 데브렐을 '기술 콘텐츠 팀'이나 '브랜딩 전담 부서'로 한정 짓기보다는 내부 개발자의 니즈와 언어를 이해하고 이를 전략에 녹여낼 수 있는 역할로 바라보는 것이 중요합니다. 개발자 경험, 기술 문화, 채용 브랜딩을 유기적으로 엮어낼 수 있어야 데브렐이 조직 안에서 오래 살아남을 수 있습니다.

우리가 경험한 데브렐은 결국, 기술과 사람을 연결해 더 좋은 팀, 더 나은 회사를 만드는 일이었습니다. 그 출발점은 언제나 작은 시도였고요. 지금 있는 자리에서, 작게라도 한번 시작해보세요. 그게 데브렐의 시작일지도 모르니까요.